테마별 실무서 8

조세불복 세무

◈ 한국세무사회

독서 토론 세트

발간사

　세무사는 공공성있는 세무전문가로 납세자권익 보호와 성실한 납세의무 이행에 이바지하는 사명이 있습니다. 이 때문에 세무사는 모름지기 높은 전문성과 책임성을 갖춰야 하고 이를 위한 연구와 교육은 아무리 강조해도 지나치지 않습니다.

　한국세무사회는 그동안 많은 세법책과 실무서를 발간하면서 회원의 전문성과 책임성을 함양하기 위해 노력해왔습니다. 하지만 회원보다는 관성적인 출판에 그치고 저자 편의가 앞서 사업현장의 회원님을 만족시키는데 부족함이 참 많았습니다.

　제33대 한국세무사회는 도서출판까지 혁신하여 사업현장의 회원들의 직무 요령, 리스크 관리 및 컨설팅기법 등을 망라해 회원들이 책상머리에 두고 무시로 회원을 돕는 '실사구시 지침서'를 어떻게 마련할지 고민해왔습니다.

　그 결과 세목별 기본서, 신고실무도 회원친화적으로 형식과 콘텐츠도 바꾸고 회원님이 전문적인 핵심직무를 수행할 때 유용한 길잡이가 될 '테마별 실무서 시리즈'를 새롭게 내게 되었습니다.

　'한국세무사회 테마별 실무서'는 사업현장에서 부딪히는 핵심주제 50개를 추출하고 각 테마마다 최고의 전문가가 참여하여 관계법령, 예규 및 판례의 나열 아닌 직무요령과 리스크 관리, 컨설팅 기법 등 권위있는 전문 집필자의 노하우까지 담아냈습니다.

　조세출판사에 큰 획을 그을 책이 될 '한국세무사회 테마별 실무서 시리즈'가 앞으로 개정과 증보를 거듭하면서 사업현장의 회원님을 최고의 조세전문가로 완성시키는 기념비적인 책이 되리라 믿어 의심치 않습니다.

　어려운 여건에도 남다른 열정과 전문성으로 '한국세무사회 테마별 실무서'가 탄생하는데 함께해주시는 집필진 세무사님과 한국세무사회 도서출판위원회 위원님께 고마움을 전합니다.

2025년 1월

한국세무사회 회장 구 재 이

CONTENTS

조세불복 세무

제1편 조세구제제도의 이론 ··· 13

제1장 조세와 재산권보장 ··· 13
제1절 조세의 본질과 조세법률관계의 성질 ·························· 13
제2절 조세와 재산권보장관계의 상관관계 ··························· 15

제2장 조세구제제도의 이념 ··· 16
제1절 헌법상의 기본이념 ·· 16
제2절 조세구제의 개념 ··· 17
제3절 조세구제법의 법원(法源) ·· 17
제4절 조세구제제도의 목적 ··· 18

제2편 조세구제제도의 개관 ··· 19

제1장 개관 ·· 19
제1절 개설 ··· 19
제2절 과세전 구제제도와 과세 후 구제제도 ························· 20
  1. 과세전 조세구제 제도 ··· 20
  2. 한국형 납세자 옴브즈만적 구제제도 ···························· 21
  3. 과세 후 구제제도 ··· 22

CONTENTS

제2장 조세구제제도 유형별 해설 ·········· 23

제1절 과세전 구제 ·········· 23
1. 권리보호 요청 (국세) ·········· 23
2. 권리보호 요청 (지방세) ·········· 39
3. 과세사실판단자문 신청 (국세) ·········· 53
4. 과세전적부심사 청구 ·········· 59

제2절 한국형 납세자 옴부즈만적(Ombudsman, 陳情) 구제제도 ··· 74
1. 국세고충민원제도〔국세청〕·········· 74
2. 지방세 고충민원제도〔지방자치단체〕·········· 81
3. 국민고충민원제도〔국민권익위원회〕·········· 87

제3절 국세상담 제도 ·········· 92

제4절 세법해석 신청 ·········· 109
1. 국세청 세법해석 신청 ·········· 109
2. 국세청 법령사무처리규정 (국세청 훈령) ·········· 115
3. 세법해석신청 회신·답변사례 ·········· 123

제5절 정부합동민원센터 ·········· 132

제6절 한국세무사회 무료세무상담실 ················· 133

제3편 • 조세불복의 심리기준과 결정의 범위 ············ 135

제1장 불복청구 대상 ··· 135

제1절 위법·부당한 조세처분 ····························· 135
  1. 개 관 ··· 135
  2.「처분」의 정의 ······································ 139
  3.「처분성」여부 관련 해석사례 ···················· 140

제2절 개괄주의 (Generalklausel) ······················· 146

제3절 제한적 열거주의 ···································· 147

제4절 원처분주의 (原處分主義) ························· 147

제2장 심리의 원칙과 심리기준 ······························· 149

제1절 심리의 원칙 ··· 149
  1. 불고불리의 원칙(Nemo judex sine actore) ······ 150
  2. 불이익변경금지의 원칙(Verbot der Reformatio in peius) ··· 151
  3. 해석 사례 ·· 151
  4. 조세심판 심리에 있어서의 자유심증주의 ········ 153

CONTENTS

　　제2절 심리의 기준 ·· 154
　　　　1. 심판의 범위 ··· 154
　　　　2. 결정처분과 경정처분의 법률관계 ···································· 156

　제3장 결정의 범위 ·· 160
　　제1절 결정의 구분 ··· 160
　　제2절 결정기간 및 결정통지 ··· 161
　　　　1. 결정기간 ·· 161
　　　　2. 결정통지 ·· 161

　제4장 결정의 효력 ·· 162
　　제1절 재결의 법적성질 ·· 162
　　제2절 결정의 효력 ··· 163

>>> **제4편 · 조세 부과의 원칙** ··· 167

　제1장 실질과세원칙 ·· 167
　　제1절 법률규정 ··· 167
　　제2절 해설 ··· 168

　제2장 신의·성실의 원칙 ·· 168
　　제1절 법률규정 ··· 168
　　제2절 해설 ··· 169
　　제3절 신의성실의 원칙 적용요건 ··· 169
　　제4절 해석사례 ··· 170

CONTENTS

제3장 근거과세의 원칙 및 관계서류 열람·복사 요구권 ·········· 179

　제1절 국세기본법 규정 ······················· 179

　제2절 해석사례 ···························· 180

　제3절 납세의무자(대리인)의 관계서류 열람·복사 요구권 ····· 181

제5편 ● 조세법의 해석기준과 입증책임 ··················· 185

제1장 조세법의 해석기준 ························ 185

　제1절 조세법의 해석 유형 ···················· 185
　　1. 법령해석의 의의 ······················· 185
　　2. 유권해석과 학리해석 ···················· 186

　제2절 국세기본법상 세법 적용의 원칙 ············· 187
　　1. 세법 해석의 기준 및 소급과세금지의 원칙 ······· 187
　　2. 해 설 ······························ 188
　　3. 해석 사례 ··························· 189

제2장 입증책임 ······························ 191

　제1절 입증책임 ··························· 191

　제2절 입증책임과 입증필요 ··················· 191

　제3절 입증책임 소재 관련 해석사례 ·············· 194

제6편 • 이의신청 ········· 201

제1장 이의신청의 본질 ········· 201

제2장 국세 이의신청 ········· 203

제3장 지방세 이의신청 ········· 211

제7편 • 심사청구 ········· 215

제1장 총설 ········· 215

제1절 심사청구의 본질 ········· 215

제2절 이의신청과 차이점 ········· 217

제2장 국세청 심사청구 ········· 217

제3장 감사원 심사청구 ········· 225

제8편 • 조세심판청구 ········· 233

제1장 개 설 ········· 233

CONTENTS

제1절 조세심판청구 제도 개관 ································ 234
    1. 조세심판청구 제도 일람 ································ 234
    2. 심판청구 전 준비사항 ································ 236
    3. 조세심판청구 업무 흐름도 ································ 237
    4. 심판업무 단계별 납세자의 권리 및 이용방법 ············ 238

제2절 관련 법령 ································ 241

제2장 조세심판청구제도의 개관 및 절차의 구조 ············ 248

  제1절 조세심판원 ································ 248

  제2절 조세심판 청구 및 결정 절차의 구조(도해) ············ 250

제9편 • 불복실무 절차별 착안사항 ································ 257

제1장 개관 ································ 257

제1절 조세심판과 그 현상 ································ 257

제2절 불복청구 관련자료 작성시 중점 착안사항 정리 ········ 258

제2장 절차별 착안사항 ································ 259

제1절 불복 절차의 구조 및 단계별 자료작성 ················ 259
    1. 조세심판청구서 작성 (예시) ································ 259
    2. 우선처리(Fast-Track) 신청 ································ 278

3. 사건배정 및 심리개시 통지 ························· 280
4. 항변서 작성 (예시) ····································· 282
5. 현장확인조사 신청 ····································· 290
6. 조세심판관회의 개최통지 ·························· 292
7. 사건조사서〔심리자료〕사전열람 신청 및 보충·
   추가의견 제출 ·· 294
8. 담당 사무관에게 직접 설명 ······················· 303
9. 「요약서면 자료」 제출 ································ 303
10. 의견 진술 ·· 311
11. 조세심판 사건조사서 〔심리자료〕 ············ 321
12. 조세심판관 회의 〔의결기관〕 ···················· 324

제2절 조세결정 후 후속절차 ······························ 326
   13. 조세심판 결정의 구분과 유형별 조치할 사항 ········· 326
   14. 조세심판관회의 심리의결 이후의 후속 절차 ············ 327

제3절 조세심판결정의 효력 ································ 329
제4절 사례연구 (Case Study) ··························· 331

제1편

조세구제제도의 이론

제1장 조세와 재산권보장

제1절 조세의 본질과 조세법률관계의 성질

1. 조세의 본질

> 조세의 개념은 헌법이나 세법에 정의된 바가 없으나 "국가 또는 지방자치단체가 재정수요를 충족시키거나 경제적·사회적 특수정책을 실현하기 위하여 국민 또는 주민에 대하여 아무런 특별한 반대급부 없이 강제적으로 부과·징수하는 과징금"으로 정의1)하여 왔다.
> 그러나, <u>국민주권주의적 조세관에 입각한 헌법적 관점</u>에서 조세를 정의하면, <u>조세는 국가의 구성원인 국민이 국가의 유지·활동에 필요한 비용을 법률에 따라 평등하게 납부하는 것</u>이라 할 수 있다.2)
> 국민은 단순히 납세의무자로서 피동적인 금전적 부담만 지는 것이 아니라 국민 자신이 형성한 국가의 재정활동에 능동적으로 참여할 수 있는 포괄적 권리주체로서의 납세자 기본권을 가진다고 보아야 한다. 납세기본권의 주체인 국민은 현실적으로 민주적 정당성을 가진 국회에서 제정한 법률에 따른 납세의무를 구체적으로 부담하게 된다. <u>납세자의 기본권</u>은 조세법률주의에 따른 <u>적법절차의 보장</u>, <u>세무조사절차의 적정화</u>, <u>납세자권리헌장</u>, <u>정보공개문제</u>, <u>조세구제제도 등을 포괄</u>한다고 본다.

2. 조세법률관계의 성질

조세법률주의에 의하면 국민의 납세의무는 국회에서 제정된 법률에 의하여서만 성립할 수 있고 여기에 납세자인 국민과 과세주체인 국가간의 조세를 둘러싼 법률관계인 조세법률관계3)의 성질에 관하여 일찍부터 **조세권력관계설**4)(국민이 과세권에 복종하는 관계로 보고 국가는 우월적·고권적인 의사주체로서 공권력을 행사하는 전형적인 권력관계)과 **조세채무관계설**5)(과세관청의 우월적 지위를 인정하지 아니하고 국가와 납세자가 법률에 근거하여 채권자와 채무자로 대립하여 국가가 납세자에게 조세채무의 이행을 청구하는 공법상의 채권채무관계를 형성)이 대립한다.

현재는 **조세채무관계설이 다수설**의 위치를 점하게 되었고.6) 조세채무관계설은 종래의 권력관계설을 극복하면서 조세법을 새로운 방식으로 체계화하는데 크게 기여하였다.7)

검토하건대, 조세법률주의가 헌법에 규정된 취지, 국세기본법의 규정, 납세자의 권익보호 등 **납세자주권주의 관점**에 비추어 **조세법률관계의 본질을 공법상의 채권채무관계로 보는 것이 상당**하다.

---

1) 헌법재판소 헌재 1990.9.3. 89헌가95 결정.
2) 이전오, 납세자를 위한 사법적 구제에 관한 연구, 경희대학교대학원 박사학위논문, 1999.8. p.7. 松澤 智, 租稅法の基本原理, 中央經濟社, 1993. pp.15~16.; 薺藤 明, 租稅行政訴訟の法理, 敬文堂, 1988. pp.6~8.; 민한홍, 법개념으로서의 조세, 월간조세, 1991.7. pp.86~93 등.
3) 조세법률관계를 형성하는 租稅態樣에는 ① 부과 ② 징수 ③ 소멸 ④ 구제 ⑤ 처벌의 다섯 종류가 있다 (송쌍종, 조세구제의 법리에 관한 고찰, 계간세무사, 가을호, 2000.8. p.65).
4) 조세권력관계설은 Otto Mayer를 중심으로 한 독일의 전통적 학설이다. O.Mayer, Deutsches Verwaltungsrecht, 3.Aufl., 1924.
5) 조세채무관계설은 1919년의 독일 라이히(Reich) 조세기본법의 제정을 계기로 하여 Albert Hensel이 체계적으로 정리하였다.(소순무윤지현, 「조세소송」, 영화조세통람, 2016. p.10.)
6) 소순무윤지현, 「조세소송」, p.11, 최명근, 「세법학 총론」, 세경사, 2007. p.309.
7) 최명근, 세법학총론, 세경사, 2007.2. p.309. : 전통적 행정법학의 입장을 취하는 조세권력관계설이 보는 조세법률관계는 그 전체를 절차법적 법률관계로 인식하고 조세실체법관계의 중요성을 거의 무시하여 조세실체법을 前行政法學的 사실로 취급했다. 조세채무관계설은 이러한 전통적인 권력관계설에 대한 저항을 의미하며 조세법률관계에 있어서 실체법(구성요건법)관계를 중시하고 이를 전면으로 끌어냈다는데 그 의의가 있다.

제2절 조세와 재산권보장관계의 상관관계

과세권의 행사는 원칙적으로 헌법상의 재산권을 침해하는 것이 아니라고 보는 것이 확립된 견해이다. 다만, 금전급부의무 즉 납세의무가 지나치게 과중하고 또한 납세자의 재산상태를 근본적으로 침해한 것일 때에는 예외적으로 재산권의 보장과 충돌한다고 본다.

헌법재판소는 2003.4.24. 선고된 2002헌바9 사건에서는 '헌법 제23조 제1항 후문은 재산권의 내용과 한계는 법률로 정한다고 규정하고 있고, 헌법 제38조는 모든 국민은 법률이 정하는 바에 의하여 납세의 의무를 진다고 규정하고 있다. 이 사건 법률조항은 위와 같은 헌법상 국민의 납세의무에 기초하여 양도소득세의 과세대상을 규정하고 있을 뿐이므로 납세의무자의 재산권을 침해하는 것이라고 할 수 없다'고 설시하고 있는데 그 취지는 헌법상 국민의 납세의무가 규정되어 있으므로 이는 국민의 재산권을 제한하는 바도 없다는 뜻으로 새겨진다. 그러나 다른 결정에서는 '헌법 제23조 제1항이 보장하고 있는 사유재산권은 사유재산에 관한 임의적인 이용·수익·처분권을 본질적으로 하기 때문에 사유재산의 처분금지를 내용으로 하는 입법조치는 원칙적으로 입법형성권의 한계를 일탈하는 것일 뿐 아니라 조세의 부과징수는 국민의 납세의무에 기초하는 것으로서 원칙적으로 재산권의 침해가 되지 않는다고 하더라도 그로 인하여 납세의무자의 사유재산권에 관한 이용·수익·처분권이 중대한 제한을 받게 되는 경우에는 그것도 재산권의 침해가 될 수 있는 것이다'.[8] 고 하여 원칙적으로 조세가 국민의 재산권을 침해하지 않는다고 하면서도 조세법이 과잉금지원칙에 어긋나 국민의 재산권을 과도하게 침해하고 있는 것일 때에는 헌법 제38조에 의한 국민의 납세의무에도 불구하고 헌법상 허용되지 아니한다는 태도를 취하고 있다.[9]

---
8) 헌재 1997.12.24. 96헌가19 결정 등.
9) 헌재 2001.6.28. 99헌바54 결정 ; 헌재 2001.12.20. 2001헌바25 결정 등.

제2장 조세구제제도의 이념

제1절 헌법상의 기본이념

조세법률 주의의 실현	■ **헌법** • 제38조(**납세의무**) 모든 국민은 법률이 정하는 바에 따라 **납세의무**를 진다. • 제59조(**조세법률주의**) 조세의 **종목과 세율**은 **법률**로 정한다.
조세법률 주의의 실현	■ **헌법** • 제11조(**평등주의**) ① 모든 국민은 법 앞에 평등하다. ■ **입법상의 조세공평** : 조세부담은 담세력에 따라 공평하게 배분하도록 세법 제정 • 헌법 제11조의 평등주의 원칙을 조세법 분야에서 적용 • 수평적 공평 : 동일소득자간에는 동일하게 • 수직적 공평 : 상이소득자간에는 상이하게 부과 ■ 세법의 해석·적용상의 공평 : 세법을 해석·적용에 있어서는 과세의 형평과 당해 조항의 합목적성에 비추어 납세자의 재산권이 부당하게 침해되지 아니하여야 한다(국세기본법 §18.) * 공평(公平, Fairness) : "자기가 정당하게 받는 느낌"

⇩

조세법원리의 양대 원칙인 조세법률주의와 조세평등주의를 중심으로 하는 조세법상 과세권행사와 더불어 조세의 종목과 세율을 구체적으로 명확하게 정할 뿐만 아니라 위법·부당한 과세권 행사에 대한 납세자 구제의 적정성을 담보하게 함으로써 헌법상 보장되는 기본권의 실질적 구현으로 나타난다고 할 수 있다[10],[11].

즉, 국가의 재정수요를 충족시키기 위한 과세권의 행사는 법률이 정하는 바에 따라 수평적·수직적 공평성이 철저하게 발휘되어 조세법률주의와 조세평등주의가 준수됨으로써 헌법상 보장된 국민의 재산권과 조세확정에 있어서 그 절차적 정당성이 보장되어야 한다.

제2절   조세구제의 개념

조세구제제도는 부과처분에 위법·부당한 처분이 있거나 있을 것으로 예정된 경우에 위법성 또는 부당성을 제거하여 침해된 납세자의 권리를 회복하는 일련의 제도라 할 수 있다. 이러한 조세구제제도 중 소송전 구제제도는 행정청이 행하는 과세처분에 대한 것이라는 점에서 행정구제제도의 일종으로서 이는 국민에 대해 행정처분을 한 행정기관 자체 또는 그 감독체계에 의한 자기반성을 통해, 소송을 통한 구제제도는 법원의 사법적 심사를 통해 조세법률관계의 합목적성과 합법성을 보장하고 아울러 국민의 권리를 구제하는 제도이다.

제3절   조세구제법의 법원(法源)[12]

우리나라에서는 조세구제법의 法源(Source or Rechtsquellen)을 일반적으로 조세구제법에 관한 법의 존재형식으로 이해하고 있다. 이런 전제하에 조세구제법의 법원도 다른 행정구제법과 마찬가지로 성문법과 불문법으로 대별할 수 있다. 조세구제법은 조세구제 구조의 절차 및 그 재결기관 등의 조직에 관한 규정이므로 조직법과 절차법 일반의 경우와 마찬가지로 성문법주의를 취한다. 다만, 조세구제에 관한 모든 사항을 빠짐없이 성문법으로 규율하기란 사실상 불가능할 것이다. 따라서 성문법이 불비 또는 흠결되어 있는 경우나 해석상 의문이 있는 점에 대하여는 보충적으로 불문법원에 의하여 그 공백이 메워지게 되는 것이다.[13]

---

10) 대법원 2021.8.26. 선고 2020누41377 판결
11) 강경근, 조세법률주의와 조세평등주의의 헌법적 연구, 헌법학연구, 제11권 제4호, 2005.12. p.10.
12) 법원(法源) : "법이 솟아나는 샘"으로서 판사가 재판을 함에 있어서 원칙적으로 준수해야 하는 규범
13) 최명근, 세법학총론 p.59~64.; 강인애, 조세쟁송법, pp.19~27.; 이태로·안경봉, 조세법강의, 박영사, 2002.3. pp.10.~16.; 이창희, 세법강의. 박영사, 2007.3. p.66. 김남진·김연태, 행정법Ⅰ, 법문사, 2007.3. pp.55~65.

제4절 조세구제제도의 목적

1. 조세법률주의의 실현

헌법 제38조는 "모든 국민은 법률이 정하는 바에 의하여 납세의무를 진다"고 규정함으로써 국회의 의결 즉 국민의 승낙이 없이는 납세의무가 발생하지 않는다는 민주주의적 조세원칙을 천명하고 있다. 또 헌법 제59조에서는 "조세의 종목과 세율은 법률로 정한다"고 하여 법률의 규정에 의하지 않은 자의적 과세를 배제하고 있다. 이와 같이 국민의 납세의무가 국회에서 제정된 법률에 의해서만 성립할 수 있다는 사상을 가리켜 조세법률주의라 한다. 따라서 국가는 헌법 제38조 및 제59조에 따라 법률의 근거 없이 국가는 조세를 부과·징수할 수 없고 국민은 조세의 납부를 요구받지 아니하는 원칙을 뜻하며 이는 국민의 자유와 재산을 보호받고자 하는 헌법상의 원리이다. 조세법률주의는 과세요건 법정주의, 과세요건 명확주의, 과세불소급의 원칙 및 엄격해석의 원칙의 적용으로 실현된다.

2. 조세평등주의의 구현

조세평등주의(taxation according to ability to play principles) 또는 조세공평주의는 조세의 부담은 국민의 담세력에 따라 공평하게 배분되도록 세법을 제정하여야 하고(입법상의 조세공평), 국민은 세법의 적용에 있어서 평등하게 취급되어야 한다(세법의 해석·적용상의 공평)는 원칙을 말한다. 조세공평부담의 원칙이라고도 한다. 조세평등주의는 헌법 제11조의 평등주의 원칙을 조세법 분야에서 적용한 것이다. 이에 근거하여 국세기본법 제18조는 "세법의 적용과 해석에 있어서는 과세의 형평과 당해 조항의 합목적성에 비추어 납세자의 재산권이 부당하게 침해되지 아니하여 한다"고 명시하여 조세에 있어서도 그 평등의 원칙을 적용하도록 천명하고 있다. 여기서, 과세형평이란 조세공평주의 또는 조세정의라고도 하는 것으로서, 조세는 동일소득자간에는 동일하게(수평적 공평), 상이소득자간에는 상이하게(수직적 공평) 부과되어야 한다는 것이다. 당해 조항의 합목적성이란 당해 조항이 목적에 합당하여야 한다는 것을 말한다.

제2편

조세구제제도의 개관

제1장 개관

제1절 개설

조세구제제도는 분류기준에 따라서 다양하게 분류할 수 있는데, 심판주체가 행정기관인 소송전 구제제도와 심판주체가 사법부인 소송을 통한 구제제도로 나눌 수 있다. 또한 과세처분 전후에 따라 분류되는 사전구제제도와 사후구제제도로 분류할 수 있으며, 한국형 옴브즈만적 구제제도도 조세구제제도에 포함된다. 행정기관이 자기조정이나 자기통제를 위하여 도입하고 있는 소송전 구제제도는 비용이 들지 않거나 저렴하고 신속하게 납세자의 권익을 보호함으로써 소송을 통한 권리구제의 문제점이라고 할 수 있는 구제비용에 대한 납세자의 위험과 권리구제의 지연으로 발생할 수 있는 실질적인 피해를 제거하는 구제제도라는 측면에서 그 제도적 의미가 있다. 이 절에서는 조세구제제도를 한눈에 조감할 수 있도록 다음과 같이 도표화 해 보았다.

제2절　과세전 구제제도와 과세 후 구제제도

1. 과세전 조세구제 제도

<표1> (한눈에 보는) **과세전 조세구제제도**

제도별	성격	법적근거	청구시기	소관청	주체	법적효력 기속력
권리보호요청 (국세)	국세행정집행 (예정)과정에서 권리보호 (처분전)	국세기본법 §81-9 납세자보호 사무처리규정 6장(국세청 훈령)	세무조사, 자료처리 등 국세행정집행과정시	국세청, 지방국세청, 세무서장 (납세자보호관)	국세청, 지방국세청, 세무서장 (납세자보호관) (납세자보호위원회)	시정요구, 시정명령(세무조사일시중지, 중지 등) 요청서식 국기칙(별지5 6-6호서식
권리보호요청 (지방세)	지방세행정집행 (예정) 과정에서 권리보호 (처분전)	지방세기본법 §77 납세자보호에 대한 무처리 조례	세무조사, 자료처리 등 지방세행정집행 과정시	지방자치단체장 (세무부서)	납세자 보호관	직권시정 등 내부처리
과세사실판단 자문신청 (국세)	국세행정처리 과정의 사실 판단 자문 (처분전)	과세사실판단 자문사무처리 규정 (국세청훈령)	세무조사, 자료처리 등 국세행정 진행과정시	국세청, 지방국세청, 세무서장 (납세자보호관)	과세사실판단 자문위원회 (내부위원)	신청자는 국세공무원
과세전 적부심사	세무조사, 과세예고통지의 적법성여부에 대한 심사청구 (처분전)	국세기본법 (§81의15) 지방세기본법 (§88)	세무조사결과 통지 및 과세예고통지를 받은 날부터 30일이내	국세청장 지방국세청장 세무서장 지방자치단체장	국세, 지방세심의위 원회 (내·외부위원)	기속력
국세상담	• 인터넷상담 • 전화상담 • 방문상담	국세상담센터 사무처리규정 (국세청 훈령)	상시운영 06:00~24:00	국세청 국세상담센터	국세청 국세상담센터	국세청 콜센터 ☎126

제도별	성 격	법적근거	청구시기	소관청	주체	법적효력 기 속 력
세법해석신청	서면질의	법령사무처리규정 (국세청훈령)	민원인의 본인관련 세법해석 질의	국세청장 (주무국장)	국세청장 (주무국장)	서면·FAX
	세법해석사전답변신청	법령사무처리규정 (국세청훈령)	법정신고기한전까지	신청인의 특정거래 해석	국세청장 (징세법무국장)	기속력
	과세기준자문	법령사무처리규정 (국세청훈령)	세무조사결과·과세예고·경정청구결과 통지전까지	지방청장·세무서장·본청주무국장 →징세법무국장 (법규과장)	국세청장 (심의위원회·기재부장관)	신청기관에 결과를 서면 통지
	불복사건법령해석자문	법령사무처리규정 (국세청훈령)	불복결정기한전까지	징세법무국장 (법규과장)	국세청장	납보관이 불복사건신청

2. 한국형 납세자 옴브즈만적 구제제도

〈표2〉 한국형 옴브즈만(Ombudsman, 陳情)적 구제제도

제도별	성 격	법적근거	청구시기	소관청	주체	법적효력 기 속 력
국세고충민원	Ombudsman (陳情) (처분전·후)	납세자보호 사무처리규정 제4장 (국세청훈령)	부과제척기간 이전까지	국세청장 지방국세청장 세무서장	고충민원처리 위원회 (내·외부위원)	권고적 기능 직권시정
지방세 고충민원	Ombudsman (陳情) (처분전·후)	지방세기본법 (§77) 납세자보호에 대한 무처리조례	부과제척기간 이전까지	지방자치단체장	납세자보호관이 전담	권고적 기능
국민고충	Ombudsman (陳情)	부패방지및국민 권익위원회의설	제한없음	국민권익위원회 (국무총리직속)	국민(시민)고충 처리위원회의	시정권고

제도별	성 격	법적근거	청구시기	소관청	주체	법적효력 기 속 력
민원	(처분전·후)	치및운영에관한 법률 §2,5)		시민고충처리 위원회 (지자체)	(전원위원회의 또는 소위원회의) (내·외부위원)	·의견표명
정부합동 민원센터	Ombudsman (민원·상담) (처분전·후)	부패방지및국민 권익위원회의설 치및운영에관한 법률 §2,5)	국민콜 ☎ 110 「All in One」	국민권익위원회 소속정부합동 민원센터 (국무총리직속)	11개중앙부처 상담관 자격보유민간전 문상담관	전화상담관 228명 서면상담 인터넷상담 방문상담 *국세상담 (화,목 오후)

3. 과세 후 구제제도

〈표3〉 (한눈에 보는) 과세 후 구제제도

구 분	청구기간	재결청	심의의결	심리구조	재결의 효력	법적근거
이의신청	90일	지방국세청장 세무서장 지방자치단체	국세·지방 세심사위원 회	·직권심리 주의 원칙 ·총액주의	기속력	국기법§66 지기법§90 (**임의적 절차**)
국세청 심사청구	90일	국세청장	국세심사 위원회	·직권심리 주의 원칙 ·총액주의	기속력	국기법§61 (소송을 위한 **필요적 전심절차**)
감사원 심사청구	90일	감사원장	감사위원회	·직권심리 주의 원칙 ·총액주의	사실상 기속력 (**시정요구결정**, 감사원에 시정결과통보의무)	감사원법 §43① §46②
심판청구	90일	조세심판원	조세심판관 회의	·직권심리 주의 원칙 ·총액주의 ·<u>자유심증주의</u>	기속력	국기법§67 (소송을 위한 **필요적 전심절차**)

제2장 조세구제제도 유형별 해설

제1절 과세전 구제

1. 권리보호 요청 … (세무부서와 독립된 납세자보호관이 관할)

1) 권리보호 요청 (국세)

국세기본법	제81조의 19 (납세자보호위원회에 대한 납세자의 심의 요청 및 결과 통지 등) 요청서식 : 국기칙 〔별지 56-6서식〕
국세청 훈령	납세자보호사무처리규정 제2조(정의) ① 4호, 제6장(권리보호요청)

<표4> 권리보호 요청 제도 (국세)

절 차	내 용
정 의	■ **세무조사, 세원관리 및 체납처분 등 국세행정 집행(예정) 과정**에서 국세공무원의 **재량 남용 등으로 납세자의 권리가 부당하게 침해**되고 있거나 **권리침해가 현저히 예상되는** 경우 ■ 납세자보호담당관에게 권리의 구제를 요청하고 납세자보호담당관은 납세자의 권리를 신속하게 구제하는 제도
요청시기	■ 세무조사 : 조사기간이 끝나는 날까지 (국기법 §81-19 ①) ■ 세무행정 집행과정 또는 집행이 예정된 때(규정§2①4호.)
요청기한	■ 부과제척기간이 만료하기 6개월 이전까지(규정 §71⑥)
관 할	■ 세무서장(납세보호담당관) 또는 지방국세청장(납세자보호담당관) ■ **국세청 본청(납세자보호관[1])** (국기법 §81-16, ②)
신청수단	■ 국세청 홈택스(www.hometax.go.kr) 신청, 우편신청, 방문신청
요청대상	① 국세기본법상 대상 : 법§81조-18 ② 3호, 4호 해당사항 ■ 3호 : 세무조사 기간 연장 및 세무조사 범위 확대에 대한 중소규모납세자(연

절 차	내 용

	간 수입금 또는 양도가액이 100억원 미만)의 <u>세무조사 일시중지 및 중지 요청</u>
	■ 4호 : <u>위법·부당한 세무조사 및 세무조사 중 세무공무원의 위법·부당한 행위</u>에 대한 납세자의 <u>세무조사 일시중지 및 중지 요청</u>
	② 국세청 훈령상 대상 : 납세자보호사무처리규정(§2 ①4호)
	■ 세무조사, 세원관리 및 강제징수 등 처분
	■ 세무행정 집행과정에서 또는 집행이 예정된 때에 세무공무원의 부당한 행위로 납세자의 권리가 침해되고 있거나 침해가 현저히 예상되는 경우
	-- 	
	〔납세자보호사무처리규정〕<u>권리보호요청대상</u> (§70)
	① 「<u>세무조사</u>」와 관련.
	• <u>세법 등에 위반된 조사</u>
	• <u>중복세무조사</u>
	• 중소규모 납세자가 <u>세무조사 기간연장</u> 및 <u>범위확대</u>에 대해 세무조사 <u>일시중지 및 중지를 요청하는 경우</u>
	• 세무조사 중인 세무공무원의 위법·부당한 행위
	  · 조사대상 세목 및 과세기간의 과세표준·세액 계산과 관련 없는 장부 등의 제출을 요구하는 행위
	  · 적법한 절차를 거치지 아니하고 조사대상 과세기간·세목 등 조사범위를 벗어나 조사하거나 조사기간을 임의로 연장 또는 중지하는 행위
	  · 납세자 또는 권한 있는 자로부터 동의를 받지 않거나 적법한 절차를 거치지 아니하고 임의로 장부·서류·증빙 등을 열람·복사하거나 일시보관 하는 행위
	  · 납세자 또는 세무대리인에게 금품·향응 또는 업무집행과 직접 관련 없는 사적편의 제공을 요구하는 행위
	  · 납세자가 제출한 자료나 업무상 취득한 자료를 관련 법령에 의하지 않고 타인에게 제공 또는 누설하거나, 사적인 용도로 사용하는 행위
	  · 조사중지 기간 중 납세자에 대하여 과세표준 및 세액의 결정 또는 경정을 위한 질문을 하거나 장부 등의 검사·조사 또는 제출을 요구하는 행위
	② 「<u>일반 국세행정</u>」과 관련된 <u>권리보호요청 대상</u>
	• 소명자료 제출·고충민원·불복청구·체납세액 완납 등의 절차가 완료되었으나 그에 필요한 결정취소·환급·압류해제 등 후속처분을 지연하는 행위
	• 사전예고(독촉) 없이 재산을 압류하거나 소명안내 없이 과세자료에 의한 고지

절차	내용
	처분을 진행하는 행위(관련 법령 또는 규정에 의한 경우 제외) • 납세자가 권리구제 등의 필요에 의해 본인의 과세정보에 대해 열람 또는 제공 요구를 한 경우, 특별한 사유 없이 이를 거부하거나 제공을 지연하는 행위 • 납세자 또는 세무대리인에게 금품·향응 또는 업무집행과 직접 관련 없는 사적편의 제공을 요구하는 행위 • 납세자가 제출한 자료나 업무상 취득한 자료를 관련 법령에 의하지 않고 타인에게 제공 또는 누설하거나 사적인 용도로 사용하는 행위 • 과세자료 처리 등에 있어 세금의 부과·징수와 관련 없는 자료 또는 소명을 과도하게 요구하거나 납세자가 이미 제출 또는 소명한 자료 등을 반복적으로 요구하는 행위 • 과세자료 처리 시 납세자가 해명자료를 제출하였음에도 정당한 사유 없이 처리를 지연하는 행위 • 신고내용 확인에 대한 적법 절차를 미준수하여 납세자의 권리를 부당하게 침해하는 행위 • 현장확인 시 출장 목적과 관련 없이 무리하게 장부·서류 등 제출을 요구하거나 사실관계를 확인하는 행위 • 제1호부터 제9호까지의 규정에 준하는 사유로 납세자 권리가 부당하게 침해되고 있거나 침해가 현저히 예상되는 경우
심의결정 통지	■ 세무서장 또는 지방국세청장은 국세기본법 §81조의18 ② 1호~5호까지의 사항에 대하여 납세자보호위원회의 심의를 거쳐 결정 후 납세자에게 서면결과 통지 【국세기본법】§81조의18 ② 1. 중소규모납세자(수입금액·양도가액 100억원 이상, 부가가치세 1기당 공급가액 50억 이상) 외의 납세자에 대한 세무조사기간 연장 2. 중소규모납세자 외의 납세자에 대한 세무조사 범위확대 3. 법 81-8 3항에 따른 세무조사기간연장 및 세무조사 범위확대에 대한 중소규모납세자의 세무조사 일시중지 및 중지요청 4. 위법·부당한 세무조사 및 세무조사 중 세무공무원의 위법·부당한 행위에 대한 납세자의 세무조사 일시중지 및 중지요청 5. 법 81-10 ④ 단서에 따른 장부 등의 일시보관기간 연장 ■ 국기법 §81조의18 ② 3호 또는 4호에 대한 결과는 요청을 받은 날부터 20일 이내에 서면결과통지
국세청장에	■ 납세자는 세무서장 또는 지방국세청장의 심의결정 통지를 받은 날부터 7일

절차	내 용
불복	이내 국세청장에게 취소나 변경요청 가능(법§81-19③) ■ 국세청장은 위원회 심의를 거쳐 세무서장이나 지방국세청장의 결정을 취소하거나 변경할 수 있음, 그 결과를 요청받은 날부터 20일 이내 납세자에게 통지(법§81-19④)
납세자보호관 (담당관)의 일시중지요구	■ 납세자의 권리보호요청을 받은 납세자보호관(담당관)은 위원회 심의전까지 세무조사 일시중지 요구할 수 있음 ■ 단, 세무조사를 기피하려는 명백한 경우 등은 제외 · 장부·서류 등을 은닉, 자료제출 지연, 거부 등 조사를 기피하는 행위가 명백한 경우 · 납세자의 심의요청 및 취소나 변경요청이 세무조사를 기피하려는 행위임을 세무공무원이 자료·근거 등으로 명백하게 입증하는 경우
위원회의 일시중지요구 및 조사관 징계 건의	■ 위원회는 국기법 §81조-18 ② 3호, 4호에 따른 요청이 있는 경우 그 의결로 세무조사의 일시중지 및 중지를 세무공무원에게 요구 할 수 있음 ■ 위원회는 위원회의 요구에 따르지 아니하는 세무공무원에 대하여 국세청장에게 징계를 건의할 수 있음 (법§81-19⑥)
의견진술	■ 납세자는 세무서장, 지방국세청장, 국세청장에게 의견진술을 할 수 있음 (법§81-19⑦)
납세자보호관 의 세무조사 참관	■ 납세자보호관의 세무조사에 참관 요청(납세자는 납보관이 세무조사에 참관하여 권리보호토록 요청할 수 있음 (개인사업자 : 수입금액 10억이하, 법인사업자 20억이하 대상) (규정 §42)
고충민원과 차이점	■ 권리보호요청이 사전적 권리구제(국세행정 처분전 사전 절차진행과정에서 발생하는 권리침해를 예방하는 것)이라면, ■ 고충민원은 사후적 권리구제에 관련된 것으로서 고지나 압류 등 처분이 있은 후 경정, 취소, 변경하는 제도

---

1) 국세청장은, 국세청에 두는 「납세자보호관」과 지방국세청 및 세무서에 두는 「납세자보호담당관」은 개방형 직위로 운영하고 업무를 수행할 때에 독립성이 보장될 수 있도록 하여야 한다. 납세자보호관은 조세·법률·회계분야의 전문지식과 경험을 갖춘 사람을 대상으로 공개모집한다(세무공무원, 세무공무원으로 퇴직한 지 3년이 지나지 아니한 사람은 제외)(국세기본법 §81-16 ②,③), 또한 국세청에는 납세자보호관을 보좌하는 납세자보호담당관을, 지방국세청에는 납세자보호팀장을, 세무서에는 납세자보호실장을 둔다(국세청 훈령 : 납세자보호사무처리규정§4)

<표5> 국세청 납세자 보호관

구 분	소속	직위명칭	법적근거	보좌기관
국세청 본청	청장직속	납세자보호관	국세기본법 §81-16) 납세자보호사무처리규정, (국세청 훈령) §4	납세자보호담당관
지방국세청	청장직속	납세자보호담당관	국세기본법 §81-16) 납세자보호사무처리규정, (국세청 훈령) §4	납세자보호팀장
세무서	서장직속	납세자보호담당관	국세기본법 §81-16) 납세자보호사무처리규정, (국세청 훈령) §4	납세자보호실장

주) 납세자보호관 및 납세자보호담당관은 개방형 직위로 운영하고, 업무수행은 독립성 보장

【핵심 POINT】

권리보호 요청 (국세)

1. 관할 : 세무서·지방국세청(납세자보호담당관), 본청(납세자보호관)

2. 신청방법
   (1) 「일반 국세행정」 대한 권리보호요청(법 §81조의 19 ②, 규정 §71③)
   - 방법·서식 : 제한 없음 (방문, 서면, 전화, 팩스, 이메일)
   - 서면요청시 : 권리보호요청서(규정 별지 제31호 서식) 활용가능

   (2) 「세무조사」에 대한 권리보호요청
   ① 「세무조사」에 대한 권리요청은
   - 「권리보호심의요청서」[국기칙 별지56-6 서식]에 의하여 세무조사 기간이 끝나는 날까지 요청(국기법 §81-19 ①, 규정 §71②, §65②)
     → 세무서장 또는 지방국세청장은 요청받은 날부터 20일 이내 결과통지 (국기법 §81-19 ②)
   ② 국세청장에게 그 결과통지에 대해 불복할 수 있음
   - 납세자가 위원회의를 거친 세무서장이나 지방국세청장의 결정에 대하여 국세청장에게 취소 또는 변경을 요청(권리보호요청으로 봄)하는 경우

→ 결정통지서를 받은 날부터 <u>7일 이내</u> 「<u>권리보호심의요청서</u>」에 의하여 <u>국세청장</u>에게 요청(국기법 §81-19 ③,)

- 국세청장은 요청을 받은 날부터 <u>20일 이내</u> 국세청 <u>심의위원회의 심의</u>를 거쳐 <u>변경 또는 취소</u>를 할 수 있고 그 <u>결과통지</u> (국기법 §81-9④)

3. **납세자보호관** 또는 **납세자보호위원회**는 위원회 심의전까지 <u>세무조사 일시중지</u> 또는 <u>중지를 요구</u>할 수 있음 단, 세무조사를 기피하려는 명백한 경우 등은 제외
4. **납세자보호관의 세무조사에 참관 요청**(납세자는 납보관이 세무조사에 참관하여 권리보호토록 요청할 수 있음 (개인사업자 : 수입금액 10억이하, 법인사업자 20억이하 대상) (규정 §42)
5. **신청수단** : 국세청 홈택스(www.hometax.go.kr) 신청, 우편신청, 방문신청
6. **신청방법 상담·안내 전화문의** : ☎ 126 → (통화연결 후 3번)
7. [정리]

- 세무조사 관련 신청 및 **국세청장에게 불복시** : **권리보호「심의」요청**[국기칙 별지 제56호의6 서식]
- **일반국세행정에 대한 신청시** : **권리보호요청**[규정 별지 제31호 서식]
- 세무부서장이 아닌 업무상 독립조직인 **납세자보호관**에게 신청 <u>1. 관할</u> : **세무서·지방국세청**(납세자보호담당관), **본청**(납세자보호관)

■ 납세자보호사무처리규정 [별지 제31호 서식]

권리보호 요청서

(앞쪽)

접수번호		접수일		처리기간 20일	
납세자	상 호 (법인명)		사업자등록번호		
	성 명 (대표자)		주민등록번호		
	주 소 (사업장)				
	전화번호 (휴대전화)		전자우편주소		
권리보호 대상세목	세 목				
	과세기간				
권리보호 요청분야	□ 세무조사		□ 일반국세행정		
권리보호 요청내용	※ 내용이 많을 경우 별지 작성				
첨부 서류	1. 2.				

위와 같이 권리보호를 요청하니 처리하여 주시기 바랍니다.

년   월   일

신청인(작성자)   (인)

□(   ) 세무서,   □(   ) 지방국세청   납세자보호담당관 귀하

* 세무서, 지방국세청 중에서 □ 안에 √하여 하나를 선택하고, 해당 관서명을 기재함

아래 사람에게 위 권리보호 심의 요청에 관한 사항을 위임합니다.

위임자 (요청인)					(서명 또는 인)
위임장	대리인	사업장	상호	사업자등록번호	소재지	전자우편
		수행자	구분	성명	생년월일	(휴대)전화번호
			세무사 변호사 배우자등			

210mm×297mm[백상지(80g/㎡) 또는 중질지(80g/㎡)]

■ 국세기본법 시행규칙 [별지 제56호의6서식] <개정 2023. 3. 20.>

권리보호「심의」요청서

(앞쪽)

접수번호		접수일		처리기간 20일	
납세자	성 명 (상 호)			주민등록번호 (사업자등록번호)	
	주 소 (사업장)				
	전화번호 (휴대전화)			전자우편주소	
요청대상	세 목				
	과세기간				
심의 요청 사 항	세무서장 지방국세청장	☐ 중소규모납세자의 세무조사 기간 연장 및 범위 확대에 대한 세무조사 (일시) 중지 ☐ 위법·부당한 세무조사 (일시) 중지 ☐ 세무조사 중 세무공무원의 위법·부당한 행위에 대한 세무조사 (일시) 중지			
	국세청장	☐ 중소규모납세자외의 납세자의 세무조사 기간 연장 및 범위 확대에 대하여 세무서장 또는 지방국세청장의 결정에 대한 납세자의 취소 또는 변경 ☐ 납세자의 세무서·지방국세청 납세자보호위원회 심의 요청 건에 대하여 납세자보호위원회 심의를 거쳐 세무서장 또는 지방국세청장이 결정한 건에 대한 취소 또는 변경			
	세무서·지방국세청 심의요청일				
	세무서·지방국세청 결정통지 받은 날				
권리보호 요청내용	※ 내용이 많을 경우 별지 작성				
첨부 서류					

「국세기본법」제81조의19 및 같은 법 시행령 제63조의18에 따라 위와 같이 요청합니다.

년   월   일

요 청 인   (서명 또는 인)

세무서장
지방국세청장   귀하
국세청장

아래 사람에게 위 권리보호 심의 요청에 관한 사항을 위임합니다.

위임자(요청인)   (서명 또는 인)

위임장	대리인	사업장	상호	사업자등록번호	소재지	전자우편
			구분	성명	생년월일	(휴대)전화번호
		수행자	세무사 배우자 등			

210mm×297mm[백상지(80g/㎡) 또는 중질지(80g/㎡)]

제2편 조세구제제도의 개관

국세기본법 (권리보호요청 관련 규정)

제81조의 19 (납세자보호위원회에 대한 납세자의 심의 등의 요청 및 결과 통지 등) ① 납세자는 세무조사 기간이 끝나는 날까지 세무서장 또는 지방국세청장에게 제81조의18 제2항 제3호 또는 제4호에 해당하는 사항에 대한 심의를 요청할 수 있다.

② 세무서장 또는 지방국세청장은 제81조의18 제2항 제1호부터 제5호까지의 사항에 대하여 세무서 납세자보호위원회 또는 지방국세청 납세자보호위원회의 심의를 거쳐 결정을 하고, 납세자에게 그 결과를 통지하여야 한다. 이 경우 제81조의18제2항 제3호 또는 제4호에 대한 결과는 제1항에 따른 요청을 받은 날부터 20일 이내에 통지하여야 한다.

③ 납세자는 제2항에 따라 통지를 받은 날부터 7일 이내에 제81조의18 제2항 제1호부터 제4호까지의 사항으로서 세무서 납세자보호위원회 또는 지방국세청 납세자보호위원회의 심의를 거친 세무서장 또는 지방국세청장의 결정에 대하여 국세청장에게 취소 또는 변경을 요청할 수 있다.

④ 제3항에 따른 납세자의 요청을 받은 국세청장은 국세청 납세자보호위원회의 심의를 거쳐 세무서장 및 지방국세청장의 결정을 취소하거나 변경할 수 있다. 이 경우 국세청장은 요청받은 날부터 20일 이내에 그 결과를 납세자에게 통지하여야 한다.

⑤ 제81조의16 제2항에 따른 납세자보호관 또는 담당관은 납세자가 제1항 또는 제3항에 따른 요청을 하는 경우에는 납세자보호위원회의 심의 전까지 세무공무원에게 세무조사의 일시중지 등을 요구할 수 있다. 다만, 납세자가 세무조사를 기피하려는 것이 명백한 경우 등 대통령령으로 정하는 경우에는 그러하지 아니하다.

⑥ 납세자보호위원회는 제81조의18 제2항 제3호 또는 제4호에 따른 요청이 있는 경우 그 의결로 세무조사의 일시중지 및 중지를 세무공무원에게 요구할 수 있다. 이 경우 납세자보호위원회는 정당한 사유 없이 위원회의 요구에 따르지 아니하는 세무공무원에 대하여 국세청장에게 징계를 건의할 수 있다.

⑦ 제1항 및 제3항에 따른 요청을 한 납세자는 대통령령으로 정하는 바에 따라 세무서장, 지방국세청장 또는 국세청장에게 의견을 진술할 수 있다.

⑧ 제1항부터 제7항까지에서 규정한 사항 외에 납세자보호위원회에 대한 납세자의 심의 요청 및 결과 통지 등에 필요한 사항은 대통령령으로 정한다.

국세기본법 시행령 (권리보호요청 관련 규정)

제63조의18(납세자보호위원회에 대한 납세자의 심의 등의 요청 및 결과 통지 등) ① 납세자가 법 제81조의19 제1항에 따라 심의를 요청하는 경우 및 같은 조 제3항에 따라 취소 또는 변경 요청을 하는 경우에는 서면으로 하여야 한다.

② 세무서장 또는 지방국세청장이 법 제81조의19 제2항에 따른 결과를 통지하거나 국세청

장이 같은 조 제4항에 따른 결과를 통지하는 경우에는 서면으로 하여야 한다.
③ 법 제81조의19 제5항에서 "납세자가 세무조사를 기피하려는 것이 명백한 경우 등 대통령령으로 정하는 경우"란 다음 각 호의 경우를 말한다.
1. 납세자가 장부·서류 등을 은닉하거나 제출을 지연하거나 거부하는 등 조사를 기피하는 행위가 명백한 경우
2. 납세자의 심의 요청 및 취소 또는 변경 요청이 세무조사를 기피하려는 행위임을 세무공무원이 자료·근거 등으로 명백하게 입증하는 경우

사례
● 국세청 납세자보호위원회의 권리보호요청 심의·결정 사례

(1) 국세청 납보-2023-006 2023.04.28.
〔쟁점〕 조사범위 확대통지에 하자가 있다고 보아 이 건 조사범위 확대를 취소할 수 있는지 여부
〔결정〕 이 건 권리보호 심의 요청은 요청인의 주장이 이유 있으므로 시정 결정한다.
〔판단〕 조사청이 20××.0월 요청인에게 통지한 세무조사범위확대 통지서에는 범위확대 사유로 "○○○(자료상 행위자)와 20××년 하반기부터 거래를 시작, ○○○는 세금계산서를 교부하였다고 진술, 확대하고자 하는 기간 동안 자료상으로 고발된 ㈜○○○으로부터 세금계산서 수취 혐의"라고 기재되어 있을 뿐인바, 요청인은 위 기재 내용만으로 조사청의 조사범위 확대 사유를 구체적으로 인지하기는 어렵다고 봄이 상당하고, 따라서 이 건 조사범위 확대 통지를 적법한 통지라고 보기는 어려움(근거 법령 등 조사범위 확대 사유를 구체적으로 기재하여 요청인에게 다시 조사범위 확대통지를 하는 것은 별론으로 함)

(2) 국세청 납보-2023-18, 2023.6.16.
〔쟁점〕 쟁점금액 수증 혐의에 대한 증여세 조사가 위법·부당한 세무조사에 해당하는지 여부
〔결정〕 이 건 권리보호 심의 요청인의 주장이 이유 있으므로 시정결정한다.
〔판단〕 조사청은 쟁점건물 양도가액을 기준시가로 안분계산하여 경정함에 따라 요청인이 모친으로부터 쟁점금액을 증여받은 효과가 발생하였음 쟁점세무조사 대상인 요청인의 쟁점금액 수증 여부는 쟁점건물 양도가액 경정과 관련성이 높은 만큼 양도소득세 조사에서 실질적인 증여세 조사가 이루어진 것으로 보이고, 실제로 조사청은 양도가액

경정 과정에서 쟁점금액의 증여세 과세 가능성을 인지하고 검토하였던 것으로 보임 양도소득세 조사와 쟁점세무조사는 요청인의 쟁점건물 양도를 조사대상으로 하고 있을 뿐만 아니라, 쟁점세무조사는 양도소득세 조사 결과를 근거로 증여세 과세 여부를 추가로 판단하기 위한 것으로 관련 세목이 다르다는 이유만으로 중복조사에 해당하지 않는다고 보기는 어려우며 새로운 조세탈루의 혐의를 인정할 만한 자료 등을 제시한 바 없음

(3) 국세청 납보-2023-9, 2023.5.12.
[쟁점] 세무조사 과정에서 세무공무원의 위법·부당한 행위가 있었다고 보아 세무조사를 중지할 수 있는지 여부
[결정] 이 건 권리보호 심의 요청은 요청인의 주장이 이유 없으므로 **시정불가 결정**한다.
[판단] 요청인의 해명자료만으로는 취득자금에 대한 출처가 확인된다고 볼 수 없어 조사청의 요청인에 대한 대금 지급·수령 증빙 등의 자료 요구가 부당하다고 보기 어렵고, 이러한 조사청의 자료 요구가 해명 수준에서 벗어나 요청인의 권리를 과도하게 제한하거나 침해한다고 보기 어렵고, 조사청은 조사내용 보안 등을 위해 별도 마련된 조사심리실에서 조사를 진행한 것으로 확인되는 등 조사과정에서 세무공무원의 위법·부당한 행위가 있었다고 볼 수 없음

(4) 국세청 납보-2023-11, 2023.5.22.
[쟁점] 선행세무조사 당시 쟁점주식 명의신탁에 대해 세무조사를 실시한 것으로 보아 쟁점세무조사를 위법·부당한 중복조사로 볼 수 있는지 여부
[결정] 이 건 권리보호 심의 요청인의 주장이 이유 있으므로 **시정결정**한다.
[판단] 조사청은 2차세무조사 시 쟁점법인 주식 등 금융재산의 적정 여부 및 가업상속공제 요건 등을 검토한 후 신고가 적정하다고 보아 조사 종결하였으며 쟁점법인 주식 중 '명의신탁주식 실제소유자 확인신청'에 따라 실명전환된 사실이 있었던 것을 확인할 수 있었던 만큼 쟁점주식에 대한 명의신탁 가능성을 충분히 의심할 수 있었던 것으로 봄이 상당하고, 조사청은 감사관의 감사지적에 따라 2차세무조사에서 이미 확인한 금융거래내역 등을 근거로 피상속인이 요청인1에게 쟁점주식을 명의신탁한 혐의가 있다고 보아 쟁점세무조사에 착수하였으나 조사청은 위 자료외 새로운 조세탈루의 혐의를 인정할 만한 자료를 제시한 바 없음(대법원 2011.1.27. 선고 2010두6083 판결 등 참조).

(5) 국세청 납보-2023-1, 2023.1.10.

〔쟁점〕 ① 신고내용 확인 이후 정기세무조사 대상자로 선정한 것이 타당한지 여부
② 조사대상범위를 조사의뢰 사유인 판매장려금 항목으로 한정할 수 있는지

〔결정〕 이 건 권리보호 심의 요청인의 주장이 이유 없으므로 시정불가결정한다.

〔판단〕 ① 소득세과에서 실시한 신고내용 확인은 종합소득세 신고내용 중 특정 항목 오류 또는 탈루혐의를 서면으로 해명 및 수정신고를 안내하여 신고내용의 적정 여부를 확인하는 것으로, 관련 절차에 따라 요청인에 대한 신고내용 확인을 실시한 것으로 보이며 조사과는 소득세과의 조사의뢰 사유가 비정기조사 선정 대상에 해당하지 않는다는 이유로 반려한바 있고 이후 지방국세청장은 20××.00월 「국세기본법」 제81조의6 제2항에 따른 성실도 분석에 의하여 요청인을 이 건 정기세무조사 대상자로 선정한 만큼 조사대상 선정은 적법함
② 세무조사는 「국세기본법」 제81조의11 제1항에 따라 납세자 사업과 관련하여 신고·납부의무가 있는 세목을 통합 실시하는 것이 원칙이며, 요청인은 부분조사 사유에도 해당하지 않는 것으로 판단되는바 특정 항목에 한하여 부분조사를 실시하기는 어려움

(6) 국세청 납보-2023-5, 2023.4.20.

〔쟁점〕 ① '부정한 행위'를 한 것으로 보아 이 건 권리보호요청을 심의대상(부과제척기간 만료 6개월 이전)으로 볼 수 있는지 여부
② 선행감사가 1차세무조사에 해당하여 쟁점세무조사를 위법·부당한 중복조사로 볼 수 있는지 여부

〔결정〕 이 건 권리보호 심의 요청인의 주장이 이유 없으므로 시정불가결정한다.

〔판단〕 ① 요청인은 쟁점건물 양도로 발생한 양도소득세를 부당하게 경감시킬 목적으로 허위 쟁점세금계산서를 수취하고 도급계약서를 작성하는 한편, 쟁점금액을 지급한 것처럼 가장하기 위해 쟁점매입처계좌에 입금하였다가 다시 상당 금액을 받은 것으로 보이는바, 이러한 행위는 「국세기본법」 제26조의2 제2항 및 「조세범처벌법」 제3조 제6항에 따른 부정행위로서 요청인에 대해 부과제척기간 10년을 적용함이 타당함
② 요청인이 선행감사 시 제출한 해명자료는 도급계약서, 견적서, 금융거래내역으로 20××.00월 양도소득세 신고 시 이미 제출한 자료와 상당 부분 동일할 뿐 아니라, 금융거래내역 역시 요청인으로서는 손쉽게 제출할 수 있는 자료로서 과세자료 해명 수준에서 벗어나 요청인의 영업의 자유를 제한하거나 침해하는 정도로 과도하다고 보기는 어려운바 위법·부당한 중복조사에 해당하지 않음

(7) 국세청 납보-2018-6, 2018.5.18.
  〔쟁점〕 주식 양수법인에 대한 서면확인 과정에서 주식 양수도거래 전반에 대하여 확인한 후 동일한 거래에 대하여 양도인을 대상으로 주식변동조사를 하는 경우 중복세무조사에 해당하는지
  〔결정〕 지방국세청장이 요청인에 대하여 실시하고 있는 2013년 과세연도의 양도소득세 <u>세무조사를 중지</u>한다.
  〔판단〕 요청인이 조사청이 해명 요구한 실지 양도가액을 입증하기 위해 거래 당사자의 금융거래 내역, 양도대금이 입금된 금융자료, 양도대금의 사용내역을 유선·방문 설명한 것은 서면확인의 범위를 벗어난 질문조사권내지 그에 준하는 자료제출 요구에 따라 실질적으로 질문에 대답하고검사를 수인할 의무를 부담하게 한 것으로 볼 수 있어 주식 양수법인에대한 서면확인 과정에서 쟁점거래에 대한 사실상의 세무조사가 이루어진 것으로 볼 수 있고, 조사청은 서면확인 시 이미 검토한 내용과 아닌 새로운 조세탈루 혐의와 이를 인정할 만한 명백한 자료를 제시하지 못한바, 요청인에 대한 세무조사는 중복세무조사에 해당하며 예외적으로 다시 조사할 수 있는 경우도 아닌 것으로 판단됨

(8) 국세청 납보-2018-5, 2018.5.18.
  〔쟁점〕 관련인들에 대한 증여세 조사과정에서 본인의 부동산 취득자금 출처에 대하여 소명한 후 증여세 조사대상자로 선정된 경우 중복세무조사에 해당하는지
  〔결정〕 이 건 권리보호 심의 요청인의 주장이 이유 없으므로 <u>시정불가결정</u>한다.
  〔판단〕 세무서는 A와 B에 대한 자금출처조사 과정에서 거래 당사자인 요청인에게 특정 금융거래를 소명 요구한 것으로 요청인에 대한 자금출처조사와는 조사대상, 조사대상기간, 혐의 및 조사 내용이 모두 다른별개의 세무조사이므로 중복세무조사에 해당하지 아니함
  이 건과 관련된 과세자료는 요청인이 타인으로부터 현금을 증여받은 혐의를 인정할 만한 객관성과 합리성 있는 명백한 자료에 해당하는 것으로 보여짐

(9) 국세청 납보-2018-2, 2018.4.20.
  〔쟁점〕 사업용계좌 이외의 계좌에 입금 받은 현금 수입금액을 신고 누락한 경우, 명백한 세금탈루 혐의로 다른 과세기간 전부에 대하여 세무조사의 범위를 확대할 수 있는지
  〔결정〕 이 건 권리보호 심의 요청인의 주장이 이유 없으므로 <u>시정불가결정</u>한다.
  〔판단〕 요청인이 A계좌를 이용하여 수입금액을 신고 누락한 것은 이미 확인된 명백한 세금탈루 행위에 해당하고 A계좌의 개설 시기와 2014년 과세연도의 계좌 입금 횟수, 금

액, 입금자 등 거래양태 등으로 미루어 볼 때, 조사대상 과세기간 이외에 다른 과세기간에도 A계좌를 이용하여 현금 수입금액을 신고 누락하였는지 세무조사를 통해 확인할 필요가 있는 것으로 판단됨

(10) 국세청 납보-2022-24, 2022.8.30.

[쟁점] 세무공무원의 강압적인 태도와 무관한 질문 등 위법·부당한 행위가 인정되는지 여부
[결정] 이 건 권리보호 심의 요청인의 주장이 이유 없으므로 시정불가결정한다.
[판단] 조사청이 세무대리인 선임을 언급한 것은 조력을 받을 수 있는 권리를 안내한 것이고, 「국세기본법」 제88조에 따른 직무집행 거부 등에 대한 과태료 부과를 설명한 것 역시 적법한 절차에 따른 안내였다고 보이며 기타 질문은 무자료 거래 혐의를 확인하기 위한 정당한 질문에 해당하므로 세무공무원의 위법·부당한 행위가 있었다고 보기 어려움

(11) 국세청 납보-2022-16, 2022.6.3.

[쟁점] 요청인의 출석거부를 조사기피 또는 조사거부를 이유로 한 쟁점 조사중지가 위법한지 여부
[결정] 이 건 권리보호 심의 요청인의 주장이 이유 있으므로 시정결정한다.
[판단] 다음의 사정을 종합하면 요청인의 조사기피 또는 조사거부가 인정되지 않아 쟁점 조사중지는 위법·부당하다고 판단됨
- 요청인은 조사청의 자료제출 요구에 세무대리인을 통하여 성실하게 응한 것으로 보이고, 조사를 기피하고 있다는 정황이 확인되지 않음
- 조사청은 요청인이 조사청에 출석하여 대면조사를 실시하여야 한다고 주장하나, 조사청이 확인하고자 하는 쟁점주식 매매가격 결정과정, 요청인이 주식매수법인의 특수관계자에 해당하는지 여부, 신주대가가 쟁점주식 거래가액에 미치는 영향 등은 반드시 요청인을 대면하여 확인해야 할 사항이라고 할 수 없고,
- 요청인이 기제출한 자료에 대한 검토나 서면을 통한 소명 요구로도 충분한 것으로 보이므로 요청인이 **출석을 거부했다고 하여 쟁점 세무조사가 정상적으로 진행되기 어렵다고 할 수 없음**

(12) 국세청 납보-2022-10, 2022.3.17.

[쟁점] 선행 서면검토 또는 현장확인이 실질적으로 세무조사에 해당하여 쟁점 세무조사가 중복세무조사로서 위법한지 여부

〔결정〕 이 건 권리보호 심의 요청인의 주장이 이유 없으므로 시정불가결정한다.

〔판단〕 선행 서면검토는 요청인의 부가가치세 신고내용을 검토하는 과정에서 서류의 내용 및 특정 거래의 적정여부를 확인하기 위해 실시한 것으로 단순 사실관계의 확인으로 보이고, 선행 현장확인 역시 1회 출장하여 요청인 및 해당 공사 현장소장의 안내로 리모델링공사 여부를 확인하고, 이후 추가 자료제출을 요구한 사실 없어 사실관계를 확인하는 데에 그친 것으로서 확인내용에 비추어 세무조사에 이르렀다고 보기 어려움이처럼 선행 서면검토와 선행 현장확인을 실질적인 세무조사라고 보기 어려우므로 쟁점 세무조사는 중복세무조사에 해당하지 않음

(13) 국세청 납보-2021-28, 2021.12.24.

〔쟁점〕 조사 중지기간 중 조사 진행, 세무공무원의 발언 등 위법·부당한 행위가 인정되는지 여부

〔결정〕 이 건 권리보호 심의 요청인의 주장이 이유 있으므로 시정결정한다.

〔판단〕 조사 중지기간 중 기존에 요구했던 자료의 제출을 다시 요구하는 것도 질문조사권이 행사된 세무조사에 해당하는 것으로 보아야 함

조사청은 조사 중지기간 중 세무대리인에게 소명자료 제출을 요구하는 등 실질적으로 세무조사를 진행한 것으로 판단됨

다만 요청인이 조사기간 중 조사가 진행됐다고 주장하는 4일 중 1일은 조사청이 조사 중지 이전에 팩스와 우편으로 동시에 발송한 공문 중 우편으로 보낸 공문이 세무대리인 측에 도달한 것에 불과해 조사행위가 있었다고 보기 어려움 따라서 조사 중지기간 중 조사가 진행된 3일을 잔여 세무조사 기간에서 제외함이 타당함

세무공무원이 세무대리인에게 한 발언은 업무수행 과정에서 우발적으로 행하여진 것으로 보이긴 하나, 세무조사와 무관한 것으로서 추후 재발방지를 위한 교육 등의 조치가 필요할 것으로 보임

(14) 국세청 납보-2021-3, 2021.2.19.

〔쟁점〕 사기·기타 부정한 행위를 통한 구체적 탈루내용이 확인되어 다른 세목에 대한 조사가 필요한 경우에 해당한다고 보아 부과제척기한을 10년으로 적용한 세무조사 범위 확대가 적법한지

〔결정〕 이 건 권리보호 심의 요청인의 주장이 이유 있으므로 시정결정한다.

〔판단〕 세무조사 범위를 확대하기 위해서는 세금탈루 혐의가 객관적이고 명확하며 구체적이거나 세법 적용의 착오가 분명하여야 할 것임 조사청은 법인 가수금으로 입금된 금액 중 자금출처가 확인이 안 된 금액을 모두 수입금액 누락으로 판단하여 추가적인 조사

를 하려하나, 이미 대표자의 자금출처조사과정에서 법인 가수금에 대한 내역을 모두 조사하였는 바 추가적인 조사는 불필요하다고 판단됨 또한 대표자의 통장 이외 사용한 차명계좌는 없으므로 사기·기타 부정한 행위가 있다고 보기에 부족하며 고액의 입금액 출처의 구분이 힘든 상황에서 입금액 전체를 법인수입금액 누락이라고 단정할 수 없으므로 명백한 조세탈루혐의가 있다고 보기 어려워 범위확대는 부당함

(15) 국세청 납보-2020-20, 2020.11.6.

[쟁점] 본인의 질병(암) 치료로 인해 세무조사 진행이 불가능함을 사유로 세무조사 중지를 신청하였으나, 세무대리인의 조력 등을 통해 세무조사가 가능하다는 이유로 세무조사 중지를 불승인한 조사청의 통지가 위법·부당한 지

[결정] 이 건 권리보호 심의 요청인의 주장이 이유 있으므로 시정결정한다.

[판단] 조사청은 요청인의 전 남편의 명의도용에 대한 신빙성이 부족한 상황이며, 일상생활이 가능한 것으로 확인되므로 세무대리인의 조력을 통해 충분히 조사진행이 가능한 것으로 보았으나, 요청인은 2차례의 암 수술을 받고난 후 전이로 인해 현재 암이 4기로 접어든 상태에서 세무조사 전에도 지속적으로 항암치료를 받고 있었던 것이 의사소견서 및 병원에서 작성한 증빙에 의해 확인되는 것을 볼 때 요청인은 중병에 의해 세무조사를 받기 곤란한 것으로 판단됨. 또한, 요청인이 일상생활이 가능하다는 별다른 증빙이 없고 세무대리인의 조력을 받더라도 사실관계에 대한 규명은 요청인이 직접 수행해야 하는 점 등을 고려하면 조사청의 세무조사 중지 불승인 통지는 위법·부당한 것으로 보임

2. 권리보호 요청 (지방세)

1) 납세자보호관 (지방자치단체)

지방세기본법	제77조 (납세자권리보호) 시행령 제51조의 2
지방자치단체 조례	납세자보호에 관한 조례, 조례시행규칙

<표6> 권리보호 요청 제도 (지방세)

절 차	내 용
요청시기	■ 세무조사 : 조사기간이 끝나는 날까지 (서울시 조례 §2 3호) ■ 세무행정 집행과정 또는 집행이 예정된 때(조례)
요청기한	■ 부과제척기간 종료일 90일전까지(서울시 조례 §2 3호) ■ 세무행정 집행과정 또는 집행이 예정된 때(조례)
관 할	■ 지방자치단체 납세자보호관 … 세무부서와 독립조직
요청대상	[조례로 정한 사항 : 서울특별시의 경우 조례 §16] ■ 소명자료 제출, 고충민원, 불복청구 및 체납세액 완납 등의 절차가 완료되었으나 그에 필요한 결정취소·환급·압류해제 등 후속처분을 지연하는 행위 ■ 위법·부당한 세무조사 ■ 위법·부당한 재조사(중복조사) ■ 적법절차를 위반한 조사범위확대, 조사기간 연장, ■ 세무행정 집행과정에서 위법·부당한 행위 등 ■ 과세자료 처리 등에 있어 세금의 부과·징수와 관련 없는 자료 또는 소명을 무리하게 요구하는 행위 ■ 납세자가 권리구제 등의 필요에 따라 본인의 과세정보에 대한 열람 또는 제공 요구할 때 정당한 사유 없이 이를 거부하거나 제공을 지연하는 행위 ■ 그밖에 납세자의 권리가 부당하게 침해되고 있거나 침해가 현저히 예상되는 경우

절차	내용
처리기간	■ 접수일부터 <u>7일 이내</u> (서울시 조례 §18) ■ 실지조사, 타지자체 의견조회 등 부득이한 경우 14일이내
세무조사 연기신청	■ 납세자가 세무조사를 연기하고자 하는 경우에는 <u>세무조사 개시일 3일 전까지 납세자보호관에게 연기신청</u>(서울시 조례 §21))
세무조사 연기신청 에 대한 결정	■ 납세자보호관은 세무조사 <u>연기신청을 접수한 날부터 7일이내</u>에 이유 있다고 인정되는 경우 <u>연기결정</u> (조례 §22 ①) ■ 세무부서의 장은 <u>납세자보호관의 결정이 있기 전까지 세무조사를 개시할 수 없음</u> (서울시 조례 §22 ②)

【핵심 POINT】

권리보호 요청 (지방세)

1. 법적근거
   ■ **지방세기본법 §77**, 영 § 51-2, 각 지방자치단체 **납세자보호에 관한 조례 및 조례 시행 규칙**

2. <u>요청시기</u> 및 <u>기한</u>
   ■ 「<u>세무조사</u>」에 대한 <u>권리보호요청</u> : <u>조사기간이 끝나는 날까지</u>
   ■ 「<u>세무행정 집행과정 또는 집행이 예정된 때</u>」
      → <u>부과제척기간 종료일 90일전까지</u>

3. <u>요청 방법</u>
   ■ 「<u>권리보호요청서</u>」[납세자보호에 관한 조례 <u>시행규칙</u>(서울시의 경우 <u>별지 제3호 서식</u>)]에 의하여 지방자치단체 <u>납세자보호관에게 요청</u>

4. 요청 대상
   ■ 위법·부당한 세무조사, 중복조사, 조사범위 확대, 조사기간 연장
   ■ 세무행정·자료처리 과정에서 무리한 자료, 소명요구 등 위법·부당한 행위
   ■ 본인의 과세정보의 열람 또는 제공요구를 거부하거나 지연행위 등 전반

5. <u>처리기간</u> : 접수일부터 7일 이내

6. <u>세무조사 연기신청</u> : 세무조사 개시 3일 전까지 납세자보호관에게 연기신청
   ■ <u>세무부서장이 아닌 납세자보호관에게 신청</u>
      → <u>세무부서장은 결정이 있기 전까지 세무조사 개시불가</u>

제2편 조세구제제도의 개관

지방세기본법 (권보호요청 관련 규정)

제77조(납세자 권리보호) ① 지방자치단체의 장은 직무를 수행할 때 납세자의 권리가 보호되고 실현될 수 있도록 하여야 한다. 〈개정 2017. 12. 26.〉

② 지방자치단체의 장은 납세자보호관을 배치하여 지방세 관련 고충민원의 처리, 세무상담 등 대통령령으로 정하는 납세자 권리보호업무를 전담하여 수행하게 하여야 한다. 〈개정 2017. 12. 26.〉

③ 납세자보호관의 자격·권한 등 제도의 운영에 필요한 사항은 대통령령으로 정한다.

지방세기본법 시행령

제51조의2(납세자보호관의 업무·권한·자격 등) ① 법 제77조 제2항에서 "대통령령으로 정하는 납세자 권리보호업무"란 다음 각 호의 업무를 말한다.
1. 지방세 관련 고충민원의 처리, 세무상담 등에 관한 사항
2. 세무조사·체납처분 등 권리보호요청에 관한 사항
3. 납세자권리헌장 준수 등에 관한 사항
4. 세무조사 기간 연장 및 연기에 관한 사항
5. 그밖에 납세자 권리보호와 관련하여 조례로 정하는 사항

② 납세자보호관이 제1항의 업무를 처리하기 위한 권한은 다음 각 호와 같다.
1. 위법·부당한 처분에 대한 시정요구
2. 위법·부당한 세무조사의 일시중지 요구 및 중지 요구
2의2. 세무조사 과정에서 위법·부당한 행위를 한 세무공무원 교체명령 요구 및 징계요구
3. 위법·부당한 처분이 행하여 질 수 있다고 인정되는 경우 그 처분절차의 일시중지 요구
4. 그밖에 납세자의 권리보호와 관련하여 조례로 정하는 사항

③ 납세자보호관은 지방자치단체 소속 공무원 또는 조세·법률·회계 분야의 전문지식과 경험을 갖춘 사람 중에서 그 직급 또는 경력 등을 고려하여 해당 지방자치단체의 조례로 정하는 바에 따라 지방자치단체의 장이 임명하거나 위촉한다.

④ 지방자치단체의 장은 납세자보호관의 납세자 권리보호 업무 추진실적을 법제149조에 따른 통계자료의 공개시기 및 방법에 준하여 정기적으로 공개하여야 한다. (2017.12.29. 신설)

⑤ 제1항에 따른 납세자보호관의 업무처리 기간 및 방법, 그 밖의 납세자보호관 제도의 운영에 필요한 사항은 조례로 정한다.

서울특별시 납세자보호에 관한 조례

제1조(목적) 이 조례는 「지방세기본법」 제77조 및 같은 법 시행령 제51조의2에서 위임한 납세자보호관 제도 운영과 납세자의 권리보호에 관하여 필요한 사항을 규정함을 목적으로 한다.

제2조(정의) ① 이 조례에서 사용하는 용어의 뜻은 다음과 같다.

1. "납세자보호관"이란 「지방세기본법」(이하 "법"이라 한다) 제77조 제2항에 따라 납세자의 권리를 보호하기 위하여 서울특별시장(이하 "시장"이라 한다)이 임명 또는 위촉한 사람을 말한다.

2. "고충민원"이란 서울특별시세(이하 "시세"라 한다)와 관련하여 처분이 완료된 사항으로서, 위법 또는 부당한 처분을 받았거나 필요한 처분을 받지 못하여 납세자의 권리·이익이 침해되었거나 불편 또는 부담을 준 사항에 관한 민원을 말한다.

3. "권리보호요청"이란 시세 관련 처분이 완료되기 전 세무조사 등의 시세 행정 과정에서 지방세 공무원의 법령 위반, 재량 남용 등으로 납세자의 권리가 부당하게 침해되고 있거나 침해가 예상되는 경우 납세자(세무대리인을 포함한다)가 납세자보호관에게 보호를 요청하는 행위를 말한다.

제4조(납세자보호관의 배치) ① 시장은 납세자의 권리보호를 위하여 납세자보호관을 둔다.

② 납세자보호관은 법무업무를 담당하는 부서에 둔다.

제6조(납세자보호관의 업무) 납세자보호관의 업무는 다음 각 호와 같다.

1. 시세 관련 고충민원의 처리 및 세무상담
2. 세무조사·체납처분 등 권리보호요청에 관한 사항
3. 납세자 권리헌장의 제·개정 및 준수에 관한 사항
4. 세무조사 기간 연장 및 연기에 관한 사항
5. 시세 관련 제도개선 과제 발굴
6. 그밖에 납세자 권리보호와 관련된 사항 등

제7조(납세자보호관의 권한) 납세자보호관은 제6조의 업무와 관련하여 시 및 자치구의 세무부서의 장에 대하여 다음 각 호의 권한을 갖는다.

1. 위법·부당한 처분에 대한 시정요구
2. 위법·부당한 세무조사의 일시중지 요구 또는 중지 요구
3. 위법·부당한 처분이 행하여 질 수 있다고 인정되는 경우, 그 처분 절차의 일시중지 요구
4. 근거가 불명확한 처분에 대한 소명요구

5. 과세자료 열람·제출 요구 및 질문·조사
6. 시세 관련 납세자보호 업무에 관한 <u>자치구 납세자보호관에 대한 지도·감독</u>

제4장 권리보호요청

제16조(권리보호요청 대상) <u>권리보호요청의 대상</u>은 다음 각 호와 같다.
 1. <u>세무조사 진행 중에 발생한</u> 다음 각 목에 해당하는 조사공무원의 행위
   가. 법·영 및 지방세관계법을 명백히 위반하여 조사하는 행위
   나. 법령이 정하는 구체적 사유 없이 같은 세목 및 같은 과세기간에 대하여 재조사 하는 행위
   다. 적법한 절차를 거치지 아니하고 조사대상·과세기간·세목 등 조사범위를 벗어나 조사하거나 조사기간을 임의로 연장하는 행위
   라. 납세자가 제출한 자료나 업무상 취득한 자료를 법령에 의하지 않고 타인에게 제공 또는 누설하거나, 사적인 용도로 사용하는 행위
 2. <u>시세 부과·징수, 체납처분 등의 과정에서 발생한</u> 다음 각 목에 해당하는 세무공무원의 행위
   가. 소명자료 제출, 고충민원, 불복청구 및 체납세액 완납 등의 절차가 완료되었으나 그에 필요한 결정취소·환급·압류해제 등 후속처분을 지연하는 행위
   나. 독촉절차 없이 재산을 압류하는 행위(법·영 및 시세 관계법령에 따른 경우는 제외한다)
   다. 납세자가 권리구제 등의 필요에 따라 본인의 과세정보에 대한 열람 또는 제공 요구할 때 정당한 사유 없이 이를 거부하거나 제공을 지연하는 행위
   라. 납세자가 제출한 자료나 업무상 취득한 자료를 법령에 따르지 아니하고 타인에게 제공 또는 누설하거나 사적인 용도로 사용하는 행위
   마. 과세자료 처리 등에 있어 세금의 부과·징수와 관련 없는 자료 또는 소명을 무리하게 요구하는 행위
 3. 그 밖에 납세자의 권리가 부당하게 침해되고 있거나 침해가 현저히 예상되는 경우

제17조(권리보호요청 기한) 권리보호요청은 해당 처분과 관련된 지방세 <u>부과의 제척기간 종료일 90일 이전까지</u> 할 수 있다.

제18조(권리보호요청의 처리기간) 시장은 <u>권리보호요청을 접수한 날부터 7일</u>(첫날은 산입하

되, 공휴일·토요일은 산입하지 아니한다) 이내에 처리하여야 한다. 다만, 사실 확인, 다른 지방자치단체의 의견조회, 법령자문 또는 실지조사 등 부득이한 사유로 기한 내에 처리가 곤란한 경우에는 14일 이내에 처리할 수 있다.

제5장 세무조사 기간 연장 및 연기

제19조(세무조사 기간 연장 신청) ① 세무부서의 장이 법 제84조 제1항에 따라 세무조사 기간을 연장하고자 하는 경우에는 납세자보호관에게 조사기간 종료일 3일(공휴일·토요일은 제외한다. 이하 이 조에서 같다) 전까지 세무조사 기간연장 신청을 하여야 한다.
② 납세자가 세무조사 기간을 연장하고자 하는 경우에는 조사기간 종료일 3일 전까지 납세자보호관에게 신청하여야 한다. 다만, 지방세 범칙조사(조사유형이 전환된 경우를 포함한다)는 조사기간 연장신청 대상에서 제외한다.

제20조(세무조사 기간 연장 신청에 대한 결정) ① 납세자보호관은 세무조사 기간 연장 신청을 접수한 날부터 7일 이내에 세무조사 연장 여부를 결정을 하여야 한다.
② 세무부서의 장은 납세자보호관의 결정이 있기 전까지 세무조사 기간을 연장할 수 없다.

제21조(세무조사 연기 신청) 납세자가 세무조사를 연기하려면 세무조사 개시일 3일 전까지 납세자보호관에게 세무조사 연기 신청을 하여야 한다.

제22조(세무조사 연기 신청에 대한 결정) ① 납세자보호관은 제21조에 따른 신청을 접수한 날부터 7일 이내에 신청이 이유가 있다고 인정되는 경우에는 연기결정을 하여야 한다.
② 세무부서의 장은 납세자보호관의 결정이 있기 전까지 세무조사를 개시할 수 없다.

서울특별시 납세자보호에 관한 조례 시행규칙

제3장 권리보호요청

제8조(권리보호요청의 신청) ① 권리보호요청을 신청하고자 하는 자는 별지 제3호 서식에 따른 권리보호요청 신청서를 납세자보호관에게 제출하여야 한다. 다만, 특별한 경우에는 구술 등 다른 방법으로 권리보호요청을 신청할 수 있다.
② 제1항에 따라 납세자보호관이 권리보호요청을 접수한 경우에는 권리보호요청의 처리 기간 및 절차를 민원인에게 알려주어야 한다.

제9조(권리보호요청 처리 기간 연장) ① 납세자보호관은 권리보호 요청을 7일 이내에 처리할 수 없는 경우에는 그 사유와 처리예정 기한 등의 내용을 민원인에게 통지하여야 한다.

② 제1항에도 불구하고 조례 제16조 제1호 가목부터 다목까지의 행위(이하 "위반된 조사 등"이라 한다)에 대한 권리보호요청은 세무조사 개시 전일까지 처리하여야 한다. 다만, 다음 각 호의 경우에는 그러하지 아니한다.

제10조(사실관계 파악 및 자료 요구) ① 납세자보호관은 권리보호요청을 처리하기 위하여 필요하다고 판단되는 경우에는 각 호에 따른 방법으로 사실관계를 조사할 수 있다.

1. 관련 공무원에게 질문하는 일
2. 민원인에게 필요한 서류의 제출을 요청하는 일
3. 세무부서의 장에게 권리보호요청에 대한 의견을 조회하거나 관련 자료를 요구하는 일

② 제1항 제1호 및 제3호에 따른 질문 및 자료 요구 등을 받은 공무원 또는 세무부서의 장은 납세자보호관의 질문에 성실하게 답변하고 필요한 자료를 즉시 제출하여야 한다.

제11조(권리보호요청의 처리 결과) ① 납세자보호관은 조례 제18조에 따른 처리 기간 내에 별지 제4호 서식의 권리보호요청 처리 결과를 민원인에게 통지하여야 한다. 다만, 위반된 조사 등에 대한 권리보호요청의 처리 결과는 세무부서의 장에게도 통보하여야 한다.

② 납세자보호관이 권리보호요청에 대하여 시정이 필요하다고 결정한 경우에는 제1항에 따라 결과를 통지하기 전에 세무부서의 장에게 시정요구를 하여야 한다.

③ 제2항에 따라 시정 요구를 받은 세무부서의 장은 그 수용 여부를 납세자보호관에게 즉시 통보하여야 한다.

제4장 세무조사 기간 연장 및 연기

제12조(세무조사 기간 연장 신청) ① 조례 제19조 제1항에 따라 세무부서의 장이 세무조사 기간을 연장하고자 하는 경우에는 관련 서류 등을 첨부하여 납세자보호관에게 세무조사기간 연장을 신청하여야 한다.

② 세무부서의 장은 납세자보호관의 결정이 있을 때까지 세무조사 종료를 보류하여야 한다.

제14조(세무조사 연기의 처리 절차) ① 납세자보호관이 조례 제21조에 따른 세무조사 연기신청을 접수한 경우에는 즉시 그 사실을 세무부서의 장에게 통보하여야 한다.

② 세무부서의 장은 제1항에 따른 통보를 받은 날부터 2일 이내에 납세자보호관에게 세무조사 연기에 대한 의견을 통보하여야 한다.

제15조(연기 신청 결과의 통보) ① 납세자보호관은 조례 제22조에 따라 세무조사 연기 여부

를 결정한 경우 세무부서의 장에게 결정 내용을 통보하여야 한다.
② 세무부서의 장은 제1항에 따른 통보를 받은 날부터 2일 이내에 세무조사 연기 처리 결과를 납세자보호관에게 통보하여야 한다.
③ 납세자보호관은 세무조사 연기 신청에 대한 처리 결과를 조례 제22조 제1항에 따른 처리 기간 내에 민원인에게 통보하여야 한다.

〔법제처장 해석사례〕
〔쟁점〕 납세자보호관의 민원업무처리 절차는 당해 지방자치단체 조례에서 정한 절차에 따라야 하는지, 민원처리에 관한 법률에서 정한 절차에 따라야 하는지
〔요지〕 **납세자보호관의 민원업무처리절차**는 지방세기본법 시행령 제51조의 2 제5항의 위임에 따라 마련된 **조례에서 정한 절차**에 따라야 함.

납세자보호관 제도의 운영에 대해서는 지방세기본법 제77조 제3항 및 같은 법 시행령 제51조의 2 제3항에서 조례에 포괄적으로 위임하였다고 보아야 할 것이고, 납세자보호관의 기본업무가 지방세 관련 고충민원의 처리라는 점에서 법령의 위임에 따른 조례에서 지방세기본법령의 내용을 보충하여 납세자보호관의 민원업무처리에 대해서 규정할 수 있음

(법제처 2018-0393, 2018.9.18.)

<표6> (지방세) 납세자 보호관(예시)

(2024.10.1. 현재)

시·도	소 속	납세자보호관	법적근거	비 고
서울특별시	기획조정실 법무담당관실	법무담당관 (4급)	지방세기본법 §77② 서울시납세자보호에관한 조례 §4②	세무부서(재무국)와 독립조직
부산광역시	기획조정실 법무담당관실	법무담당관실 (세무6급)	지방세기본법 §77② 부산시납세자보호에관한 사무처리조례 §4①,②	권리보호요청, 고충민원, 세무상담
대구광역시	기획조정실 법무담당관실	법무지원팀장 (5급)	지방세기본법 §77② 대구시납세자보호에관한 사무처리조례 §4①,②	권리보호요청, 고충민원, 세무상담
대전광역시	기획조정실 법무통계담당관실	규제혁신팀장 (5급) (6급보좌)	지방세기본법 §77② 대전시납세자보호에관한 사무처리조례 §4①,②	권리보호요청, 고충민원, 세무상담
인천광역시	기획조정실 법무담당관실	납세자보호팀장 (5급) (보좌 : 6급)	지방세기본법 §77② 인천광역시납세자보호에관한조례 §4②	권리보호요청, 과세적부심사, 이의신청,고충민원, 세무상담
광주광역시	기획조정실 법무담당관실	송무팀장(5급) (보좌: 7급)	지방세기본법 §77② 광주광역시납세자보호에관한조례 §4②	권리보호요청, 고충민원, 세무상담
울산광역시	기획조정실 법무통계담당관실	송무팀장(5급) (보좌: 7급)	지방세기본법 §77② 울산광역시납세자보호에관한조례 §4②	권리보호요청, 고충민원, 세무상담
경 기 도	기획조정실 법무담당관실	납세자보호관 외부위촉 세무사 (비상근)	지방세기본법 §77② 경기도납세자보호에관한 사무처리조례 §4①,②	권리보호요청, 고충민원, 세무상담
고양특례시	법무담당관실	납세자보호관	지방세기본법 §77②	권리보호요청, 고

시·도	소 속	납세자보호관	법적근거	비 고
		(세무6급)	고양특례시납세자보호에 관한사무처리조례	충민원, 세무상담
종로구	감사담당관실	납세자보호관 (세무6급)	지방세기본법 §77② 종로구납세자보호에관한 사무처리조례	권리보호요청, 고충민원, 세무상담

주) 1. 다른 도에도 광역시외 비슷한 조직으로 배치되어 있으며, 납세자들의 신청이 없어도 과오납금을 찾아서 환급하거나 과세전적부심사 또는 이의신청시 인용의견 통보 반영, 납세자보호관을 적극 활용토록 시민들에게 홍보하고 있다.

2. 시군구에서도 세무부서와 업무상 독립된 감사부서 또는 민원법무부서 등의 소속으로 납세자보호관을 배치하여 운영하고 있다.

3. 각 지방자치단체에서는 지방세기본법 제51조의2 제4항에 따라 납세자보호관의 업무실적을 홈페이지에 공개하고 있다. 부산광역시의 경우, 찾아서 미리 해결하는 선제적 권리보호시책, 세금교실운영 등 편의시책을 펴고 있다. 부산광역시(구,군 포함)의「2023년 납세자보호관의 업무실적」은 권리보호요청 1건, 세무조사 연기승인 1건, 세무조사기간 연장 승인2건 그밖의 권리보호 처리 105건(인용율 100%, 감세액 224백만원), 편의시책 70건, 세무상담 1,400건이다(www.busan.go.kr).
대전광역시의 경우「2023년 납세자보호관의 업무실적」은 고충민원권리보호요청세무조사기간연장 및 연기실적은 없지만, 총 829건을 처리했는데 그밖의 권리보호업무 44건 중 시정조치 43건(인용율 98%, 감액세액 1,630백만원)을 처리하였고, 기타 편의시책 1건, 세무상담 829건을 처리하였다. 또한 법인세무조사 모니터링으로서 52개법인 전체에 대해 사전모니터링(납보관제도 및 권리보호요청 안내)과 사후모니터링(체크리스트설문 및 의견접수 등)(www.daejeon.go.kr).
고양특례시의 경우, 고충민원 4건(인용율 2건, 50%, 감세액 50백만원), 그밖의 권리보호업무 32건 중 인용 14건(인용율 50%, 감세액 80백원), 편의시책 4건, 세무상담 27건을 보이고 있다(www.goyang.go.kr).

■ 서울특별시 납세자 보호에 관한 조례 시행규칙[별지 제3호 서식]

권리보호요청 신청서 (지방세)

※ 색상이 어두운 난은 신청인이 작성하지 아니하며, 아래의 작성방법을 읽고 작성하시기 바랍니다.

접수번호		접수일		처리기간	7일
신청인	성명(법인명)			주민(법인,외국인)등록번호	
	주소(영업소)				
	전화번호 (휴대전화:)			전자우편주소	
권리보호 대상	① 요청기관		② 세무조사	③ 세정행정	④ 체납처분
⑤ 권리보호 요청내용	※ 작성할 사항이 많을 경우에는 별지에 작성합니다.				

「서울특별시 납세자 보호에 관한 조례 시행규칙」 제8조제1항에 규정에 따라 위와 같이 권리보호요청을 신청합니다.

년   월   일

신청인   (서명 또는 인)

서울특별시장 귀하

위임장

위 신청인 본인은 아래의 위임받은 자에게 고충민원의 신청을 위임합니다.

위임자(신청인)   (서명 또는 인)
위임받은 자   (서명 또는 인)

위임 받은 자	성명		생년월일		위임자와의 관계	
	주소				전화번호	

⑥ 첨부서류	1. 예고 통지서 등 주무서서로부터 통지 받은 서류 2. 권리보호요청 내용을 증명하거나 보완하는 서류	수수료 없음

☐ **행정정보 공동이용 동의서**

본인은 이 건 업무처리와 관련하여 「전자정부법」 제36조제1항에 따른 행정정보의 공동이용을 통하여 담당 직원이 필요한 사항을 확인하는 것에 동의합니다. 동의하지 않는 경우에는 신청인이 직접 관련서류를 제출해야 합니다.

신청인(위임한 사람)   (서명 또는 인)

☐ **개인정보의 제3자 제공**

제공 받는 자	제공 항목	제공 목적	보유 및 이용기간
서울시 민원 만족도 대행기관	성명, 휴대전화 번호, 접수일자, 주소	대시민 만족도 조사 및 서비스 응대 현황 파악	자료 제공일 부터 5년간

※ 개인정보보호법 제15조에 의거 성명, 주소 등 제3자 제공하며, 이 경우 개인정보를 수집·이용·제공하는데 동의를 거부할 권리가 있습니다.

신청인(위임한 사람)   (서명 또는 인)

297mm×210mm(백상지 80g/㎡)

■ 서울특별시 납세자 보호에 관한 조례 시행규칙[별지 제4호 서식]

서 울 특 별 시

수신
(경유)
제목 권리보호요청 처리결과 통지

귀하가 ○○.○○.○○ 제출한 권리보호요청 신청서에 대하여 「서울특별시 납세자 보호에 관한 조례 시행규칙」 제11조제1항에 규정에 따라 다음과 같이 처리하였음을 알려 드립니다.

납세자	성명 (법인명)		생년월일 (법인등록번호)	
	주소 (영업소)			
권리보호요청 내용				
처리내용				
처리사유				

끝.

서 울 특 별 시 장[직인]

기안자 직위(직급) 서명		검토자 직위(직급) 서명		결재권자 직위(직급) 서명	
협조자					
시행	처리과명-연도별 일련번호(시행일)		접수	처리과명-연도별 일련번호(접수일)	
우	도로명주소		/	홈페이지 주소	
전화번호( )	팩스번호( )		/	공무원의 전자우편주소	/ 공개 구분

210mm×297mm[백상지(80g/㎡)]

■ 국세기본법상 중대한 절차상 하자에 해당여부

1. 쟁점
   (1) 세무조사결과통지기간을 준수하지 않은 경우
   (2) 세무조사범위확대통지 누락의 경우

2. 사안의 개요

2020.10.28.~2011.12.2.	2013.7.1.	2014.12.17.
원고들 : H회사 주식 취득 (매입, 유상·무상증자)	코스넥시장 상장	코스닥시장 상장

2016.5.19.~2017.1.24.	2017.4.28.	2017.	2017.12.19.
조사청이 원고들에 대한 증여세 세무조사통지 · 혐의 : 상증세법 §41-3 ①의 최대주주의 상장차익에 대한 이익의 증여 · 조사대상 과세기간 : 2010.1.1. ~ 2010.12.31.)	세무조사결과통지 원고 및 피고	피고들 : 2011.9. 증여분 증여세 부과처분	국세기본법 개정 (세무조사결과통지 기간 20일이내를 §81-12에 직접 규정)

3. **국세기본법**

제81조의 9(세무조사 범위 확대의 제한) ① 세무공무원은 구체적인 세금탈루 혐의가 여러 과세기간 또는 다른 세목까지 관련되는 것으로 확인되는 경우 등 대통령령으로 정하는 경우를 제외하고는 <u>조사진행 중 세무조사의 범위를 확대할 수 없다.</u>

② 세무공무원은 제1항에 따라 <u>세무조사의 범위를 확대하는 경우에는 그 사유와 범위를 납세자에게 문서로 통지</u>하여야 한다.

제81조의 12 (세무조사의 결과 통지) 세무공무원은 <u>세무조사를 마쳤을 때에는 그 조사를 마친 날부터 20일(괄호생략) 이내에 다음 각호의 사항이 포함된 조사결과를 납세자에게 설명하고, 이를 서면으로 통지하여야 한다. (2017.12.19. 신설)</u>

4. 대법원 2023.11.9. 선고 2020두51181 판결(최초)

   (1) 세무조사결과통지기간(20일 이내) 미준수에 대하여
   - 국세기본법 제81조의 12 개정(2017.12.19.) 전의 국세청훈령인 조사사무처리규정 제46조 제1항 에만 규정된 훈시적 규정에 불과하므로 중대한 절차상 하자가 될 수 없음
   - 그러나, 2017.12.19. 세무조사결과통지기간이 국세기본법 제81조의 12에서 직접 규정되어 있어 과세관청이 이를 준수하지 않을 경우 중대한 절차상 하자에 해당 가능성

   (2) 세무조사범위확대통지 누락의 경우
   - 국세기본법 제81조의9 제2항은 행정절차법상 처분의 사전통지 성격을 갖는 것이어서 세무조사 범위 확대 통지를 누락한 하자는 중대한 절차상 하자에 해당함
   - 국세기본법 제81조의9는 강행규정이므로 이를 어긴 세무조사는 위법하고 그에 터잡은 과세처분 역시 위법함 (조세심판원은 여러차례 취소사유 입장 2018서4063, 2019.06.26. 외 다수)

5. 해 설

   - 대법원은 과세관청의 세무조사결과통지기간(20일이내) 미준수에 대해 그 근거가 국세청훈령인 조사사무처리규정 제46조 제1항의 훈시적 규정에 불과하다하여 기각판결을 내렸으나,

   - 이 조사사무처리규정에 있던 세무조사결과통지기간이 2017.12.19. 국세기본법 제81조의 12에 직접 규정되어 이를 훈시적규정으로 볼 수 없다. 왜냐하면 세무공무원이 조사현장에서 철수하고 과세관청에 돌아가서 세무조사결과통지를 지연시키고 계속해서 전화나 메일 등으로 질문을 하거나 추가자료를 요구하게 되면 이는 사실상 세무조사기간을 연장하는 것과 다를 바 없으므로 납세자입장에서는 긴장이 지속될 뿐만 아니라 영업에도 많은 지장을 줄 수 있기 때문에 세무조사결과통지기간 20일의 준수는 국세기본법상 적법절차규정인 강행규정으로 보아 한다.

   - 그렇다면, 앞으로 과세관청이 이 결과통지기간을 준수하지 않을 경우 적법절차를 위반한 중대한 하자에 해당하고 그 위법한 세무조사로 수집한 과세자료에 터잡은 부과처분 역시 위법할 수 있음

3. 과세사실판단자문 신청 (국세)

| 국세청 훈령 | 과세사실판단자문사무처리규정 |

〈표7〉 과세사실판단자문 (국세)

절 차	내 용
신청자 (규정 §10)	■ 국세공무원
신청시기 및 신청대상 (규정 §10)	■ 업무처리 중 과세쟁점사실 발생 (규정 §10) · 세무조사, 과세자료처리, 환급업무, 압류, 제2차 납세의무지정 등 체납처분 · 경정청구, 수정신고, 무신고 등에 따른 결정 · 본청, 지방청 감사 ■ 제외대상 · 법령해석사안 · 이전가격심의위원회, 평가심의위원회 · 조세범칙심의위원회 등 각종 위원회의 심의대상인 경우 · 과세전적부심사처리 규정에 의하여 세무조사결과 등 통지를 한 경우 · 불복청구 중인 사항인 경우(재조사 또는 필요한 처분을 위한 경우는 제외) · 과세 여부 등을 명확히 판단할 수 있는 사안인 경우 · 업무의 진행 및 절차에 관한 사항인 경우 · 부과제척기간의 만료가 임박(신청일로부터 제척기간의 만료일까지의 기간이 3개월 이하)한 경우

자문위원회
구성
(규정 §4~6)
	■ 본 청 : 위원장과 6명의 위원
	· 위원장 : 납세자보호관
	· 위 원 : 위원장이 지명하는 과장급 공무원
	  - 상임위원 : 심사1담당관(또는 심사2담당관), 법무과장, 법규과장
	  - 일반위원 : 위원장이 납세자보호·징세법무·조사·세원관리 분야의 과장 중에서 지정하는 3명
	    * 본청 결정사례를 변경하는 경우에는 국장단으로 구성

절 차	내 용
	■ 지방청 : 위원장과 6명의 위원 　· 위원장 : 납세자보호담당관 　· 위　원 : 지방국세청장이 지명하는 과장급 공무원 3명 　　　　　 및 납세자보호담당관이 지정하는 팀장 2명 ■ 세무서 : 위원장과 6명의 위원 　· 위원장 : 납세자보호담당관 　· 위　원 : 세무서장이 지명하는 과장급 공무원 2명 　　　　　 및 납세자보호담당관이 지정하는 팀장 4명
신청방법 (규정 §12)	■ 신청처 : 신청인이 소속된 세무서 납세자보호담당관 ■ 쟁점별 세액이 100억원 이상 : 지방국세청(납보) , ■ 본청 소속공무원은 국세청(심심2담당관)에게 신청 ■ 신청서식 : 「과세사실판단자문신청서」(별지 제1호 서식) 에 과세사실판단자문 신청대상 검토표」(별지 제1-1호 서식) 첨부 ■ 납세자 의견 반영 : 자문신청 전에 신청인 의견을 납세자(대리인)에게 제공하여 납세자와 의견교환을 하고 수령한 <u>납세자 의견</u>을 <u>신청서에 충분히 반영</u>하여 관련 증빙서류 등을 함께 제출
신청기한 (규정 §13)	■ [별표1]의 신청기준일 전일까지 ■ 세무조사의 경우 : 조사기간 종료일을 포함한 10일전까지(조사기간이 20일이내인 경우에는 조사기간 종료일을 포함한 5일전까지 ■ 과세사실판단자문을 신청하기 전에 동일 사안에 대하여「법령사무처리규정」에 의한 과세기준자문을 거친 경우로서 해당 과세기준자문을 제2항의 기한까지 신청한 경우에는 그 과세기준자문의 결과를 받은 날로부터 3일 이내
심의자료 사전열람 (규정 §16-2)	■ 심의자료 과세사실판단자문위원회 개최일 5일 전까지 신청인과 납세자 및 대리인에게 송부
납세자 의견조회 (규정 §17)	■ 납세자보호담당관은「과세쟁점사실관계에 대한 의견조회서」및「과세쟁점사실관계에 대한 의견회보서」를 납세자에게 송부하여 납세자 의견을 조회할 수 있음
결 정 (규정 §20)	■ 의결정족수 : 출석위원 과반수 찬성으로 의결 ■ 결정구분 : 과세불가, 일부과세, 과세, 기타

절 차	내 용
의결결과통보 (규정 §22)	■ 의결결과 통보서에 의하여 신청인에게 결과통보

■ 과세사실판단자문사무처리규정 (국세청 훈령)

제1장 총칙
제1조(목적) 이 규정은 국세공무원이 국세의 부과, 징수, 환급 등의 업무를 처리하는 과정에서 발생하는 과세쟁점사실의 판단절차에 관한 사항을 규정함으로써 과세품질 및 국세행정업무의 합리성과 효율성을 향상시키는데 기여함을 목적으로 한다.

제2조(정의) ① 이 규정에서 사용하는 용어의 정의는 다음과 같다.
1. "과세쟁점사실"이란 국세의 부과, 징수, 환급 등과 관련된 일정한 사실관계를 확정하거나 확정된 사실관계를 해석된 법령에 적용함에 있어서 국세공무원과 납세자 간에 다른 의견이 있거나 있을 소지가 있는 경우(본청·지방국세청 감사 또는 과세자료 통·수보와 관련하여 감사공무원과 피감사공무원 간 또는 과세자료 통·수보 공무원 간에 다른 의견이 있는 경우를 포함한다) 그 사실관계 전부를 말한다.
2. "과세사실판단자문신청"이란 과세쟁점사실에 대하여 과세사실판단자문위원회에서 심의하여 과세여부 등을 판단해 줄 것을 신청하는 것을 말한다.
3. "동일쟁점 다수사례"란 과세처분 관련 사실판단사항 등이 동일하거나 유사하면서 다수의 납세자와 다수의 처분청간 다툼이 있거나 있을 소지가 있어 일관성 있는 과세방침의 정립이 필요하다고 본청 주무국 또는 납세자보호관이 인정한 사례를 말한다.

② 제1항에 규정된 용어 외의 용어에 관하여는 이 규정에서 특별히 정하는 경우를 제외하고는 세법 및 다른 사무처리규정에서 정하는 바에 의한다.

제2장 과세사실판단자문위원회
제3조(과세사실판단자문위원회의 설치) ① 과세사실판단자문 신청에 응하기 위하여 **본청, 지방국세청, 세무서에 각각 과세사실판단자문위원회**를 둔다.
② 과세사실판단자문위원회의 심의사항은 다음 각 호의 구분에 따른다. 다만, 쟁점별 세액이 2억원(서울지방국세청·중부지방국세청·부산지방국세청은 4억원 이상인 경우에는 지방국세청 과세사실판단자문위원회에서, 100억원 이상인 경우에는 본청 과세사실판단자문위원회에서 심의한다.
  1. **본청 과세사실판단자문위원회** : 본청 소속 공무원의 업무처리와 관련하여 발생한 과세

쟁점사실에 대한 자문신청사항 및 동일쟁점 다수사례 사실판단자문
2. **지방국세청 과세사실판단자문위원회** : 해당 지방국세청 소속 공무원의 업무처리와 관련하여 발생한 과세쟁점사실에 대한 자문신청사항
3. **세무서 과세사실판단자문위원회** : 해당 세무서 소속 공무원의 업무처리와 관련하여 발생한 과세쟁점사실에 대한 자문신청사항

제4조(본청 과세사실판단자문위원회의 구성) ① 본청 과세사실판단자문위원회는 위원장과 6명의 위원으로 구성한다.
② <u>위원장은 납세자보호관</u>으로 하고, 위원은 다음 각 호의 사람으로 하되, 본청 행정심 결정사례가 있었으나 이와 다른 과세방침 결정이 필요하다고 인정되는 경우의 과세사실판단자문위원회는 본청 국장단으로 구성한다.
1. 상임위원 : 심사1담당관(또는 심사2담당관), 법무과장, 법규과장
2. 제1호의 위원을 제외한 위원은 소속 과장 중 위원장이 지정하는 3명

제5조(지방국세청 과세사실판단자문위원회의 구성) ① <u>지방국세청 과세사실판단자문위원회는 위원장과 6명의 위원</u>으로 구성한다.
② <u>위원장은 납세자보호담당관</u>으로 하고, 위원은 다음 각 호의 사람으로 한다.
1. 소속 과장 중 지방국세청장이 지정하는 4명
2. 납세자보호담당관이 각 국·실의 협조를 받아 지정하는 팀장 2명

제6조(세무서 과세사실판단자문위원회의 구성) ① 세무서 과세사실판단자문위원회는 위원장과 6명(2급지 세무서는 4명)의 위원으로 구성한다.
② <u>위원장은 납세자보호담당관</u>으로 하고, 위원은 다음 각 호의 사람으로 한다.
1. 소속 과장 중 세무서장이 지정하는 2명
2. 납세자보호담당관이 각 과의 협조를 받아 지정하는 팀장 4명(2급지 세무서는 2명)
③ 위원장이 부득이한 사유로 직무를 수행할 수 없거나 공석인 경우에는 제2항 제1호의 위원 중 직제상 선순위자가 그 직무를 대행한다.
⑤ 세무서 과세사실판단자문위원회의 서무를 처리하기 위하여 간사 1명을 둔다. <u>간사는 납세자보호실장</u>으로 하되, 부득이한 사유가 있는 경우에는 납세자보호담당관이 해당 세무서 소속의 다른 공무원을 간사로 지정할 수 있다.

제3장 과세사실판단자문의 신청

제10조(신청대상) ① <u>국세공무원은</u> 다음 각 호의 <u>업무처리 중 과세쟁점사실이 발생한 경우</u>에는 이에 대하여 <u>과세사실판단자문신청</u>을 할 수 있다.
1. 세무조사
2. 과세자료 처리(자료상 조사에 따른 파생자료를 포함한다)
3. 환급업무

4. 압류, 제2차 납세의무자 지정 등 체납처분
5. 경정청구, 수정신고, 무신고 등에 따른 결정
6. 본청·지방국세청 감사
8. 기타 과세쟁점사실에 대한 판단이 필요한 업무
② 다음 각 호의 어느 하나에 해당하는 것은 <u>자문신청 대상에서 제외</u>한다.
1. 법령해석사안(사전답변을 거친 경우를 포함한다)인 경우
2. 이전가격심의위원회, 평가심의위원회, 조세범칙심의위원회 등 각종 위원회의 심의대상인 경우
3. 「과세전적부심사사무처리규정」 제3조에 의하여 세무조사결과 등 통지를 한 경우
4. 불복청구 중인 사항인 경우(재조사 또는 필요한 처분을 위한 경우는 제외)
5. 과세 여부 등을 명확히 판단할 수 있는 사안인 경우
6. 업무의 진행 및 절차에 관한 사항인 경우
7. 부과제척기간의 만료가 임박(신청일로부터 제척기간의 만료일까지의 기간이 3개월 이하) 한 경우

제11조(신청인) ① 신청인은 제10조 제1항 각 호의 업무를 <u>담당하는 공무원</u>으로 한다. 다만, 여러 사람이 하나의 반이나 팀을 구성하여 업무를 수행하는 경우에는 반장이나 팀장 등 그 대표자를 신청인으로 한다.
② 제1항에도 불구하고 <u>과세쟁점사실이 본청·지방국세청 감사 또는 과세자료 통·수보와 관련하여 발생한 경우</u>에는 피감사공무원 또는 과세자료 수보관서 공무원도 과세사실판단자문신청을 할 수 있다.
③ 제1항에도 불구하고 <u>동일쟁점 다수사례</u>에 해당하는 경우에는 <u>본청 주무국</u>에서 과세사실판단자문신청을 할 수 있다.
④ 납세자보호담당관은 영세납세자 지원 등의 업무처리 과정에서 과세쟁점사실을 발견한 경우에는 직권으로 이를 과세사실판단자문위원회 회의에 부칠 수 있다.

제12조(신청방법) ① 과세사실판단자문신청은 <u>신청인이 소속된 납세자보호담당관</u>에게 하되, 쟁점별 세액이 <u>100억원 이상인 경우</u>에는 소속된 지방국세청장(납세자보호담당관)에게 신청한다. 다만, <u>본청 소속 공무원의 업무처리 자문 및 동일쟁점 다수사례 관련사항은 국세청장(심사2담당관)</u>에게 신청한다.

제13조(신청기한) ① 과세사실판단자문의 신청은 별표1의 신청 기준일 전일까지 하여야 한다.
② <u>세무조사의 경우</u>에는 <u>조사기간 종료일</u>(조사중지나 조사기간 연장으로 인해 종결일이 당초보다 늦어질 경우에는 새로운 조사종결일)<u>을 포함한 10일 전까지 신청</u>하여야 한다. 다만, <u>조사기간이 20일 이내인 경우</u>에는 조사기간 종료일을 포함한 <u>5일 전까지</u> 신청하여야 한다.
③ 제2항의 규정에도 불구하고 과세사실판단자문을 신청하기 전에 동일 사안에 대하여 「법

령사무처리규정」에 의한 과세기준자문을 거친 경우로서 해당 과세기준자문을 제2항의 기한까지 신청한 경우에는 그 과세기준자문의 결과를 받은 날로부터 3일 이내에 과세사실판단자문을 신청할 수 있다.

제4장 과세사실판단자문신청의 처리

제14조(본청·지방국세청 이송) ② 지방국세청장(납세자보호담당관)은 쟁점별 세액이 100억원 이상인 경우에는 자문제외 여부를 검토하여 과세사실판단자문신청 대상에 해당하는 경우에만 자문신청서를 국세청장(심사2담당관)에게 이송하여야 한다.
2. 위장·가공 세금계산서 관련 사안
3. 그밖에 사실관계 등이 명확하고, 과세쟁점사실이 단순하여 지방청 과세사실판단자문위원회에서 자문이 가능하다고 판단되는 사안

제16조(과세쟁점사실조사서의 작성 및 배부) ① 납세자보호담당관(본청 심사2담당관)은 「과세쟁점사실조사서」(별지 제2호 서식)를 작성하여야 한다.
② 납세자보호담당관(본청 심사2담당관)은 「과세쟁점사실조사서」를 「과세사실판단자문위원회 회부서」(별지 제3호 서식)에 첨부하여 위원장에게 보고하고 과세사실판단자문위원회를 개최할 것을 요청하여야 한다.
③ 납세자보호담당관(본청 심사2담당관)은 회의개최일이 결정된 때에는 이를 회의개최일 3일 전까지 각 위원에게 통지하고 제2항의 「과세쟁점사실조사서」 등 자료를 배부하여야 한다.

제16조의2(심의자료의 사전열람) ① 납세자보호담당관(본청 심사2담당관)은 과세사실판단자문위원회에서 안건을 심의하기 전에 심의자료(과세쟁점사실조사서의 심의의견 또는 판단을 제외한 부분을 말하며, 이하 이 조에서 "심의자료"라 한다)를 「심의자료 사전열람 안내」(별지 제15호 서식)에 첨부하여 과세사실판단자문위원회 개최일 5일 전까지 신청인과 납세자 및 대리인에게 송부하여야 한다.
② 제1항의 심의자료는 신청인에게는 내부 메일을 이용하여 송부하고, 납세자 또는 그 대리인에게는 국세청 메일 또는 국세청 전자팩스 시스템을 이용하여 송부하여야 한다.
③ 납세자 또는 대리인의 메일이 확인되지 아니할 경우에는 납세자보호담당관(본청 심사2담당관)은 심의자료를 열람할 수 있다는 내용의 안내문을 납세자 또는 대리인에게 팩스로 송부하거나 전화 등으로 안내하여야 한다.

제17조(납세자 의견조회) ① 납세자보호담당관(본청 심사2담당관)은 「과세쟁점사실조사서」를 작성하기 위하여 필요한 경우 과세사실판단자문신청서 사본 1부를 「과세쟁점사실관계에 대한 의견조회서」(별지 제9호 서식) 및 「과세쟁점사실관계에 대한 의견회보서」(별지 제10호 서식)와 함께 납세자에게 송부하여 납세자 의견을 조회할 수 있다.
② 제1항의 경우 확인할 내용이 단순·경미한 경우에는 제1항의 절차에 의하지 아니하고 전자통신매체를 이용할 수 있다.

③ 세무조사 중지기간 중에는 제1항에 따른 납세자 의견을 조회 할 수 없다. 다만, 납세자 스스로가 의견서를 만들어 납세자 의견 보완을 요청할 경우에는 이를 「과세쟁점사실조사서」에 반영할 수 있다.

제18조(서면심의) 자문신청사항이 다음 각 호의 어느 하나에 해당하여 과세사실판단자문위원회의 개최가 필요하지 않다고 판단되는 경우에는 과세사실판단자문위원회를 개최하지 않고 「상정안건에 대한 의견서」(별지 제4호 서식)에 의하여 결정할 수 있다. 이 경우 각 위원은 「상정안건에 대한 의견서」(별지 제4호 서식)에 결정안을 선택하여 기재하고 해당 결정안을 선택한 이유를 기재하여야 한다.
1. 자문신청에 관련된 세액이 5천만원 미만인 경우
2. 유사한 사안에 대하여 이미 과세사실판단자문위원회의 심의를 거쳐 결정된 사례가 있는 경우

제20조(과세사실판단자문의 결정) ① 과세사실판단자문신청의 자문결정은 다음 각 호의 구분에 따르되, 출석위원 과반수 찬성으로 의결한다.

제21조(과세사실판단자문의 처리기한) ①세무서 과세사실판단자문위원회는 자문신청일부터 21일 이내에 자문결정을 하여야 한다.
② 본청 및 지방국세청 과세사실판단자문위원회는 자문신청일부터 30일 이내에 자문결정을 하여야 한다.
③ 제18조에 해당하는 경우에는 제1항 및 제2항에도 불구하고 14일 이내에 자문결정을 하여야 한다.

제22조(과세사실판단자문위원회 의결결과의 통보) ① 과세사실판단자문위원회 위원장이 자문결정을 한 때에는 그 결과를 「과세사실판단자문위원회 의결결과 통보서」(별지 제6호 서식)에 의하여 신청인에게 통보하여야 한다.
② 제1항에 따른 통보서에는 자문내용과 이유를 기재하며, 과세사실판단자문위원회 회부서 및 관련 자료를 첨부하여 신청인이 업무처리에 참고하도록 할 수 있다.

4. 과세전적부심사 청구

국세기본법	제81조의 15
지방세세기본법	제88조

<표8> 과세전적부심사청구

절차	내용
청구대상 국기법 §81-15 ①,② 지기법 §88②	■ 과세예고 통지 ■ 세무조사 결과통지 ■ 예상고지세액이 100만원이상(지방세는 30만원이상)인 과세예고 통지 　· 감사원의 시정요구에 따라 과세처분하는 경우로서 시정요구전에 대상자가 감사원의 지적사항에 대한 소명안내를 받은 경우는 100만원 이상이라도 청구대상에서 제외
제외대상 국기법 §81-15 ③ 국기령 §63-15	■ <u>납부기한 전 징수사유</u>가 있는 것 ■ <u>수시부과사유</u>가 있는 것 ■ 조세범처벌법 위반으로 고발 또는 <u>통고처분</u>하는 경우 　다만, 고발 또는 통고처분과 관련 없는 세목 또는 세액에 대해서는 청구가능 (2023.12.31. 개정) ■ 세무조사결과통지 및 과세예고통지를 하는 날부터 <u>국세부과제척기간</u>의 만료일까지의 기간이 3개월 이하인 경우 ■ 국제조세조정에관한법률에 따라 조세조약을 체결한 상대국이 상호합의절차의 개시를 요청한 경우 ■ 이의신청·심사청구·심판청구의 재조사결정 및 과세전적부심사 결정에서 재조사결정에 따른 재조사를 하는 경우 ■ 감사원의 시정요구에 따라 과세하는 처분으로서 시정요구전에 대상자가 감사원의 지적사항에 대한 소명안내를 받은 경우 ■ 국세기본법 제81조의 15 제8항에 따라 조기결정을 신청한 경우 ■ 무납부 경정 및 납부부족액, 이중환급으로 확인되어 경정고지한 경우(처분성이 없음)
재결청 국기법 §81-15 ② 지기법§88②	■ 세무서장 또는 지방국세청장, 지방자치단체장 ■ <u>국세청장에게도 청구할 수 있는 것</u> (국세) 　(국기법 §81-15 ② 단서, 국기령 §63-15) 　• 법령과 관련하여 국세청장의 유권해석을 변경하거나 새로운 해석이 필요한 것 　• 국세청장의 훈령·예규·고시 등과 관련하여 새로운 해석이 필요한 것 　• 국세청장의 감사지적사항으로 과세예고통지한 것

절 차	내 용
	• 위 외의 사항 중 청구금액이 <u>5억원 이상</u>인 것 (2024.2.29. 施行令 §63-15 ① 4호 개정 : 10억이상 → 5억이상) • 감사원의 시정요구에 따른 처분으로서 대상자가 감사원의 지적사항에 대한 소명안내를 받지 못한 것
청구기한 국기법 §81-15② 지기법 §88①	■ 세무조사결과통지 또는 과세예고통지를 받은 날부터 30일 이내

직권시정
(과세전적부심사사무처리규정 §20)
	■ **직권시정** (규정 §20)
	① 과세전적부심사청구를 접수한 <u>세무서장·지방국세청장은</u> 통지내용이 다음 각 호의 어느 하나에 해당하는 경우 <u>스스로 바로잡고 청구인에게 그 결과를 서면으로 통지하여야 함.</u>
	  1. 세법령·기본통칙·훈령·예규 등에 명백히 위배된 경우
	  2. 판례·조세심판결정례·국세심사결정례·예규 등에 따라 일반적인 해석기준이 확립되어 있는 경우
	  3. 청구인이 제시한 정당한 증거서류만으로도 충분히 입증되는 경우
	  4. 세무조사 또는 감사 시 사실판단을 명백히 그르쳤거나 계산착오가 있는 경우
	  5. 제1호부터 제4호까지의 규정과 유사한 사유가 있는 경우
	② 제1항에 따른 **직권시정은** <u>국세청장에게 청구한 과세전적부심사청구 사건에 대하여도 할 수 있음.</u> 이 경우 소관 세무서 또는 지방국세청의 소관과장 등은 <u>스스로 바로잡을 내용을 7일 이내 시정</u>하고 그 결과를 전자문서로 국세청장(심사담당관)에게 보고
	③ 과세전적부심사청구가 청구기간이 경과되었어도 그 통지내용이 <u>제1항 각 호의 어느 하나에 해당하는 경우에는 동 규정에 따라 스스로 바로잡아야 함.</u>

진행상황 안내 (과세전적부심사사무처리규정 §21)	■ 청구서를 <u>접수한 심리담당은 즉시</u>[별지 제10호 서식]의 <u>진행사항</u>(사건번호·심리담당 등)에 세무서장 또는 지방국세청장의 <u>의견서</u>를 첨부하여 청구인과 대리인에게 송부

절차	내용
사건파악 및 처리방향 결정 (과세전적부심사사무처리규정 §21)	■ <u>심리담당은</u> 과세전적부심사청구를 <u>배정받는 즉시</u> 통지내용, 청구인 주장, 쟁점 등 <u>사건내용을 파악한 후</u> <u>보정요구, 심사제외결정, 사실관계 추가조사, 직권시정 요구, 국세심사위원회 심의요구 등 처리방향을 결정</u> ■ 심리담당은 과세전적부심사청구서와 청구에 대한 의견서를 검토하여 쟁점 및 사실관계를 신속히 확정하기 위해 필요하다고 인정될 경우 조사담당자 및 청구인 또는 대리인을 참석하도록 하여 <u>의견을 청취할 수 있으며,</u> <u>의견청취 결과는 사건조사서에 반영하여야 함.</u>
금융증빙 등의 조회 (과세전적부심사사무처리규정 §28)	■ <u>청구인이</u> 과세전적부심사청구와 관련하여 <u>직접 조회할 수 없는 다음 자료를 세무서장 또는 지방국세청장이 대신 조회해 줄 것을 청구할 수 있음</u> 1. 과적심사청구와 관련된 본인에 대한 <u>금융증빙</u> 2. 거래상대방 등 과적심사청구와 <u>관련된 사람의 장부 등</u> 3. <u>관공서 보관 증빙</u> * 고충민원신청, 이의신청, 심사청구 때에도 재결청에 신청 가능 ■ **신청서식** : 국세심사사무처리규정 [**별지 제8호 서식**]
사건조사서 작성 (과세전적부심사사무처리규정 §29)	■ 심리담당이 사건조사를 완료한 때에는 [별지 제10호 서식]을 작성, 다만, 경미한 사건이나 심사위원회에서 일괄하여 심리할 사건에 대해서는 결정서(안)을 작성 ■ 사건조사서 : 사실관계 및 통지내용, 청구주장 및 통지관서 의견, 관련 법령 기본통칙, 예규 판례 등 선결정례, 사실관계 조사내용, 심리담당 의견(판단) 등이 포함되어야 함.
법령해석 자문신청 (과세전적부심사사무처리규정 §24-1)	■ 세무서장(납세자보호담당관)이 **과세전적부심사청구의 심리과정**에서 **법령해석이 필요**하다고 판단한 경 **국세청장**(징세법무국장)에게 **법령해석자문을 신청**할 수 있음
심의자료 사전열람 의견진술	■ <u>사전열람 후 추가의견은 빠짐없이 사건조사서에 반영</u> ■ 이의신청, 심사청구 규정 준용(사전열람, 의견진술 가능
결 정 국기법 §81-15⑤ 지기법 §88③	■ 의결정족수 : 출석위원 과반수 ■ 결정기한 : 청구를 받은 날부터 <u>30일 이내</u> ■ 결정구분 : 채택, 불채택, 재조사, 심사제외

【핵심 POINT】

과세전적부심사 청구

- 과세전적부심사청구서를 접수한 세무서장·지방국세청장이 <u>적극적으로 직권시정조치할 사항</u> (과세전적부심사사무처리규정 §20)
  - 세법령·기본통칙·훈령·예규 등에 명백히 위배된 경우
  - 판례·조세심판결정례·국세심사결정례·예규 등에 따라 일반적인 해석기준이 확립되어 있는 경우
  - 청구인이 제시한 정당한 증거서류만으로도 충분히 입증되는 경우
- <u>위 사항은</u>
  - 국세청장에게 청구한 과적심사도 직권시정 가능하고
  - <u>과적청구기간이 경과되었어도</u> 과적심사청구를 접수한 <u>세무서장 또는 지방국세청장이 스스로 바로 잡아야 함</u>
- 청구서를 접수한 후 <u>진행사항 안내</u>(별지 제10호 서식 : 접수번호·심리담당 등)시 과세관청의 의견서를 함께 송부(과적규정 §21)되므로 청구인은 그 <u>의견서 근거를 중심으로 적극 대응</u> 필요
- <u>심리담당이 배정받은 즉시</u> 사건파악 후 직권시정요구·국세심사위원회 심의요구 등 <u>처리 방향을 결정</u>하고 그 쟁점 및 사실관계를 확정하기 위해 당사자의 의견을 청취할 수 있으므로 <u>사실관계 등에 대해 적극적인 대응필요</u> (§규정 22)
- 「<u>금융증빙조회 청구제</u>」: <u>청구인이 직접 조회할 수 없는</u> 다음 자료를 세무서장 또는 지방국세청장에게 대신 조회 청구 (과적사무처리규정 §28)
  - <u>청구서식</u> : 국세심사사무처리규정 〔<u>별지 제8호 서식</u>〕
  - 과세전적부심사청구와 관련된 본인에 대한 <u>금융증빙</u>
  - <u>거래상대방</u> 등 과적청구와 <u>관련된 사람의 장부</u> 등
  - <u>관공서 보관 증빙</u>

(과세전적부심사 청구) 불복 이유서

[청구취지 예시]

I. 청구취지

[예시1] "종로세무서장이 2024.4.22. 청구인에게 한 2023사업연도 법인세 202,400,000원을 예상고지세액으로 하는 세무조사결과 통지에 대한 불복청구는 이를 채택한다"라는 결정을 구합니다.

[예시2] "종로세무서장이 2024.7.7. 청구인에게 한 2024사업연도
법인세 300,000,570원을 예상고지세액으로 하는 과세예고통지에 대한 불복청구는 이를 채택한다" 라는 결정을 구합니다.

[예시3] "종로구청장이 2024.7.9. 청구법인에게 한 2023년 귀속 취득세 500,573,990원을 예상고지세액으로 하는 세무조사결과통지에 대한 불복청구는 이를 채택한다" 결정을 구합니다.

[예시4] "강남세무서장이 청구인에게 한 종합소득세 2020년 귀속분 150,000,000원, 2021년 귀속분 500,780원, 2022년 귀속분 357,009,980원, 2023년 귀속분 532,975,000원 합계 1,040,485,760원을 예상고지세액으로 하는 세무조사결과통지에 대한 불복청구는 이를 채택한다" 라는 결정을 구합니다.

II. 청구이유
1. 청구인 신고 사항
2. 세무조사결과통지의 개요
3. 사실관계
4. 쟁점

III. 관련 법령
1. 법인세법, 법인세법시행령
2. 해석사례

IV. 세무조사결과(과세예고)통지의 위법·부당성

V. 결 론

■ 과세전적부심사사무처리규정 [별지 제10호 서식] <개정 2022. 8. 9.>

기 관 명
과세전적부심사청구 진행상황 안내

문서번호 : ○○○과 -

○ 수신자   000 귀하   (대리인   귀하)

안녕하십니까? 위 청구(법)인이 202. . . 제기한 과세전적부심사청구의 진행상황을 아래와 같이 알려드립니다.

1. 사건번호는 _____입니다.
2. 심리담당은 ○○청(서) ○○○과(실) ○○○ 심사관입니다.
   (전화   ~   , 전송   ~   , 전자우편   )
3. 진행상황은 국세청 홈택스(www.hometax.go.kr > 조회·발급 > 기타조회 > 불복청구진행상황)를 통해 확인할 수 있으며 귀하(귀사)가 과세전적부심사청구서에 기재한 휴대전화와 전자우편(E-mail)으로도 제공됩니다.
4. 과세전적부심사청구의 처리절차를 붙임과 같이 안내하니 참고하시기 바라며, 문의사항이 있을 때에는 위 심리담당에게 연락하시면 친절하게 상담해 드리겠습니다.

붙임 : 1. 과세전적부심사청구에 대한 **통지관서 의견서** 1부.
       2. 과세전적부심사 **처리절차 안내문** 1부. 끝.

년   월   일

기 관 장 (직인생략)

210mm×297mm(백상지 80g/㎡)

[서식 뒷면]

과세전적부심사청구 처리절차 안내

국세청은 과세전적부심사청구에 대한 결정의 공정성·투명성을 높이고 납세자의 권리를 실질적으로 구제하기 위하여 과세전적부심사절차를 다음과 같이 운영하고 있습니다.

1. **심리담당자**는 과세전적부심사청구 **접수순으로 자동 지정**됩니다.

2. 청구인 및 통지관서가 자신의 주장이 심리자료에 충분히 반영되었는지 여부를 확인하여 추가적인 주장이나 자료를 제출할 수 있도록 국세심사위원회 심의 전에 청구인의 주장과 처분청의 주장을 정리한 심리자료를 청구인과 통지관서에 보내고 있습니다.

   ※ 귀하의 전자우편(E-mail) 주소를 심리담당자에게 알려주시면 위 심리자료를 전자우편으로 보내드립니다.

3. **심리자료 열람 후 추가로 제기된 청구인 및 통지관서의 주장(자료)**은 **빠짐없이 사건조사서에 반영**하여 **국세심사위원회의 심의에 회부**합니다. 다만, 청구인의 **의견진술신청이 없는 경미한 사항** 등은 **국세심사위원회 심의 없이 결정**할 수 있습니다.

4. 국세심사위원회는 내부위원과 민간위원으로 구성되며, **항상 민간위원을 내부위원보다 더 많이 참여시켜** 공정성과 투명성을 높이고 있습니다. **민간위원**은 조세법 또는 회계에 관한 학식과 경험이 풍부한 교수, 변호사, 공인회계사, 세무사 등 세무전문가 중에서 위촉됩니다.

구 분	회의구성 인원		
	계	내부위원	민간위원
세무서 국세심사위원회	7	3	4
지방국세청 국세심사위원회	9	4	5
국세청 국세심사위원회	11	5	6

   ※ 과세전적부심사의 결정은 출석의원 과반수의 의결에 따릅니다.

5. 청구인이 국세심사위원회에 참석하여 **의견진술을** 하고자 할 때에는 **문서로 의견진술신청**(「국세기본법 시행규칙」별지 제26호 서식)을 하시면 됩니다.

210mm×297mm(백상지 80g/㎡)

■ 국세심사사무처리규정 [별지 제8호 서식] <개정 2020. 10. 5.>

금융증빙 등 조회 신청서

① 사 건 번 호			
② 상 호 (성 명)		③ 사업자등록번호 (생 년 월 일)	
④ 사 업 장 (주 소)		⑤ 전 화 번 호	
⑥ 조회할 증빙			
⑦ 증빙조회가 필요한 이유(신청인이 증빙을 제출할 수 없는 이유 등)			

위와 같이 금융증빙 등 조회를 신청합니다.

년 월 일

신청인 ㊞

귀하

※ 이 용지는 무료로 배부합니다.

210mm×297mm(백상지 80g/㎡)

■ 과세전적부심사사무처리규정 [별지 제12호 서식] <개정 2022. 8. 9.>

과세전적부심사청구 사건조사서

결재						
사건번호				통지일		
				청구일		
청구인	상호(법인명)			연도·기분		
	성명(대표자)		[남(여), 00세]	세 목		
	주소(사업장)			통지세액		
	통지관서			청구세액		
본안전검토사항	청구기간도과여부			처리기한		
	위원제척사유유무			대리인		

쟁 점	

1. 사실관계 및 통지내용

2. 청구주장

3. 통지관서(감사관·조사관서) 의견

   ※ 관계 국·실 의견 (해당 있을 경우)

4. 관련 법령·판례·예규 등

5. 조사내용

6. 사전열람결과
   1) 청구인(대리인) : (예시) 추가증빙 및 보충의견 제시하지 않음
   2) 통지관서(감사관·조사관서) : (예시) 추가증빙 및 보충의견 제시하지 않음

7. <u>검토 의견</u>

[서식 뒷면]

과세전적부심사청구 사건조사서 작성요령

1. **쟁점** : 심리할 내용이 쉽게 파악되도록 **요약**하여 **기록**한다.

2. **사실관계 및 통지내용**

    사실관계는 사건의 발단에서 과세예고통지에 이르기까지의 과정을 **날짜순, 개조식**으로 명확히 **요약**하여 **기록**한다.

3. **청구주장**

    청구인의 주장을 **명확히 요약**하여 **기록**한다.

4. 통지관서(감사관·조사관서) 의견

    통지내용상의 법적근거와 사실관계에 입각한 과세예고통지의 적법·타당성에 대한 통지관서(감사관·조사관서)의 의견을 청구주장과 **대조형식으로 명확히 요약**하여 기록한다.

    ※ 관계 국·실 의견 조회를 한 경우 : 그 의견을 기록한다.

5. 관련 법령·판례·예규 등 : 쟁점이 되는 법령·통칙·고시·훈령·지시 또는 예규통첩에 대한 조항·신설·개정 고시일 등을 명확히 하여 기록한다.

6. **조사내용**

    청구인과 통지관서가 제출한 증빙에 의하여 **조사한 사실관계** 등을 **명확히 기록**하고, 심리담당이 직접 수집한 자료 등의 내용을 기록한다.

7. **심리자료 사전열람 결과**

    통지관서(감사관·조사관서)와 청구인의 의견 등 제시 여부 및 추가 제시한 의견 등을 **요약**하여 **기록**한다.

8. **검토의견**

    조사내용을 종합한 결과 **처리의견**을 기록한다.

판례

● 과세예고통지를 생략, 과세전적부심사청구권 침해·박탈 등 절차상 하자가 중대하고도 명백하여 무효로 처분한 사례

「국세기본법」제81조의15 제3항 각 호는 긴급한 과세처분의 필요가 있다거나 형사절차상 과세관청이 반드시 과세처분을 할 수 밖에 없는 등의 일정한 사유가 있는 경우에는 과세전적부심사를 거치지 않아도 된다고 규정하고 있는데, 과세관청이 감사원의 감사결과처분지시 또는 시정요구에 따라 과세처분을 하는 경우라도 국가기관간의 사정만으로는 납세자가 가지는 절차적 권리의 침해를 용인할 수 있는 사유로 볼 수 없고, 처분지시나 시정요구가 납세자가 가지는 절차적 권리를 무시하면서까지 긴급히 과세처분을 하라는 취지도 아니므로 위와 같은 사유는 과세관청이 과세예고통지를 생략하거나 납세자에게 그 심사의 기회를 부여하지 아니한 채 과세처분을 할 수 있는 예외사유에 해당한다고 할 수 없어 과세예고통지 대상임에도 과세예고통지를 생략하여 납세자에게 그 기회를 아니하고 과세한 것은 납세자의 절차적 권리를 침해한 중대한 절차적 하자가 존재하는 경우에 해당하므로 그 과세처분은 절차상 하자가 중대하고 명백하므로 무효에 해당함.

(대법원 2016두49228, 2016.12.27. 판결., 대법원 2015두52326, 2016.4.15. 판결)

사전구제절차로서 과세전적부심사 제도가 가지는 기능과 이를 통해 권리구제가 가능한 범위, 이러한 제도가 도입된 경위와 취지, 납세자의 절차적 권리침해를 효율적으로 방지하기 위한 통제방법과 더불어, 헌법 제12조 제1항에서 규정하고 있는 "적법절차의 원칙*은 형사소송절차에 국한되지 아니하고, 세무공무원이 과세권을 행사하는 경우에도 마찬가지로 준수하여야 하는 점 등을 고려하여 보면, (중략) 세무조사결과에 대한 서면통지 후 과세전적부심사 청구나 그에 대한 결정이 있기도 전에 과세처분을 하는 것은 원칙적으로 과세적부심사 이후에 이루어져야하는 과세처분을 그보다 앞서 함으로써 과세전적부심사 제도 자체를 형해화시킬 뿐만 아니라 과세전적부심사 결정과 과세처분 사이의 관계 및 그 불복절차를 불분명하게 할 우려가 있으므로 그와 같은 과세처분은 납세자의 절차적 권리를 침해한 것으로서 그 절차상 하자가 중대하고도 명백하여 무효임.

(대법원 2021두37748, 2023.11.13.., 2017두51174, 2020.10.29. 판결)

주*) 헌법 제12조 ① 모든 국민은 신체의 자유를 가진다. 누구든지 법률에 의하지 아니하고는 체포·구금·압수·수색 또는 심문을 받지 아니하며, 법률과 적법한 절차에 의하지 아니하고는 처벌·보안처분 또는 강제노역을 받지 아니한다.

처분청은 2017년 4월에 이 건 양도소득세 과세자료가 생성(수보)된 후 약 5년의 장기간 동안 처리하지 아니하다가 국세부과제척기간 만료일이 임박한 2022.4.22.에 이 건 양도소득세 납부고지서와 과세예고통지서를 동일일자에 송달하였는데 과세를 지연한 것에 대한 합리적인 이유가 제시되지 않았고 이는 처분청이 정당한 이유없이 장기간 과세권을 행사하지 아니함으로써 납세자로 하여금 사전적인 권리구제인 과세전적부심사 청구권을 행사할 수 있는 권리를 침해한 절차상 중개한 하자가 있다고 봄이 상당하므로 이 건 양도소득세 부과처분은 잘못이 있음.

(조심 2022서7132, 2023.4.10., 조심2019중3428, 2020.4.27. 외 다수.)

이 건의 경우 과세예고통지일(2022.4.26.)부터 국세부과제척기간의 만료일(2022.5.31.)까지의 기간이 3개월 이하 이어서 동 규정에 따라 과세전적부심사를 청구할 수 없는 것으로서 달리 절차상 하자가 존재한다고 볼 수 없는 반면, 이건과 관련하여 처분청이 제시한 사정 등으로 보아 처분청이 청구인의 과세전적부심사 기회를 박탈하기 위하여 과세자료를 장기간 방치하였다고 보기는 어려운 점 등을 감안하면, 청구주장을 받아들이기 어려운 것으로 판단됨.

(조심 2022중7216, 2023.2.13.)

청구법인은 과세예고통지를 받은 후 가산세를 절감하기 위하여 과세전적부심사를 청구할 수 있는 기간이 경과하기 고지서 발부를 직접 요청하였고, 그로 인하여 처분청은 과세예고통지일부터 30일이 경과하기 전에 이 건 부과처분을 한 것이므로 청구법인이 과세전적부심사를 청구할 수 있는 기간이 경과되기 전에 고지서를 발부 하였다는 이유로 과세처분의 위법을 주장하는 것은 신의성실의 원칙상 허용되지 아니하며(대법원 2009.4.23. 선고 2006두14865 판결), 처분청이 청구법인의 과세전적부심사를 청구할 권리를 침해한 것으로 보기는 어려움.

(조심 2021지1990, 2022.5.30)

장기간 과세권을 행사하지 아니하다가 부과제척기간 만료일에 임박해서야 과세예고통지를 함으로써 청구인에게 **사전적인 구제절차를 침해 또는 박탈**한 것으로 봄이 타당함.

(조심 2023서9074, 2024.2.29)

청구법인은 과세예고통지를 받은 후 가산세를 절감하기 위하여 과세전적부심사를 청구할 수 있는 기간이 경과하기 고지서 발부를 직접 요청하였고, 그로 인하여 처분청은 과세예고통지일부터 30일이 경과하기 전에 이 건 부과처분을 한 것이므로 청구법인이 과세전적부심사를 청구할 수 있는 기간이 경과되기 전에 고지서를 발부 하였다는 이유로 과세처분의 위법을 주장하는 것은 신의성실의 원칙상 허용되지 아니하며(대법원 2009.4.23. 선고 2006두14865 판결), 처분청이 청구법인의 과세전적부심사를 청구할 권리를 침해한 것으로 보기는 어려움.

(조심 2021지1990, 2022.5.30)

제2차 납세의무자의 지정·납부고지 전에 과세예고통지를 하지않은 경우는 절차적 위법이 있다고 할 수 없음(국승)

제2차 납세의무자 지정에 따른 납부통지의 경우 구 국세기본법령에 따라 반드시 과세예고통지를 해야 할 대상에 해당한다고 보기 어렵고 제2차 납세의무자는 이미 확정된 주된 납세의무에 대한 징수절차상의 처분에 불과하며, 주된 납세의무자에게 이미 세무조사결과통지나 과세예고통지가 이루어졌음에도 제2차 납세의무자에게까지 다시 과세예고를 하여야 한다고 보기는 어려움.

(서울고등법원 2023.11.30. 선고 2022누67953 판결, 대법원 2024.3.28. 선고 2023두63291 심리불속행 판결)

【해설】
대법원은 2016.04.15. 선고 2015두52326 판결을 통하여 제2차 납세의무자에 대해 국세기본법상 과세예고통지의 대상으로 삼고 있지 않다거나 과세전적부심사를 거치지 않고 곧바로 과세처분을 할 수 있는 예외사유로 정하고 있는 등의 특별한 사정이 없는 한, 과세관청이 과세처분에 앞서 필수적으로 행하여야 할 과세예고통지를 하지 아니함으로써 납세자에게 과세전적부심사의 기회를 부여하지 않은 채 과세처분을 하였다면 납세자의 절차적 권리를 침해한 것으로서 중대한 절차적 하자가 존재하여 인용판결 함.
또 대전고등법원도 2024.05.30. 과세예고통지가 이루어지지 않은 제2차 납세의무자 지정 및 납부고지에 중대한 절차적 하자가 존재하는 것으로 보아 이를 위법하다고 판결(2024.05.30. 선고 2023누12437 판결)하였고 이 사안은 현재 대법원에 계류 중임.
이 대전고법 인용판결이 대법원에서 심리불속행이 아닌 정식 재판부에 회부되어 심리할 것인지는 지켜볼 일임.

정당한 사유없이 장기간 과세권을 행사하지 아니함으로써 납세자로 하여금 사전적인 권리구제인 과세전적부심사청구권을 침해하였기에 절차상 중대한 하자가 있어 취소사유에 해당함.
(조심 2023중9600, 2024.01.15., 조심 2023인9719., 2024.01.11.)

처분청은 합리적인 과세지연 사유를 제시하지 못하고 정당한 이유없이 장기간 과세권을 행사하지 아니함으로써 납세자로 하여금 사전적인 권리구제인 과세전적부심사청구권을 침해한 것으로 봄이 상당하므로 이 건 양도소득세부과처분은 잘못이 있음.
(조심 2023서7901, 2023.10.20.)

과세전적부심사청구가 있을 경우 부과제척기간내 부과처분을 이행할 수 없는 경우에 불가피하게 그 절차를 생략할 수 있도록 하는 것이고, 장기간 과세권을 행사하지 아니하다가 부과제척기간 만료일이 임박한 경우에까지 해당규정을 적용하려는 취지는 아닌 것임.
(조심 2023중0398, 2023.10.06.)

제2차 납세의무자의 지정·납부고지 전에 과세예고통지를 하지 않은 경우는 절차적 위법이 있다고 할 수 없음(기각).
제2차 납세의무는 주된 납세의무와는 별개의 성립하여 확정되는 것이나 주된 납세의무의 존재를 전제하는 것이고, 주된 납세의무에 대하여 발생한 사유는 원칙적으로 제2차 납세의무에도 영향을 미치게 되는 이른 바 부종성을 가진다고 할 것이므로, 제2차 납세의무자는 주된 납세의무의 위법 여부에 대한 확정에 관계없이 자신에 대한 제2차 납세의무 부과처분의 취소송에서 주된 납세의무자에 대한 부과처분의 하자를 주장할 수 있는 점(대법원 2009.01.15. 선고 2006두14926 판결), 국세기본법상 과세예고통지 대상에 같은 법에 의한 제2차 납세의무의 지정·통지처분이 명시되어 있지 않은 점 등에 비추어 쟁점처분 전에 과세예고통지를 하지 아니한 것은 위법하다는 청구주장은 받아들이기 어렵다고 판단됨.
(조심 2019소1707, 2019.07.17.)

> 과세관청이 세무조사 결과에 대한 서면통지 후 과세전적부심사 청구나 그에 대한 결정이 있기 전에 과세처분을 한 경우, 절차상 하자가 중대하고도 명백하여 그 과세처분은 무효임. 구 국세기본법 제81조의15 제2항 제1호 및 구 국세징수법 제14조 제1항 제7호에 따른 과세전적부심사의 예외사유인 '국세를 포탈하려는 행위가 있다고 인정될 때'의 의미는, '조세의 부과징수를 불가능 또는 현저히 곤란하게 할 만한 객관적인 상황이 드러나는 납세자의 적극적인 행위가 있고, 그로 인하여 납세의무를 조기에 확정시키지 않으면 해당 조세를 징수할 수 없다고 인정되는 등 긴급한 과세처분의 필요가 있는 경우'를 의미한다고 봄이 타당함.
>
> (대법원 2023.11.02. 선고 2021두37748 판결)

> 정당한 사유없이 장기간 과세권을 행사하지 아니함으로써 납세자로 하여금 사전적인 권리구제인 과세전적부심사청구권을 침해하였기에 절차상 중대한 하자가 있어 취소사유에 해당함.
>
> (조심 2022서7132, 2023.04.10.)

> 과세전적부심사의 기회를 부여하지 아니한 채 과세처분을 하였다면 이는 납세자의 절차적 권리를 침해한 것으로써 과세처분의 효력을 부정하는 방법으로 통제할 수 밖에 없는 중대한 절차적 하자가 존재하는 경우에 해당하므로 그 과세처분은 위법함.
>
> (대법원 2020.04.09. 선고, 2018두57490 판결 외)

제2절 한국형 납세자 옴부즈만적(Ombudsman, 陳情) 구제제도

1. 국세고충민원제도 〔국세청〕

| 국세청 훈령 | 납세자보호사무처리규정 (제4장) |

〈표9〉 국세고충민원 제도(요약)

절 차	내 용
고충민원 대 상	■ 세무관서장으로부터 위법 또는 부당한 처분을 받았거나 필요한 처분을 받지 못하여 납세자의 권리·이익이 침해된 사항에 관한 민원
처리원칙	■ 납세자보호관은 납세자의 모든 고충을 적극적으로 처리하여 납세자의 어려움이 해결하도록 해야 함 ■ 담당 세무공무원은 고충민원을 적극적으로 시정하고, 필요한 경우에는 관계 지침 등을 보완하여 고충 발생 소지가 없도록 해야함
관 할	■ 납세자보호관, 납세자보호담당관
제외대상 (§13)	1. 「국세기본법」, 「감사원법」, 「행정소송법」 등에 따른 불복절차가 진행 중이거나 결정이 완료되어 확정된 사항 2. 「국세기본법」에 따른 과세전적부심사가 진행 중이거나 결정이 완료된 사항 　* 1호 및 제2호의 본안 심리를 거치지 않은 <u>각하결정</u> 또는 불복결정이 완료되어 확정된 것으로 <u>불복청구 등의 주된 이유와 고충민원의 주된 이유가 확연히 구분되고 정당한 근거, 사유가 있는 사항</u> 등은 <u>고충민원의 대상에 포함</u> 3. 감사원장, 국세청장, 지방국세청장의 감사결과에 따른 시정지시에 의하여 처분하였거나 처분할 사항 4. 탈세제보, 외화도피 신고, 세금계산서 미발행 등 세금 관련 고소·고발 5. 「조세범처벌절차법」 제15조에 따른 통고처분 및 제17조에 따른 고발 6. 「국세기본법」 등에 따른 경정청구, 불복 및 과세전적부심사 청구 기한이 지나지 아니한 사항 7. 「민사소송법」 등 법률에 따른 소송 등이 진행 중인 사항으로 쟁점에 대한 사실관계를 확정할 수 없는 경우 8. 「조세특례제한법 시행령」 제2조에 따른 중소기업에 속하지 않는 법인이 신청하는 경우 9. 「국세징수법」 제106조에 따라 국세체납정리위원회를 둔 세무관서의 경우 국세체납정리위원회의 심의 대상에 해당하는 사항 10. 「청원법」에 따른 청원이 접수되어 처리 중이거나 결정이 완료된 사항 　* 고충민원 대상에서 제외되는 경우 그 사실을 고충민원인 또는 대리인(이하 '고충민원인'이라 한다)에게 즉시 통지

절차	내용
처리담당	■ **지방국세청 납세자보호담당관** (규정 §15) 1. 지방국세청장이 결정(처분)한 사안 2. 같은 사람의 내용이 유사한 고충민원이 같은 지방국세청 관내 2개 이상 세무서에 접수되어 그 처리에 통일을 도모할 필요가 있는 경우 3. 같은 사람 또는 같은 법인과 관련하여 발생한 것으로서 내용이 유사한 다수인의 고충민원이 같은 지방국세청 관내 3개 이상 세무서에 접수되어 그 처리에 통일을 도모할 필요가 있는 경우 4. 그밖에 지방국세청장이 처리함이 타당한 경우 ■ **세무서 납세자보호담당관** 1. 세무서장이 결정한 사안에 관한 것인 경우 2. 세무서장의 처분, 부작위 등으로 인하여 발생한 사안에 관한 것인 경우 3. 그 밖에 세무서장이 처리함이 타당한 경우
신청기간	■ 세무관서의 처분에 대하여 고충민원을 신청하려는 자는 국세 부과의 <u>제척기간이 지나기 30일 전까지</u> ■ 세무관서의 처분이 중대하고 명백한 잘못이 있어 <u>당연무효에 해당하는 경우</u>에는 위를 적용하지 아니하되, 국가를 상대로 한 부당이득반환청구의 성격이 포함되어 있는 경우에는 부당이득반환청구권의 소멸시효기간(5년)이 경과하기 30일 전까지 신청
처리기간	■ 접수한 날부터 14일이내에 처리 후 결과회신(청구세액이 1백만원 미만은 10일 이내) ■ 납세자보호위원회 심의, 세무관서 간 의견 조회 등 30일이 초과되지 아니한 범위 내에서 1회에 한하여 연장
반복·중복민원	■ 2회 신청분은 '처리제외'통지하고, 3회 신청분부터는 통지 없이 종결 ■ <u>당초 고충민원과 확연히 구분되고 정당한 근거 또는 사유, 당초 주장을 입증할 만한 명백한 추가증빙을 제출하는 경우에는 최초 신청된 고충민원으로 보아</u> 처리
불이익금지	■ 고충민원 신청 전보다 불리한 처분은 금지됨 (§20)
[처리절차] 접수	■ 방문, 우편, 인터넷, 전화 등 경로를 구분하지 않고 고충민원을 접수 ■ 서면접수시시 '고충민원 신청서(별지 제4호 서식) ■ <u>납세자보호담당관은 고충민원의 접수업무를 총괄 관리</u>, 처리전담 세무관서를 <u>방문한 고충민원인이 상담을 요구하는 경우 고충내용을 경청</u>하여야 함.(§24③)

절차	내용
	■ 대통령실, 감사원, 권익위 등에서 이송된 민원 : 납보관이 처리
시정요구	■ 납세자보호담당관은 직권시정이 가능함에도 직권시정하지 않는 것으로 인정되는 경우 → 주무국(과장)에게 '고충민원 시정 요구(별지 제64호 서식)' ■ 시정요구를 받은 주무국(과)장은 즉시 수용 여부를 결정 → 결과통보(별지 제65호 서식)' ■ 시정요구를 수용시 즉시 시정, 수용할 수 없는 정당한 사유가 있는 경우 → 세무관서장의 결재를 얻어 통보(§29)
다른 세무관서에 조회	■ 납보관은 필요시 다른 세무관서장에게 의견조회(§30)
행정자료 직접수집	■ 납보관은 행정기관 발급자료 및 국세청 전산자료는 고충민원인에게 제출을 요구하지 않고 직접 수집(§33)
금융증빙 등 조회 청구제	■ 법령이나 거래 상대방이 협조하지 않아 직접 제시할 수 없는 경우 '금융증빙 등 조회신청서(별지 제12호 서식)'를 제출하여 수집을 요청 ■ 수집을 요청할 수 있는 증빙 · 고충민원인이 발행한 수표 또는 어음 · 고충민원인이 배서한 타인 발행 수표 또는 어음 · 거래상대방 등 고충민원 관련인의 금융 입·출금 명세서 · 거래상대방 등 고충민원 관련인의 장부 및 거래 증빙 · 관공서 보관 증빙 · 그 밖에 고충민원 처리에 필요한 증빙(§34)
수 집	■ 납보관은 관계기관 또는 거래상대방에게 공문으로 요구, 필요시 현장출장 수집
처리결과 통지	■ 처리 즉시 결과 통지(심의자료 첨부) ■ 인용불가 통지시 전화 등으로 보충설명 ■ 고충처리 결과, 환급·결정취소 등 후속처분이 요구되는 경우 반드시 그 후속처분 예정일자 기재

- 다른 국가기관에 조세심판청구서를 접수한 경우에는 <u>과세관청에 이송되어 접수된 때를 기준으로 불복기간의 경과여부를 판단함.</u>

  2016.12.23. ㅇㅇㅇ에 접수된 고충민원은 지방세기본법 제18조의 이의신청이 아니며, 청구인이 행정심판청구서를 ㅇㅇㅇ에 접수한 날은 2017.3.9. 이고 동 위원회가 그 청구서를 우리 조세심판원에 이송하여 접수된 날은 2017.3.22. 인 바, 청구인의 <u>청구서가 우리 심판원에 접수된 당일</u>에는 지방세기본법 제119조 제3항에 의한 <u>심판청구기간(90일)</u>을 경과하여 적법한 청구로 볼 수 없음.

  (대법원 1992.3.31. 선고 91누6016 판결, 조심 2017지0459, 2017.7.18.)

  【해설】 조세불복청구서를 법정 조세당국이 아닌 타기관(국민권익위원회에 조세심판청구를 제기)에 접수한 경우에는 그 타 국가기관으로부터 재결청에 이송된 때를 기준으로 90일 경과여부를 판단한다는 의미임(조세에 관한 불복청구를 일반행정심판기관인 국민권익위원회에 접수한 경우임).

【핵심 POINT】

국세청 고충민원 제도

- 불복절차 중인 사건은 심사 제외
- 세법의 불복기간이 경과한 사안도 <u>부과제척기간 종료 30일전까지</u>는 신청할 수 있는 좋은 제도(규정 §16)
- 과적심사, 이의신청, 심사청구, 심판청구, 행정소송도 <u>각하결정</u> 또는 <u>불복결정이 완료되어 확정된 것</u>도 불복청구의 <u>주된 이유</u>와 고충민원의 주된 이유가 <u>확연히 구분되고 정당한 근거, 사유가 있는 사항</u> 등은 <u>고충민원의 대상</u> (§14①단서)
- 민원인은 <u>납세자보호담당관</u>(과장)에게 <u>직접 요구</u>하여 <u>상담가능</u> (§규정 20③)
- <u>공공자료</u>(행정기관, 국세청자료)는 <u>납세자보호담당관이 직접 수집</u>(민원인에게 요구 금지)
- <u>금융증빙조회 청구제</u> : 법령이나 거래상대방 비협조로 제시 못할시 <u>납세자보호관에게 수집요청</u> → 납세자보호관이 조회

  ☞ 신청인은 이 제도를 적극 활용할 필요가 있음.

■ 납세자보호사무처리규정 [별지 제4호 서식]

(국세청) 고충민원 신청서

<table>
<tr><td rowspan="4">민원인</td><td>상　　호
(법 인 명)</td><td></td><td>사업자등록번호</td><td colspan="2"></td></tr>
<tr><td>성　　명
(대 표 자)</td><td></td><td>주민등록번호</td><td colspan="2"></td></tr>
<tr><td>주　　소
(사 업 장)</td><td colspan="2"></td><td>전 화 번 호</td><td></td></tr>
<tr><td>e-mail 주소</td><td colspan="2"></td><td>휴 대 번 호</td><td></td></tr>
<tr><td>관련
세금</td><td>연도기분</td><td>세　목</td><td>고지세액</td><td>청구세액</td><td>납부기한</td><td>고지서
받은 날</td></tr>
<tr><td></td><td></td><td></td><td></td><td></td><td></td><td></td></tr>
</table>

<table>
<tr><td>고충내용</td><td>

※ 작성할 사항이 많을 경우 별지에 작성합니다.</td></tr>
<tr><td>소송 등
진행확인
(여·부 선택)</td><td>「민사소송법」 등 법률에 따른 소송·수사 등이 진행 중이거나 완료되었는지 여부를 선택하여 주시기 바랍니다.　□ 여 (소송 등이 진행 중이거나 완료)　□ 부
※ 소송 여부를 알리지 않거나 거짓으로 알린 경우 고충민원 처리결과가 변동·취소될 수 있습니다.</td></tr>
<tr><td>환급청구시
계좌번호</td><td></td></tr>
<tr><td>첨부서류</td><td>1.
2.</td></tr>
</table>

위와 같은 사유로 고충민원을 신청하니 처리하여 주시기 바랍니다.

20　　년　　　월　　　일

신청인 : ＿＿＿＿＿ 서명 또는 (인)

위 대리인 : ＿＿＿＿＿ 서명 또는 (인)

□＿＿＿**세무서장,** □＿＿＿**지방국세청장** 귀하

※ 세무서, 지방국세청 중에서 해당 관서 □안에 ✔하고 관서명을 기재함

주의사항 1) 이면에 표시된 개인정보 관련 동의여부를 반드시 선택하시기 바랍니다.
　　　　 2) 대리인이 있는 경우 이면에 있는 대리인 위임란을 작성하시기 바랍니다.
　　　　 3) 신청인 또는 대리인 표시란에 자칠로 서명한 경우 날인을 하지 않아도 무방합니다.

■ 납세자보호사무처리규정 [별지 제12호 서식]

금융증빙 등 조회신청서

처리기간
3일

접 수 번 호		
민원인	상 호 (법 인 명)		사업자등록번호	
	성 명 (대 표 자)		주민등록번호	
	주 소 (사 업 장)		전화번호	

| 조회할 증빙 | |

☐ 증빙조회가 필요한 이유(신청인이 증빙을 제출할 수 없는 이유 등)

아래와 같이 「개인정보보호법」에 따른 개인정보와 고유식별정보의 수집·이용에 동의하지 않는 경우 불이익(민원서류 접수 및 처리 불가)이 있을 수 있음을 확인하였습니다.

■ 동의를 거부할 권리가 있으며, 동의 거부에 따라 불이익(민원서류 접수 및 처리 불가)이 있을 수 있으며, 「개인정보보호법」 제15조 및 제24조의 개인정보는 아래와 같이 수집·이용됨을 알려드립니다.
  ○ 수집·이용 목적 (민원처리와 사후관리 등 이와 관련된 일련의 업무처리)
  ○ 수집 대상 개인정보 (본 서식 및 구비서류의 각 항목별 개인정보)
  ○ 보유·이용 기간 (5년)

※ 「개인정보보호법」 제15조에 의한 개인정보의 수집·이용에 동의 여부를 선택합니다.
  ☞ 상기 내용에 대해 동의함 ☐ 동의하지 않음 ☐

※ 또한, 동법 제24조에 의한 고유식별정보(주민등록번호, 여권번호, 외국인등록번호)의 수집·이용에 동의 여부를 선택합니다.
  ☞ 상기 내용에 대해 동의함 ☐ 동의하지 않음 ☐

년   월   일

신청인   (서명 또는 인)

귀하

2. 지방세 고충민원제도 〔지방자치단체〕

법적근거	**지방세기본법 §77**(납세자권리보호) **지방세기본법시행령 §51-2**, (지방자치단체)**납세자보호에 관한 조례**
지방세 기본법	제77조(납세자권리보호) ① 지방자치단체의 장은 직무를 수행할 때 납세자의 권리가 보호되고 실현될 수 있도록 하여야 한다. ② 지방자치단체의 장은 <u>납세자보호관을 배치</u>하여 지방세 관련 <u>고충민원</u> 처리, 세무상담 등 대통령령으로 정하는 <u>납세자권리보호업무를 전담</u>하여 수행하게 하여야 한다.
지방세 기본법 시행령	제51조의2(납세자보호관의 업무·권한·자격 등) ① 법 제77조 제2항에서 "대통령령으로 정하는 <u>납세자권리보호업무</u>"란 .다음 각 호의 업무를 말한다. 1. 지방세 관련 <u>고충민원</u>의 처리, 세무상담 등에 관한 사항 5. 그밖에 납세자권리보호와 관련하여 <u>조례로 정하는 사항</u>
서울특별시 납세자보호에 관한 조례	제77조(납세자권리보호) ① 지방자치단체의 장은 직무를 수행할 때 납세자의 권리가 보호되고 실현될 수 있도록 하여야 한다. ② 지방자치단체의 장은 <u>납세자보호관을 배치</u>하여 지방세 관련 <u>고충민원</u> 처리, 세무상담 등 대통령령으로 정하는 <u>납세자권리보호를</u> 업무를 전담하여 수행하게 하여야 한다.

〈표10〉 지방세 고충민원제도(요약)

절 차	내 용
고충민원 신청대상 (조례 §8)	■ 시장이 결정·처분한 경우 ■ 내용이 유사한 시세 관련 고충민원이 2개 이상의 자치구에 접수되어 처리에 통일을 도모할 필요가 있는 경우 ■ 시세 관련 자치구 고충민원 처리에 대하여 이의가 있는 경우 ■ 그 밖에 시장이 처리하는 것이 타당하다고 판단되는 경우 세무관서장으로부터 위법 또는 부당한 처분을 받았거나 필요한 처분을 받지 못하여 납세자의 권리·이익이 침해된 사항에 관한 민원
제외대상 (조례 §9)	■ 지방세기본법(이하 "법")에 따른 과세전적부심사가 진행 중이거나 결정이 완료된 사항 (본안 심리를 거치지 아니한 <u>각하결정 등은 신청대상</u>) ■ 법, 「감사원법」, 「행정소송법」 등에 따른 불복절차가 진행 중이거나 결정

절 차	내 용
	이 완료되어 확정된 사항 (본안 심리를 거치지 아니한 <u>각하결정 등은 신청 대상</u>) ■ <u>감사원장, 행정안전부장관, 자체 감사결과에 따른 시정지시에 따라 처분하였거나 처분하여야 할 사항</u> 등 시세 관련 <u>고소·고발</u> ■ <u>법 제108조</u>에 따른 <u>과태료의 부과</u> 및 <u>법 제121조</u>에 따른 <u>통고처분</u> ■ 법 등에 따른 <u>불복 및 과세전적부심사 청구기한이 지나지 아니한 사항</u> ■ <u>「민사소송법」</u> 등 법률에 따른 <u>소송이 진행 중인 경우로서 쟁점에 대한 사실관계가 확정되지 아니한 사항</u> * 고충민원 대상에서 제외되는 경우 그 사실을 고충민원인에게 즉시 통지
업무관할	■ 납세자보호담당관
신청기한 (조례 §10)	■ 지방세 부과의 <u>제척기간 종료일 30일 전까지</u> ■ 부당이득반환청구의 내용이 포함된 고충민원은 부당이득반환청구권 소멸시효기한 종료일 30일 전까지
처리기간 (조례 §11)	■ 접수한 날부터 <u>14일이내</u>에 처리 후 결과회신 ■ 납세자보호위원회 심의, 사실확인 다른 지자체 의견 조회 등 30일이 초과되지 아니한 범위 내에서 <u>1회에 한하여 연장</u>
심 의 (조례 §12)	■ 납세자보호관은 다음 사항에 대하여 <u>세무부서의 장과 의견이 다른 경우</u>에 <u>서울특별시지방세심의위원회의 심의를 거쳐야 함</u> • 고충민원의 대상이 되는 세액이 100만원 이상인 경우 • 그 밖에 납세자보호관이 심의가 필요하다고 인정하는 안건
반복· 중복민원	■ 2회 신청분은 '처리제외'통지하고, 3회 신청분부터는 통지 없이 종결 ■ <u>당초 고충민원과 확연히 구분되고 정당한 근거 또는 사유,</u> 당초 주장을 입증할 만한 명백한 추가증빙을 제출하는 경우에는 <u>최초 신청된 고충민원으로 보아</u> 처리.
신청취하 (조례 §14)	■ 민원인은 신청한 고충민원에 대한 세무부서의 결정이 있기 전까지 그 전부 또는 일부를 취하할 수 있음.
불이익금지 (조례 §15)	■ 고충민원 신청 전보다 불리한 결정은 금지됨
납세자보호관의 권한 행사	■ 조례 제7조에 따른 권한행사 • 위법·부당한 처분에 대한 <u>시정요구</u>

절 차	내 용
	• 위법·부당한 <u>세무조사의 일시중지 요구 또는 중지 요구</u> • 위법·부당한 처분이 행하여 질 수 있다고 인정되는 경우, 그 <u>처분 절차의 일시중지 요구</u> • 근거가 <u>불명확한 처분에 대한 소명요구</u> • 과세자료 열람·제출 요구 및 질문·조사 • 시세 관련 납세자보호 업무에 관한 <u>자치구 납세자보호관에 대한 지도·감독</u>

서울특별시 납세자 보호에 관한 조례

제2조(정의) ① 이 조례에서 사용하는 용어의 뜻은 다음과 같다.

"**납세자보호관**"이란 지방세기본법(이하 "법"이라 한다) 제77조 제2항에 따라 납세자의 권리를 보호하기 위하여 서울특별시장(이하 "시장"이라 한다)이 임명 또는 위촉한 사람들을 말한다.

"**고충민원**" 이란 서울특별시세(이하 "시세"라 한다)와 관련하여 <u>처분이 완료된 사항으로서 위법 또는 부당한 처분을 받았거나 필요한 처분을 받지 못하여 납세자의 권리·이익이 침해되었거나 불편 또는 부당을 준 사항에 관한 민원</u>을 말한다.

제2장 납세자보호관

제4조(납세자보호관의 배치) ① 시장은 납세자의 권리보호를 위하여 납세자보호관을 둔다.
② <u>납세자보호관은 법무업무를 담당하는 부서</u>에 둔다.

제5조(납세자보호관의 자격) ① 시장은 다음 각 호의 어느 하나에 해당하는 사람을 납세자보호관으로 임명 또는 위촉할 수 있다.

1. <u>서울특별시(이하 "시"라 한다) 소속 공무원으로서 **지방세 관련 업무경력이 7년 이상 근무한 4급 또는 5급 공무원**</u>
2. 세무사, 공인회계사 또는 변호사로서 조세·법률·회계 분야의 전문지식과 경험을 갖춘 사람

② 제1항에도 불구하고 징계요구 중인 사람 또는 징계를 받아 「지방공무원 임용령」 제34조에 따른 승진임용 제한기간이 경과하지 않은 사람은 납세자보호관으로 임명할 수 없다.

제6조(납세자보호관의 업무) 납세자보호관의 업무는 다음 각 호와 같다.

1. 시세 관련 **고충민원의 처리 및 세무 상담**
2. 세무조사·체납처분 등 권리보호요청에 관한 사항

3. 납세자 권리헌장의 제·개정 및 준수에 관한 사항
4. **세무조사** 기간 연장 및 **연기**에 관한 사항
5. 시세 관련 제도개선 과제 발굴
6. 그 밖에 납세자 권리보호와 관련된 사항 등

제7조(납세자보호관의 권한) 납세자보호관은 제6조의 업무와 관련하여 시 및 자치구의 세무부서의 장에 대하여 다음 각 호의 권한을 갖는다.

1. 위법·부당한 처분에 대한 시정요구
2. 위법·부당한 세무조사의 일시중지 요구 또는 중지 요구
3. 위법·부당한 처분이 행하여 질 수 있다고 인정되는 경우, 그 처분 절차의 일시중지 요구
4. 근거가 불명확한 처분에 대한 소명요구
5. 과세자료 열람·제출 요구 및 질문·조사
6. 시세 관련 납세자보호 업무에 관한 자치구 납세자보호관에 대한 지도·감독

제3장 고충민원

제8조(고충민원의 대상) 고충민원의 대상은 다음 각 호와 같다.

1. 시장이 결정·처분한 경우
2. 내용이 유사한 시세 관련 고충민원이 2개 이상의 자치구에 접수되어 처리에 통일을 도모할 필요가 있는 경우
3. 시세 관련 자치구 고충민원 처리에 대하여 이의가 있는 경우
4. 그밖에 시장이 처리하는 것이 타당하다고 판단되는 경우

제9조(고충민원의 제외 대상) ① 다음 각 호의 어느 하나에 해당하는 경우 고충민원의 대상에서 제외한다. 다만, 제1호와 제2호의 경우 본안 심리를 거치지 아니한 각하결정 등은 그러하지 아니한다.

1. 법에 따른 과세전적부심사가 진행 중이거나 결정이 완료된 사항
2. 법, 「감사원법」, 「행정소송법」 등에 따른 불복절차가 진행 중이거나 결정이 완료되어 확정된 사항
3. 감사원장, 행정안전부장관, 자체감사결과에 따른 시정지시에 따라 처분하였거나 처분하여야 할 사항
4. 탈세제보 등 시세 관련 고소·고발
5. 법 제108조에 따른 **과태료의 부과** 및 법 제121조에 따른 **통고처분**
6. 법 등에 따른 불복 및 과세전적부심사 청구기한이 지나지 아니한 사항

7. 「민사소송법」 등 법률에 따른 <u>소송이 진행 중</u>인 경우로서 쟁점에 대한 사실관계가 확정되지 아니한 사항

② 제1항에 따라 고충민원 대상이 아닌 사항이 고충민원으로 접수된 경우 납세자보호관은 고충민원 대상에서 제외됨을 민원인에게 지체 없이 통지하여야 한다.

제10조(고충민원의 신청기한) 고충민원은 지방세 <u>부과의 제척기간 종료일 30일 전까지 신청</u>하여야 한다. 다만, 부당이득반환청구의 내용이 포함된 고충민원은 부당이득반환청구권 소멸시효기한 종료일 30일 전까지 신청할 수 있다.

제11조(고충민원의 처리기간) ① 납세자보호관은 고충민원을 접수한 날부터 <u>14일</u>(첫날은 산입하되, 공휴일·토요일은 산입하지 아니한다) <u>이내</u>에 그 처리결과를 민원인에게 회신하여야 한다.

제24조(교육 및 징계) ① 시장은 소속 공무원을 대상으로 정기적으로 납세자 권리헌장 등 납세자의 권리 보호에 관한 교육을 실시하여야 한다.

② 시장은 법령 등을 위반하여 <u>납세자의 권리를 침해한 소속 공무원에 대하여 징계 등 필요한 조치를 취하여야</u> 한다.

【핵심 POINT】

지방세 고충민원 제도

- **법적근거** : 지방세기본법 §77, 영§51-2, 지자체 납세자보호에 관한 조례
- **업무관할** : <u>납세자보호관</u>(조례 §6)
- **불복절차 중인 사건은 심사 제외**
- **불복기간이 경과한 사안도 부과제척기간 종료 30일전까지 신청할 수 있는 좋은 제도** (조례 §10)
- **납세자보호관의 권한 행사** (조례 §7)
  - <u>시정요구, 세무조사 중지요구</u>, 위법·부당한 <u>처분 절차의 일시중지요구</u>, 근거불명확시 세무부서장에게 <u>소명요구</u>, 과세자료 열람, 질문, 검사권
- **납세자보호관은 <u>세무부서의 장과 의견이 다른 경우</u>에 지방세심의위원회의 심의를 거쳐야 함**(조례 §12).
- **불이익금지원칙 적용** : 고충민원 신청 전보다 불리한 결정은 금지됨(조례§15).
- **시장은 납세자의 권리를 침해한 공무원은 징계 등 조치**(조례§24)

■ 서울특별시 납세자 보호에 관한 조례 시행규칙[별지 제1호 서식]

(지방세) 고충민원 신청서

※ 색상이 어두운 난은 신청인이 작성하지 아니하며, 아래의 작성방법을 읽고 작성하시기 바랍니다.

접수번호		접수일		처리기간 7일
신청인	성명(법인명)		주민(법인,외국인)등록번호	
	주소(영업소)			
	전화번호 (휴대전화:)		전자우편주소	
고충내용	※ 작성할 사항이 많을 경우에는 별지로 작성할 수 있음			

「서울특별시 납세자 보호에 관한 조례 시행규칙」 제2조제1항에 따라 위와 같이 고충민원을 신청합니다.

년   월   일

신청인   (서명 또는 인)

서울특별시장 귀하

위임장

위 신청인 본인은 아래의 위임받은 자에게 고충민원의 신청을 위임합니다.
위임자(신청인)   (서명 또는 인)
위임받은 자   (서명 또는 인)

위임 받은자	성명		주민등록번호		위임자와의 관 계	
	주소				전화번호	

□ 행정정보 공동이용 동의서

본인은 이 건 업무처리와 관련하여「전자정부법」제36조제1항에 따른 행정정보의 공동이용을 통하여 담당 직원이 필요한 사항을 확인하는 것에 동의합니다.(   )
동의하지 않는 경우에는 신청인이 직접 관련서류를 제출해야 합니다.

신청인(위임한 사람)   (서명 또는 인)

□ 개인정보의 제3자 제공

제공 받는 자	제공 항목	제공 목적	보유 및 이용기간
서울시 민원 만족도 대행기관	성명, 휴대전화 번호, 접수일자, 주소	대시민 만족도 조사 및 서비스 응대 현황 파악	자료 제공일 부터 5년간

※ 개인정보보호법 제15조에 의거 성명, 주소 등 제3자 제공하며, 이 경우 개인정보를 수집·이용·제공하는데 동의를 거부할 권리가 있습니다.

신청인(위임한 사람)   (서명 또는 인)

210mm×297mm[백상지(80g/㎡) 또는 중질지(80g/㎡)]

3. 국민고충민원제도 [국민권익위원회]

법적근거	「부패방지 및 국민권익위원회의 설치와 운영에 관한 법률」(§25)

〈표11〉 국민고충민원 제도(요약)

절 차	내 용
국민권익위원회 (법 §11)	■ 고충민원의 처리와 이에 관련된 불합리한 행정제도를 개선하고, 부패의 발생을 예방하며 부패행위를 효율적으로 규제하도록 하기 위하여 국무총리 소속으로 국민권익위원회(이하 "위원회")를 둠. ■ 위원회는 「정부조직법」 제2조에 따른 중앙행정기관으로서 그 권한에 속하는 사무를 독립적으로 수행
고충민원 신청대상 (법 §2, 5호)	■ 행정기관등의 위법·부당하거나 소극적인 처분(사실행위 및 부작위를 포함한다) 및 불합리한 행정제도로 인하여 국민의 권리를 침해하거나 국민에게 불편 또는 부담을 주는 사항에 관한 민원(현역장병 및 군 관련 의무복무자의 고충민원을 포함) (§2. 5호)
신청인 (법 §2, 6호)	■ 국민권익위원회 또는 시민고충처리위원회에 대하여 고충민원을 신청한 개인·법인 또는 단체
조세분야 소 관	■ 사무처 : 고충민원처리국 재정세무민원과 · 국　세 : 044-200-7413 · 지방세 : 044-200-7411 ■ 소위원회 : 2소위원회
신청기한	■ 별도규정 없음
기 능 (법 §12, 2호)	■ 고충민원의 조사와 처리 및 이와 관련된 시정권고 또는 의견표명
위원회구성	■ 위원장 1명을 포함한 15명의 위원(부위원장 3명과 상임위원 3명을 포함)
소위원회 (법 §20 ① ②) (영 §17, 2호)	■ 3인의 위원으로 구성(법 §20①), 전원찬성으로 의결(법 §20②) ■ 조세분야 : 5개 소위원회 중 2소위원회 소관 (영 §17, 2호)
시민고충	■ 지방자치단체에 관한 고충민원의 처리와 행정제도의 개선 등을 위하여

절 차	내 용
처리위원회 (법 §32)	각 지방자치단체에 시민고충처리위원회를 둘 수 있음 • 조직 및 운영에 관하여 필요한 사항은 지방자치단체의 조례로 정함 ■ 2024.10.10. 현재 243개 지자체 중 85개 지자체에서 설치함
신 청 (법 §39 ②)	■ 권익위원회 또는 시민고충처리위원회에 신청 (중복신청 가능) • 신청의 취지·이유와 고충민원신청의 원인이 된 사실내용
신청서식 (지침 서식)	■ 권익위원회 고충민원처리지침 : 〔별지1호 서식〕
대리인 (법 §39 ③)	■ 신청인의 배우자, 직계 존·비속 또는 형제자매 ■ 신청인인 법인의 임원 또는 직원 ■ 변호사 ■ 다른 법률의 규정에 따라 고충민원신청의 대리를 할 수 있는 자 (세무사, 공인회계사, 건축사 등)
고충민원의 이송 (법 §43①)	■ 행정심판, 행정소송, 헌법재판소의 심판이나 감사원의 심사청구 그밖에 다른 법률에 따른 불복구제절차가 진행 중인 사항 등은 관계 행정기관에 이송하거나 각하
합의권고 (법 §44)	■ 권익위원회는 조사 중이거나 조사가 끝난 고충민원에 대한 공정한 해결을 위하여 필요한 조치를 당사자에게 제시하고 합의를 권고할 수 있음.
조 정 (법 §45)	■ 다수인이 관련, 사회적 파급효과가 큰 고충민원의 경우 당사자 신청 또는 직권에 의하여 조정 (민법상 화해와 같은 효력)
시정권고 및 의견표명 (법 §46)	■ 권익위원회는 조사결과 처분 등이 위법·부당한 사안은 관계 행정청에게 적절한 시정권고 ■ 권익위원회는 조사결과 신청인의 주장이 상당한 이유가 있다고 인정될 경우: 관계 행정청에 의견표명
의견제출 기회부여 (법 §48)	■ 신청인, 처분청 직원은 조사관에게 의견을 진술하거나 필요한 자료를 제출할 수 있음.
처리기간 (영 §49)	■ 접수일부터 60일 이내
결정통지 (법 §49)	■ 결정내용을 지체 없이 신청인 및 관계 행정청에 통지

절 차	내 용
처리결과 통보 (법 §50)	■ **시정권고, 의견표명을 받은 행정청은 이를 존중**하여야 하며, 그 <u>권고 또는 의견을 받은 날부터 30일 이내에 그 처리결과를 권익위원회에 통보의무</u> ■ <u>시정권고를 받은 행정청이 그 권고내용을 이행하지 아니하는 경우에는 그 이유를 권익위원회에 문서로 통보</u> ■ 권익위원회는 제1항 또는 제2항에 따른 통보를 받은 경우에는 <u>신청인</u>에게 그 내용을 <u>지체 없이 통보</u>
감사의뢰 (법 §51)의	■ 고충민원의 조사・처리과정에서 **관계 행정기관의 직원**이 <u>고의 또는 중대한 과실로 위법・부당하게 업무를 처리한 사실을 발견한 경우 위원회는 감사원 또는 관계 행정청의 감독기관에, 시민고충처리위원회는 해당 지방자치단체에 감사를 의뢰</u>할 수 있음. ■ 감사원, 관계 행정청의 감독기관 또는 지방자치단체는 감사를 의뢰받은 경우 그 <u>처리결과를 감사를 의뢰한 위원회 또는 시민고충처리위원회에 통보</u>
이행실태 점검보고 (법 §52) (지침 §37)	■ 권익위원회는 제46조 및 제47조에 따른 <u>시정권고 또는 의견표명 결정</u>에 대한의 <u>이행실태</u>에 관한 <u>자료제출, 확인・점검</u>(법 §52) ■ 조사관은 시정권고・의견표명에 대한 처분청의 처리결과를 통보받은 즉시 그 내용을 <u>국민신문고 사후관리카드에 입력</u> ■ <u>민원과장</u>은 시정권고・의견표명에 대한 국민신문고 사후관리카드 입력 실태 및 <u>처분청인의 처리결과를 시정권고・의견표명일로부터 **2년간 반기별로 확인・점검**</u>하고 소위원회에 그 결과 및 **사후관리 종결 여부를 보고**(고충민원처리지침 §37)
공 표 (법 §53)	■ 권익위원회는 <u>시정권고, 의견표명 내용</u>과 ■ <u>처분청의 처리결과</u> 및 ■ 시정권고에 대한 <u>처분청의 불이행사유</u>를 → <u>공표</u>할 수 있음.
운영상황보고 및 공표 (법 §26)	■ 권익위원회는 매년 <u>고충민원</u>과 관련하여 위원회의 운영상황을 <u>대통령과 국회에 보고</u>하고 이를 <u>공표</u>해야함. ■ 정기보고 외 <u>필요시 대통령과 국회에 특별보고</u>

【핵심 POINT】
국민고충민원 제도 (국민권익위원회)

- 정식 불복절차 중인 사건은 심사 제외
- 불복기간이 경과한 사안도 부과제척기간 종료와 관계없이 고충민원을 신청할 수 있는 좋은 제도
- 권익위원회의 인용결정(법 §46)
  - 시정권고 : 처분이 위법·부당하다고 인정할 만한 상당한 이유가 있는 경우
  - 의견표명 : 신청인의 주장이 상당한 이유가 있다고 인정되는 사안
- 인용결정(시정권고, 의견표명)이 처분청을 기속하지는 못하지만
  - 인용결정 내용을 언론 등에 사전공표 할 수 있고
  - 수용하지 못한 사유에 대해 권익위에 통보의무를 부여하며
  - 사후 이행실테 관련 자료제출, 확인·점검
  - 고충민원의 조사·처리과정에서 관계 행정기관의 직원이 고의 또는 중대한 과실로 위법·부당하게 업무를 처리한 사실을 발견한 경우 위원회는 감사원 또는 관계 행정청의 감독관청에 감사의뢰 및 그 결과를 통보받고
  - 고충민원 운영상황을 대통령과 국회에 보고 등
    ☞ 사후 법적장치가 있어 사실상 처분청을 이행토록 하는 **효과**가 있음.

■ 국민권익위원회 고충민원처리지침(예규) 〔별지 제2호서식〕

(국민권익위원회) 고충민원 신청서

① 신청인　　　성 명(명칭)　　　　　　　　　　　외　　　명
　　　　　　　주　 소

　　　　　　　전　 화　　　　　　　　　　　(이동전화)

② 대 표 자　　성　명
　(대 리 인)　 주　 소
　　　　　　　전　 화　　　　　　　　　　　(이동전화)

　　　　　　　신청인과의 관계

③ 피 신 청 인　기관명
　　　　　　　주　 소

④ 민원 제목

⑤ 민원 내용

⑥ 기타 참고사항

가. 소송 또는 다른 불복구제절차의 신청유무 :

나. 증거·참고자료 기타 조사방법에 관한 의견 :

⑦ 처리결과 통보방식

　서신 □　전자우편(주소　　　　)　□ 휴대전화 문자메세지 □

⑧ 개인정보 공개 : 동의 □　부동의 □

　　　　　　　　　　　　　　　　　　　20 . . .

　　　　　　　　　　　　　　　신청인　　　　(서명 또는 인)

이 신청서는 신청인(대리인)이 구술하는 내용을 듣고 작성한 것입니다.

　　　　작성자　직급　　　　　성명　　　　(서명 또는 인)

※ 유의하실 사항
　① 민원내용 기재란이 부족한 경우에는 별지에 계속 기재하여 주십시오.
　② 지면이 여러장일 때에는 신청인과 작성자가 간인을 하여 주십시오.
　③ 신청인이 단체·기관이거나 다수인일 경우 대표자란을 기재하여 주십시오.
　④ '피신청인'란은 신청인이 요구하는 처분 등과 관련된 기관을 기재하여 주십시오.
　⑤ 신청인이 5명 이상인 경우 연명부 원본을 제출하여 주십시오.

제3절　국세상담 제도

1. 국세청 국세상담제도

| 국세청 훈령 | 국세상담센터 사무처리규정
국세상담센터 기본운영규정 |

1) 제도 요약

<표12> 국세청 국세상담 제도 (요약)

절 차	내 용
국세청 콜센터	국세청 콜센터 ☎ 126
상담센터장 (기본규정 §9)	■ 임기제 서기관(4급 공무원)
국세상담원 (처리규정 §7)	■ **상담원** : <u>국세업무를 상담하는 상담센터 직원(외주용역 직원 포함)</u>. [선발기준] <u>세무경력이 5년 이상으로서</u> • 「국세청자격관리지침」에서 정하는 국세상담요원 • 세무사·공인회계사 자격이 있는 직원 • <u>심사·송무·예규·상담업무 경력이 2년 이상인 직원</u> • <u>회계실무자격 2급 이상 자격과 조사요원 2급 이상 자격이 있는 직원</u>
국세상담센터 (처리규정 §2)	■ 민원인 : 국세업무에 관하여 특정한 행위를 요구하는 개인·법인 또는 단체 ■ 상담방법 : 전화·인터넷·방문 • **전화상담** : 상담원이 민원인과 전화로 하는 세무상담 • **인터넷상담** : 국세청 홈택스의 상담메뉴(모바일 애플리케이션(application)을 통해 하는 세무상담을 포함한)를 통해 민원인에게 제공하는 세무상담 • **방문상담** : 상담센터에 직접 방문하여 하는 세무상담

절 차	내 용
	• 국민신문고 상담관리 • 정부민원안내민원 : 국민권익위원회가 운영하는 ☎110 정부민원안내콜센터에서 국세청 처리대상 민원으로 이관 받은 민원 ■ 지원상담관 : 해당 분야 상담 경력 2년 이상자 중 상담 실적이 우수하고 조직발전에 기여할 수 있다고 판단되어 상담센터장이 지정한 상담원 ■ VOC(고객의 소리) : 민원인이 국세청과 그 소속 기관에 제기하는 각종 개선·건의·불만·칭찬 등 ■ 홈택스상담 : 현금영수증, 전자(세금)계산서, 전자신고납부·증명 발급, 학자금상환, 연말정산간소화, 홈택스 가입 및 비밀번호 등록에 관한 전화·인터넷·모바일 상담
홈택스상담화면 운영·관리 (처리규정 §12)	■ 제12조(홈택스 상담화면 운영·관리) ■ 홈택스 상담화면(전화·인터넷·방문상담)은 정기적으로 최근 사례로 업데이트 등 운영·관리 ■ 민원인이 쉽고 편리하게 이용할 수 있도록 가장 최근 내용으로 업데이트 · 인터넷 상담사례 화면 · 자주 묻는 상담사례 화면(FAQ) · 핫이슈 상담사례 화면 · 세목별 상담사례 화면
콜백시스템 (처리규정 §17)	■ 콜백시스템 운영 · 근무시간 중 전화 통화량이 많아 상담원과 전화연결이 되지 않는 경우 · 대기중인 전화민원이 많아 해당 상담원에게 호전환이 불가능 한 경우 ■ 상담원은 상담시스템에서 미처리 예약전화를 수시로 조회하여 다른 상담보다 우선하여 처리하고 상담결과를 입력
상담범위 (처리규정 §5①)	■ 전화·인터넷·모바일·방문·국민신문고·정부민원안내민원을 통해 접수되는 세법과 홈택스에 관한 민원(VOC포함) 상담
국민신문고 상담관리 (처리규정 §26)	■ 국민신문고 민원처리 총괄팀장(업무지원팀장)은 상담센터로 지정된 국민신문고를 확인하여 해당 처리담당팀장에게 배부 ■ 처리담당팀장은 국민신문고를 확인하여 즉시 처리 담당자를 지정 ■ 처리담당자는 국민신문고 전부 또는 일부가 담당업무에 속하지 않는 경우에는 재지정 요청하거나 복합지정으로 요청 ■ 처리(§76) : 국민신문고 접수일부터 7일(법령에 대한 질의는 14일)이내 정확하고 성실하게 처리 다만, 민원인이 처리 만족도를 불만 또는 매우불만

절차	내용
상담제외 (처리규정 §5① 단서)	으로 표시하였을 경우에는 30일 이내에 최대 3회까지 추가 답변 ■ 다음 각 호 사항은 본·지방청 및 세무서에 문의하도록 안내 · 납세자가 받은 안내서, 고지서, 독촉장 등의 내역 · 납세자의 개별 체납액 및 환급금 · 과세자료 처리에 관한 사항 · 세금에 대한 불복·진정 및 고충 · 세법과 홈택스에 관한 서면질의 · 개별적인 사실관계 확인 등이 필요하여 본·지방청 및 세무서에서만 처리 가능한 사항

2) 국세상담센터 기본운영규정 / 국세상담센터 사무처리규정

국세청 국세상담센터기본운영규정 (발췌)
(국세청 훈령)

제1조(목적) 이 규정은 「책임운영 기관의 설치·운영에 관한 법률」(이하"법"이라 한다) 제10조 및 같은 법 시행령(이하 "영"이라 한다)에서 위임된 사항과 **국세상담센터**(이하 "**상담센터**"라 한다) 운영에 관하여 필요한 사항을 정하는 것을 목적으로 한다.

제2조(적용범위) 상담센터의 조직·인사·예산 및 회계 기타 업무집행 절차 등에 관하여는 다른 법령 등에 특별한 규정이 있는 경우를 제외하고는 이 규정이 정하는 바에 의한다.

제3조(운영원칙) ① 상담센터는 소관 업무를 수행함에 있어 공공성을 유지하면서 기관운영의 효율성과 행정서비스의 질적 향상을 도모한다.
② 상담센터는 사업목표를 달성하는데 필요한 기관운영의 독립성과 자율성을 관계법령이 허용하는 범위 안에서 최대한 확립한다.

제2장 사업관리

제4조(소관업무) 상담센터는 국세와 홈택스에 대한 **전화** 및 **인터넷방문상담**에 관한 사항을 관장한다.

제5조(사업운영계획의 수립·승인) ① 상담센터장(이하 "센터장"이라 한다)은 국세청장(이하 "청장"이라 한다)으로부터 부여된 사업목표를 달성하기 위한 사업운영계획을 수립하여 사업목표를 부여받은 날부터 1월 이내에 청장의 승인을 얻어야 한다.

② 제1항의 사업운영계획에는 기관운영의 개선과 소관업무 발전을 위한 계획이 포함되어야 한다.

제9조(센터장) ① 상담센터에 센터장 1인을 두되 **센터장은 임기제 서기관**으로 보한다.
② 센터장은 관계법령이 정하는 바에 따라 상담센터의 업무를 총괄하고 소속 공무원을 지휘·감독한다.
③ 센터장은 상담량 변동에 탄력적으로 대응하기 위해 팀별·세목별로 상담업무를 분배 및 조정할 수 있다.

제10조(하부조직) 상담센터에 **업무지원팀, 전화상담1팀, 전화상담2팀, 전화상담3팀, 전화상담4팀, 인터넷방문상담1팀, 인터넷방문상담2팀 및 인터넷방문상담3팀**을 두되, 업무지원팀장은 서기관 또는 행정사무관으로, 그 밖의 각 팀장은 행정사무관으로 보한다.

국세청 국세상담센터 사무처리규정 (발췌)
(국세청 훈령)

제1조(목적) 이 규정은 **국세상담센터**(이하 "상담센터"라 한다)의 업무처리 전반에 관한 절차를 체계화하고 그 방법을 정함으로써 종사 직원의 효율적인 업무집행에 기여함을 목적으로 한다.

제2조(정의) 이 규정에서 사용하는 용어의 뜻은 다음과 같다.
1. "국세업무"란 국세청에서 수행하는 전반적인 행정업무(국세법령에 관한 사항을 포함한다)를 총칭하여 말한다.
2. "민원인"이란 국세업무에 관하여 특정한 행위를 요구하는 개인·법인 또는 단체를 말한다.
3. "세무상담"이란 민원인이 전화·인터넷 또는 방문 등의 방법으로 국세업무에 대하여 문의하고, 상담원이 이에 답변하는 것을 말한다.
4. "전화상담"이란 상담원이 민원인과 전화로 하는 세무상담을 말한다.
5. "인터넷상담"이란 국세청 홈택스의 상담메뉴(모바일 애플리케이션(application)을 통해 하는 세무상담을 포함한다. 이하 같다)를 통해 민원인에게 제공하는 세무상담을 말한다.
6. "방문상담"이란 민원인이 상담센터에 직접 방문하여 하는 세무상담을 말한다.
7. "상담원"이란 국세업무를 상담하는 상담센터 직원(국세청과 외주용역 계약을 맺어 근무하고 있는 외주용역 직원을 포함한다. 이하 같다)을 말한다.
8. "지원상담관"이란 해당 분야 상담 경력 2년 이상자 중 상담 실적이 우수하고 조직발전에 기여할 수 있다고 판단되어 상담센터장이 지정한 상담원을 말한다.
9. "외국인"이란 대한민국 국적을 소유하지 않는 자로서 국세업무에 관하여 특정한 행위를

요구하는 개인·법인 또는 단체를 말한다.
10. "VOC(고객의 소리)"란 민원인이 국세업무에 대하여 국세청과 그 소속 기관에 제기하는 각종 개선·건의·불만·칭찬 등을 말한다.
14. "홈택스상담"이란 현금영수증, 전자(세금)계산서, 전자신고납부·증명 발급, 학자금상환, 연말정산간소화, 홈택스 가입 및 비밀번호 등록에 관한 전화·인터넷·모바일 상담을 말한다.
15. 정부민원안내민원이란 국민권익위원회가 운영하는 110 정부민원안내콜센터에서 국세청 처리대상 민원으로 이관 받은 민원을 말한다.

제4조(상담원 근무자세) ① 상담원은 성실하고 친절하게 상담업무에 임하여야 한다.
② 상담원은 민원인의 상담에 대하여 세법·예규 및 집행기준 등에 근거하여 답변해야 한다.
③ 상담원은 민원인으로부터 상담내용을 경청하고 신속하고 정확한 상담서비스를 제공함으로써 국세행정에 대한 신뢰를 줄 수 있도록 하여야 한다.
④ 상담원은 국민이 신뢰할 수 있는 상담서비스 제공을 위해 연구·노력하여야 한다.

제5조(세무상담 범위) ① 상담센터장은 전화·인터넷·모바일·방문·국민신문고·정부민원안내민원을 통해 접수되는 세법과 홈택스에 관한 민원(VOC를 포함한다)을 상담한다. 다만, 다음 각 호의 어느 하나에 해당하는 경우에는 본·지방청 및 세무서에 문의하도록 안내한다.
1. 납세자가 받은 안내서, 고지서, 독촉장 등의 내역
2. 납세자의 개별 체납액 및 환급금
3. 과세자료 처리에 관한 사항
4. 세금에 대한 불복·진정 및 고충
5. 세법과 홈택스에 관한 서면질의
6. 개별적인 사실관계 확인 등이 필요하여 본·지방청 및 세무서에서만 처리 가능한 사항
② 상담업무별 흐름은 별표와 같다. [세법 전화상담〈별표1〉, 홈택스 전화상담〈별표2〉, 세법 인터넷상담〈별표3〉, 홈택스 인터넷상담〈별표4〉, 방문상담〈별표5〉, 국민신문고 상담〈별표6〉, 외국인 상담〈별표7〉]

제1절 상담원 관리

제7조(선발기준) ① 상담센터장은 「국세청인사관리규정」과 인사기준을 고려하여 세무경력이 5년 이상인 자 중 다음 각 호의 어느 하나에 해당하는 자를 상담원으로 선발해야 한다.
1. 「국세청자격관리지침」에서 정하는 국세상담요원
2. 세무사·공인회계사 자격이 있는 사람
3. 심사·송무·예규·상담업무 경력이 2년 이상인 사람
4. 회계실무자격 2급 이상 자격과 조사요원 2급 이상 자격이 있는 사람

② 제1항의 규정에도 불구하고 상담센터장이 품성, 근무태도 등을 고려하여 상담업무에 부적합하다고 인정되는 경우에는 선발하지 않을 수 있다.
③ 제1항의 요건을 충족하는 지원자가 없어 선발이 불가능하다고 인정되는 경우에는 세무경력 3년 이상인 자 중에서 상담센터장이 상담업무에 적합하다고 인정하는 자를 선발할 수 있다.
③ 상담센터장은 상담원의 친절하고 신속·정확한 상담을 위해 「전화상담표준예절」을 제정하여 운영해야 한다.

제12조(홈택스 상담화면 운영·관리) ① 상담센터장은 납세자에게 양질의 세무정보를 제공하기 위하여 홈택스 상담화면을 정기적으로 운영·관리해야 한다.
② 민원인이 쉽고 편리하게 이용할 수 있도록 다음 각 호의 홈택스 상담화면을 가장 최근의 내용으로 업데이트 하여야 한다.
1. 인터넷 상담사례 화면
2. 자주 묻는 상담사례 화면(FAQ)
3. 핫이슈 상담사례 화면
4. 세목별 상담사례 화면

제3장 상담관리

제1절 전화 상담관리
제14조(책임상담제 운영) ① 상담센터장은 책임상담제를 운영해야 한다.
② 제1항에서 책임상담제라 함은 처음 전화를 받은 상담원이 책임을 지고 끝까지 상담을 완수하는 것을 말한다.
③ 상담원은 담당분야가 아니라는 이유로 상담을 거부하거나 다른 상담원에게 전화를 돌리지 않아야 한다.
제15조(전화상담 처리) ① 상담원은 전화를 신속히 받아 제9조 제3항에서 정하는「전화상담표준예절」을 준수하여 친절하게 상담하여야 한다.
② 상담원은 민원인의 질문을 경청하여 질문 요지를 신속히 파악하고 그에 대한 답변을 정확하게 한 후 상담내용을 상담시스템에 입력해야 한다.
③ 상담원은 민원인의 질문에 대한 답변의 통일성 및 일관성을 유지하기 위하여 상담 데이터베이스 자료를 활용해야 한다.
제16조(전화상담 전환) 상담원은 제14조 제3항에도 불구하고 다음 각 호의 어느 하나에 해당하는 경우에는 민원인의 양해를 구한 후 해당 분야 상담원 또는 본·지방청·세무서로 전화를 돌려줄 수 있다.

1. 전문적인 지식을 요구하는 경우로서 해당분야 상담원이 답변하는 것이 합리적이라고 판단되는 경우
  2. 민원인의 개별적인 사실 확인 등으로 본·지방청 또는 세무서에서만 처리가 가능한 사항

제17조(콜백시스템 운영) ① 상담센터장은 다음 각 호의 어느 하나에 해당하는 경우 콜백시스템을 운영할 수 있다.
  1. 근무시간 중 전화 통화량이 많아 상담원과 전화연결이 되지 않는 경우
  2. 대기중인 전화민원이 많아 해당 상담원에게 호전환이 불가능한 경우
② 상담원은 상담시스템에서 미처리 예약전화를 수시로 조회하여 다른 상담보다 우선하여 처리하고 상담결과를 입력해야 한다.

제2절 인터넷 상담관리

제18조(배부) ① 상담센터장은 민원인이 홈택스 상담화면 또는 모바일 애플리케이션(application)을 통해 접수한 세법 또는 홈택스에 관한 상담을 상담시스템에 의하여 처리담당 상담원에게 즉시 배부하여야 한다.

제19조(처리) 상담원은 상담시스템이 제공하는 데이터베이스 자료 등을 활용하여 처리기한 내에 정확하고 성실하게 답변하여야 한다. 다만, 배부 받은 상담이 둘 이상의 상담분야에 해당하는 경우에는 해당분야 상담원에게 복합 지정하여 처리할 수 있다.

제20조(처리기한) ① 상담원은 세법상담의 경우 상담시스템에 접수한 날의 다음날 오전 9시부터 2근무일이 되는 날까지 답변을 게시하여야 한다. 이 경우 접수한 날의 다음날이 토요일 또는 공휴일인 경우에는 토요일 또는 공휴일의 다음날을 의미하며, 토요일 또는 공휴일은 근무일에 산입하지 아니한다.
② 상담원은 홈택스상담의 경우 상담시스템에 접수한 날부터 7일 이내에 답변을 게시하여야 한다. 이 경우 접수한 날과 토요일은 기간에 산입하고, 공휴일은 제외한다.
③ 다른 상담원으로부터 이관 받은 경우에도 제1항과 제2항의 당초 처리기간을 준수해야 한다.

제23조(상담품질관리) 상담팀장은 상담원의 상담내용 등을 분석하여 평가를 하고 필요한 교육을 실시하여 답변의 통일성·일관성 유지와 만족도 향상을 위해 노력해야 한다.

제3절 방문상담 관리

제24조(상담처리) ① 상담센터장(인터넷방문상담1팀장)은 민원인이 방문상담을 원하는 경우에는 해당세목 인터넷방문상담팀장에게 인계하고 해당세목 팀장은 민원인에게 불편함이 없도록 성실하게 상담해야 한다.
② 민원인에게 즉시 상담하기 곤란한 경우에는 해당 지원상담관의 지원을 받아 민원인이 만족할 수 있도록 상담해야 한다.

제25조(상담예약) ① 인터넷방문상담1팀장은 민원인이 **방문상담예약**을 접수하는 경우에는 민원인의 성명, 예약일시, 방문상담일시, 상담요지 등을 「방문상담예약대장」(별지 제1호 서식)에 기록하여 해당세목 인터넷방문상담팀장에게 인계하여 상담하도록 해야 한다.
② 상담원은 방문상담예약을 접수한 민원인을 다른 민원인에 우선하여 상담해야 한다.

제4절 국민신문고 상담관리

제26조(배부) ① 국민신문고 민원처리 총괄팀장(업무지원팀장)은 상담센터로 지정된 국민신문고를 확인하여 해당 처리담당팀장에게 배부하여야 한다.
② 처리담당팀장은 국민신문고를 확인하여 즉시 처리 담당자를 지정해야 한다. 다만, 처리할 부서가 잘못 배부된 경우에는 재지정 요청할 수 있다.

제27조(처리) ① 처리담당자는 지정된 국민신문고를 접수한 날부터 7일(법령에 대한 질의는 14일) 이내에 정확하고 성실하게 처리하여야 한다. 다만, **민원인이 처리 만족도를 불만 또는 매우불만으로 표시하였을 경우에는 30일 이내에 최대 3회까지 추가 답변** 할 수 있다.
③ 처리담당자는 「국민신문고 민원처리결과 답변검토서」를 작성하여 소속팀장의 결재를 받아 온나라시스템에 등록한 후 처리결과를 국민신문고시스템에서 민원인에게 통지하여야 한다.

제41조(상담만족도 관리) ① 상담센터장은 홈택스상담을 받은 민원인을 대상으로 만족도 조사를 실시하여 그 결과를 위탁사업자 관리에 활용할 수 있다.
② 홈택스상담과 관련하여 민원인 등으로부터 불만 또는 건의 사항을 수시로 수집하여 지속적인 업무개선이 이루어지도록 노력해야 한다.

【핵심 POINT】

국세상담제도

- 국세상담센터(National Tax Counsulting Center)
- 근거 : 국세상담센터기본운영규정 및 국세상담센터사무처리규정(국세청 훈령)
- 국세청 Call Center : ☎ 126
  - 전화상담 : 126
  - 모바일 상담 : Home etax (손택스)
  - 인터넷상담 : 국세청 홈텍스 (www.hometax.go.kr) 상담메뉴
  - 방문상담 : 직접 방문상담 (제주특별자치도 서귀포시 서호북로 36(서호동 1514번지) 대표전화 : 126

- 책임상담제 운영 : 처음 전화를 받은 상담원이 책임지고 끝까지 상담을 완수
- VOC(고객의 소리) : 민원인이 국세청과 그 소속 기관에 제기하는 각종 **개선·건의·불만·칭찬** 등
- 홈텍스상담시스템 운영관리 : 최근 사례로 Up-Data

3) 국세상담센터 핫이슈 상담사례

[제목] 연말정산에 대한 수정신고 후 경정청구 가능 여부

[문의] 사실관계는 2019년도 누락된 급여소득에 대해 원천징수의무자가 수정신고 후 납부하였고, 이후 해당 급여소득은 과세소득이 아님을 확인 하여 해당 수정신고에 대해 경정청구를 하려고 하는데,
   (1) 이때 경정청구가 가능한지 (2) 경정청구를 하기 위해서는 원천징수의무자가 해야하는지 아니면 근로자가 직접 가능한지?

[답변] (1) 이전연도에 총급여액의 수정사항이 있어 수정신고를 한 경우에도 경정청구는 가능하며
   (2) 소득·세액공제 누락이 아닌 총급여액이 잘못된 경우에는 근로자의 경정청구가 아닌 원천징수의무자(회사)가 원천세 및 지급명세서 수정제출을 하여야 할 것으로 판단됨(회사에서 환급을 받아 근로자에게 지급).

(국세상담센터 인터넷 상담 2024.8.27)

[제목] 상생임대인제도에 따라 거주요건 2년 충족 여부

[문의] 2016년 7월 서울시 동작구 흑석동 재개발 조합원입주권(관리처분인가후)을 멸실 상태에서 매수하였고, 신축되어 곧바로 2019년 1월부터 현재까지 동일 임차인에게 현재까지 임대중이며, 임대기간은 다음과 같음.
   (1) 2019년 1월부터 2년간 임대.
   (2) 2021년 1월부터 2년간 임대 (계약갱신건청구로 임대료는 5% 이내 인상)
   (3) 2023년 1월부터 2025년 1월까지 2년 임대중 (임대료는 5% 이상 인상).

상생임대인제도에 따라 거주요건 2년을 이미 충족한 상태인지 여부가 궁금함

[답변] 귀 상담의 경우, 2023년 1월에 임대개시한 계약이 상생임대차계약인 경우로서 직전 임대차계약(2021년 1월 임대개시)대비 임대료등의 증가율이 5%를 초과하지 않아야 상생임대차특례 규정을 적용받을 수 있는 것임.
즉, 2023년 1월에 임대개시한 계약이 직전임대차계약 대비 임대료가 5% 초과한 경우에는 거주요건 2년을 적용받을 수 없는 것으로 판단됨.

(국세상담센터 인터넷상담 2024.8.30)

[제목] 과세임대인이 비영리단체 임차인에게 발급하는 세금계산서
[문의] 비영리 단체 교회이며. 예배당으로 현재 상가건물은 임대해서 사용하고 세금계산서를 발급받고 있는데 혹시 이걸 계산서로 저희가 받을 수는 없을까요. 상가 주인은 개인 임대사업자로 부가가치세 신고를 매번 진행하고 있음.
혹시 임차인이 교회 같은 비영리 단체일 때도 꼭 세금계산서를 발급해야 하는것인지? 계산서를 발급하면 안되는 건가요?
[답변] 비영리법인의 경우에도 「법인세법」 제4조에서 규정하는 바와 같이 수익사업과 관련하여 부가가치세가 과세되거나 면제되는 재화 및 용역을 공급하는 경우에는 수익사업개시신고를 하고 거래상대방에게 (세금)계산서 등 지출증빙서류를 교부하여야 함.
문의사례의 비주거용(상가) 임대업은 부가가치세 과세대상 수익사업에 해당하는 것이며, 세금계산서 발급대상인 것으로 판단됨.

(국세상담센터 인터넷상담 2024.8.29)

[제목] [법인사업자] 동일 건물 내 추가 임차 시 사업자단위과세 적용 여부
[문의] 헬스장을 운영하고 있는 법인사업장으로 5층에서 운영하다가 3층을 임차하여 사업장이 확장되었음. 확장한 3층은 운동만 가능하며 결제와 상담은 전부 5층에서만 가능함
위의 경우에 3층은 지점으로 보고, 사업자등록증 신청 혹은 사업자단위과세 적용 신청을 해야하나요?
[답변] 부가가치세 납세지는 각 사업장의 소재지를 말하는 것임. 그리고 사업자는 사업장마다 사업자등록신청을 하여야 하는 것이며, 아래 해석사례와 같이 동일한 사업장에서 여러 업종을 영위하는 경우에도 하나의 사업장으로 보아 사업자등록하여야 하는 것임.

귀 사업장의 경우, 동일 소재지의 사업장이므로 별도 사업자등록하지 아니하여도 될 것으로 사료됨.

(국세상담센터 인터넷상담 2024.8.28)

[제목] 법인 차입금, 대여금 이자수익 산입관련

[문의] (1) 법인 차입금이 있는데, 특수관계자(개인, 법인 모두 있음)와 무이자로 차입을 하기로 했음. 이때 법인 기준에서 해야되는 것이 있을까요? 별도의 이자를 지급하지 않아도 문제가 없을지..

(2) 법인 대여금이 있는데, 특수관계자(개인, 법인 모두있음)와 무이자로 대여를 하기로 했는데 이때 법인 기준에서 해야되는것이 있을까요? (제가 알기론 법인세 조정사항으로 대여금에 대해 4.6% 미수수익 계상을하고, 익년까지 미수이자를 회수하면 되는 것으로 알고 있고, 별도의 원천징수는 안해도 되는 걸로 알고 있는데, 잘 못알고 있을까요?..)

(3) 이자소득의 원천징수 시기는 이자지급일(수입시기) 이라고 하는데 법인세 조정사항으로 대표자 가지급(대여금)에 대한 4.6% 미수수익 계상분을 익년에 회수시 익년에 원천징수를 해야하는지...

[답변] (원천세 분야) 법인이 특수관계인에 대여시 무상대여인 경우 원천징수 문제는 없을 것으로 사료되며, 법인세 과세표준에 이미 산입된 경우 원천징수의무가 없을 것으로 사료됨.

(법인세 분야) 1. 법인세법 제52조 및 동법시행령 제88조에 따라 법인이 특수관계인에게 금전, 그 밖의 자산 또는 용역을 무상 또는 시가보다 낮은 이율·요율이나 임대료로 대부하거나 제공한 경우 및 금전, 그 밖의 자산 또는 용역을 시가보다 높은 이율·요율이나 임차료로 차용하거나 제공받은 경우에는 부당행위계산부인규정이 적용되는 것으로 무이자 또는 시가보나 낮은 이율로 차용하는 경우 부당행위계산부인규정 적용대상이 아니며, 2. 무상 또는 시가보다 낮은 이율로 금전을 대여하는 경우에는 부당행위계산 부인 대상에 해당하여 인정이자를 계산하여 손금불산입하고 소득처분하여야 함. 이 때 가중평균차입이자율을 시가로 하는 것이나, 법인세법 시행령 제89조 제3항 각 호에 해당하는 경우 당좌대출이자율을 시가로 하는 것임.

(국세상담센터 인터넷상담 2024.8.28)

[제목] (비사업자) 중소기업 감면기간 중 육아휴직, 출산휴가

[문의] 제가 현재 중소기업에 근무 중이며, 2024년 12월까지 소득세 감면 대상자이며 2024년 10월부터 육아휴직을 들어가야 하는 상황인데 2024년 10월~12월까지 3개월에 대한 기간에 대해 소득세 감면 기간이 연장되는지 문의드림.

[답변] 조세특례제한법 제30조에 따른 중소기업 취업자에 대한 소득세 감면기간은 취업하여 최초로 감면을 적용받은 날부터 기간중단 없이 3년(청년의 경우에는 5년)이 되는 날이 속하는 달의 말일까지임.

(국세상담센터 인터넷상담 2024.8.28)

[제목] 일시적 2주택 비과세

[문의] 2014년 오피스텔1개호, 도시형생활주택 2개호를 매입하여 모두 임대주택법상 4년 단기임대주택 등록 및 세무서사업자등록하고 임대하던 중 2020.08.18.에 임대주택 3개호 모두 단기임대주택 자동말소. 이후 임대주택 등록없이 사업자등록만 유지 상태에서 계속 임대중임. 2016년 아파트 매입하여 거주중이고 주택은 모두 서울 소재임. 현재 거주주택 매각 예정이며 동시에 이사 갈 집을 구하고 있음. 주택임대사업 자동말소일로부터 5년 이내에 거주주택 양도시 거주주택에 대해 1세대1주택 비과세 혜택을 받는 것으로 알고 있음. 저의 경우 거주주택은 신규주택 매입후 3년이내 양도시가 아니라 2025.08.17까지 양도하여야 일시적 2주택 비과세 혜택을 받는 것인지요?

[답변] 장기임대주택이 「민간임대주택특별법」 §6⑤에 따라 자동말소되어 소득령§155⑳에 따른 장기임대주택이 임대기간요건을 갖춘 것으로 보는 경우로서 일시적 2주택 특례 요건을 갖춘 경우에는 중첩적용이 되어 소득세법시행령 제155조 제1항에 따른 1세대 1주택 비과세 규정을 적용받을 수 있는 것으로 판단됨. 가령, 신규주택을 취득한 경우 신규주택을 취득한 날로부터 3년 이내 및 임대주택 자동말소일로부터 5년 이내에 2년 이상 거주한 주택을 양도한 경우 비과세 규정을 적용받을 수 있는 것으로 판단됨. 예를들어 2024년 10월에 신규주택을 취득한 경우 2027년 10월이내에 양도하는 것으로 보이나 자동말소일로부터 5년 이내에 양도하여야 하는 것으로 2025년 8월 18일 이내에 양도하여야 비과세 규정을 적용받을 수 있는 것으로 판단됨.

(국세상담센터 인터넷상담 2024.8.28)

[제목] 신용카드 경비 인정여부

[문의] 가족카드라고 하여 가족의 신용을 빌려 한도를 정해서 명의는 제 명의로된 카드가 있는데, 해당 카드는 홈택스에 등록하니 반려된 상황인데 이 카드로 저의 사업과 관련하여 물건 매입에 사용하려고 함 이런 카드로 저의 사업에 사용하는 경우 부가가치세와 소득세 신고시 공제 받을 수 있나요?

[답변] 사업자의 소득금액 계산에 있어서 필요경비에 산입할 금액은 사업과 관련하여 지출한 당해연도의 총수입금액에 대응하는 비용으로서 일반적으로 용인되는 통상적인 것의 합계액인 것으로, 귀 질의상 가족카드 사용금액이 귀하의 사업과 관련하여 지출한 것이 명백한 경우 필요경비에 산입할 수 있을 것으로 판단됨.

(국세상담센터 인터넷상담 2024.8.23)

[제목] 청년 소득공제 펀드 소득공제는 그냥 그해 아무 때나 넣어도 인정해주나요?

[문의] 연말정산시 청년소득공제펀드에 한도 600만원에 240만원을 소득공제 해주는 걸로 알고 있는데 이거 언제 넣든 상관없이 그해에만 집어넣으면 인정해주나요? 그러니깐 12월 31일에 600만원을 한번에 넣어도 600만원 전부 인정해주나요? 소득공제 받고 빼려는 의도는 아니고 어차피 다 차감되니 시장을 좀 보면서 펀드에 투자하고 싶은데 확신이 안서서요....아님 기간이 따로 있다면 알려 주세요.

[답변] 청년형 장기집합투자증권저축에 대한 소득공제는 청년이 청년형 장기집합투자증권저축에 2024년 12월 31일까지 가입하는 경우 계약기간 동안 각 과세기간에 납입한 금액의 100분의 40에 해당하는 금액을 해당 과세기간의 종합소득금액에서 공제하는 것으로 적립식 저축으로서 1인당 납입금액이 연 600만원(해당 거주자가 가입한 모든 청년형장기집합투자증권저축의 합계액을 말한다) 이내일 것이라는 요건 외 월납 규정은 없는 것으로 보아 한 번에 600만원을 납입한 경우에도 공제 적용이 가능할 것으로 사료됨(조특법 제91조의 20).

다만, 귀 질의와 관련하여 현재 동일한 유권해석 사례가 없어 상담원의 견해로 답변드린 점 양해말씀 드리며 국세상담센터는 유권해석 권한이 없으므로 상담원과 다른 의견이 있으시거나 국세청 유권해석이 필요하신 경우에는 아래의 방법에 의하여 유권해석을 신청하시기 바람.

* 유권해석을 신청하시고자 할 경우에는 구체적인 사실관계를 기재하여 정식의 민원절차에 따라 국세청 홈택스→상담·불복·고충·제보·기타→세법해석 신청→(서면질의/사전답변) 통해 신청가능함. 아울러 국세상담센터에서는 현행 세법령 및 관련 기존 예규 등에 의하여 답변드릴 수밖에 없는 점 양해하여 주시기 바람.

(국세상담센터 인터넷상담 2024.8.22)

[제목] 기타소득원천징수

[문의] 해당사업장은 주무관청의 허가를 받아 만해축전을 행사를 운영하고 있으며 여러 대상자를 선정하여 평화대상을 시상하고 있으며 올해는 르완다대통령이 선정되었음. 르완다는 조세협정이 없는 국가라 원천징수를 해야 하는데
이 경우는 필요경비 80% 공제후 20%를 징수해야 할까요? 아니면 필요경비 0% 총상금액에서 바로 20%을 징수해야 할까요?

[답변] 비거주자에게 지급하는 상금이 소득세법 제12조에 따른 비과세 기타소득에 해당하지 아니한 경우로서, 「공익법인의 설립·운영에 관한 법률」의 적용을 받는 공익법인이 주문관청의 승인을 받아 시상하는 상금에 해당한다면,
소득세법 제126조 제1항 및 같은 법 시행령 제183조 제4항에 따라, 비거주자가 지급받은 금액의 100분의 80에 상당하는 금액을 필요경비로 공제 후 소득세법 제156조 제1항 제8호에 따른 세율(20%, 지방소득세 2% 별도)을 적용하여 원천징수함.

(국세상담센터 인터넷상담 2024.8.19)

[제목] 일반과세자 사업자등록

[문의] 숙박업을 하던 곳을 고쳐서 음식업을 하려고 하는데 기존 숙박업 사업자가 폐업을 않고 휴업 중임. 그곳에 신규 사업자가 음식업 사업자 등록을 할수 없나요? 기존 숙박업 사업자는 임대기간이 종료되었고, 신규 사업자로 임대차 계약을 했음.

[답변] 휴업이란 일시적으로 주된 영업활동을 정지하였으나 장래 영업활동을 재개하고자 하는 의사를 가지고 영업시설의 유지관리, 개량등을 행하는 상태인 것으로, 문의사례에 있어 부동산임대차 계약기간이 만료되었으며, 임차인으로부터 임대한 부동산을 반환받은 상태인지를 확인하여 사실판단할 사항으로
상담원의 개인적인 견해로는 기존 임차인이 현재 소재지에서 사업을 영위하고 있지 아니한 경우라면, 관할세무서 부가가치세과 업무담당자와 상담하시어 세적정비가 먼저 또는 새로운 사업자의 등록신청과 동시에 이루어져야 할 것으로 사료됨.

(국세상담센터 인터넷상담 2024.8.19)

[제목] 대손상각공제

[문의] 1. 법원판결에 의해 확정된 채권의 경우 소멸시효가 10년이지만, 소멸시효 완성일 이전에 대손금으로 확정된 경우에는 당해 대손이 확정된 날이 속하는 사업연도를 기준하여 대손상각공제를 할 수 있는지
2. 적법하게 대손상각공제 후 대손상각금액 만큼 소득세 산출시 수입금액에서 제외할

수 있는지

[답변] 판결에 의해 확정된 채권의 소멸시효는 민법 제165조에 따라 10년으로 규정되어 있음. 다만, 아래 해석사례에 따르면 해당 소멸시효 기간내에 대손금이 확정되는 경우 확정된 날이 속하는 사업연도에 대손금으로 손금산입 할 수 있다고 하고 있으므로 소멸시효 이외의 다른 대손금으로 확정되는 사유가 발생하는 경우 10년 이내에 라도 대손금으로 확정되는 경우 대손처리 할 수 있을 것으로 사료됨. 부가가치세법 시행령 제87조 제1항에서는 법인세법 시행령 제19조의2 제1항에 따른 대손금으로 인정하는 경우 등을 말하고 있으므로 법인세법상 대손금에 해당하면 대손세액 공제도 가능할 것으로 사료됨.

(국세상담센터 인터넷상담 2024.8.20)

[제목] (비사업자) 매입자발행세금계산서

[문의] 단체(A)는 국고보조사업을 수행하고 있으며 국고보조금 집행시 적격증빙 수취와 관련하여 거래업체(B)가 사업자등록이 되어있음에도 (임대업) 전자세금계산서 발행을 거부하는 경우에 매입자발행세금계산서를 신청하고자 함. 그런데 단체(A)는 고유번호증 단체이고 사업자등록이 되어있지 않음. 이 경우에도 매입자발행세금계산서 신청이 가능한지요? 법문에는 "재화나 용역을 공급받는 자"로 되어있음.

[답변] 귀 문의의 경우, 공급자가 사업자로서 부가가치세가 과세되는 재화 또는 용역을 공급한 경우라면, 공급 받는자가 사업자가 아닌 경우라 하더라도 세금계산서를 발급하여야 하는 것임. 귀 사례의 공급 받는자가 고유번호증 단체의 경우라도 부가가치세가 과세되는 부동산임대용역을 공급받는 경우라면 세금계산서를 수취하여야 하는 것임. 따라서 공급자가 세금계산서 발급을 거부하는 경우 공급받는 자가 홈택스 또는 세무서에 방문해서 [거래사실 확인] 신청, [매입자 발행 세금계산서]를 발급 할 수 있는 것임.

(국세상담센터 인터넷상담 2024.8.23)

[제목] 매매차익 예정신고시 필요경비 인정여부

[문의] 아파트 등 주거 용 부동산을 경매. 공 매 등을 통하여 취득한 이후에 명도하고 수리를 하여 매각하는 부동산 매매 사업자인데, 매매차익예정신고시 매매 차익 계산 명세서에 필요경비 항목에서

(1) 취득관련 자금을 금융기관 대출금으로 조달하였다면 취득 후 보유 기간에 대한 이자비용을 필요경비 항목의 〈15〉 건설자금 충당이자에 포함하여 필요경비로 인정받을 수 있는지 (2) 공실인 상태에서 아파트 보유기간 중에 발생한 아파트 관리비를

⟨16⟩ 공과금에 계산하여 필요경비로 인정받을 수 있는지

[답변] 취득이후 보유기간에 대한 이자 및 아파트관리비는 종합소득세 신고시 당해연도 필요경비로서 산입이 가능할 것이나, 매매차익 예정신고시 필요경비(취득가액, 자본적 지출액, 양도비, 건설자금충당이자, 공과금)에는 해당하지 않을 것으로 판단됨.
참고로 부동산매매업자의 경우 토지 등 매매차익예정신고를 하였더라도 다음연도 5월 종합소득세 신고시 이를 포함하여 소득금액 및 소득세를 다시 계산하여야 하며 토지 등 매매차익예정신고시 납부한 소득세는 기납부세액으로서 공제가 가능함.

(국세상담센터 인터넷상담 2024.8.27)

[제목] 국내 거래소에 상장된 ETF 매매차익에 대한 원천징수 대상여부

[문의] 당사는 내국법인으로 보험업을 영위하는 보험회사(금융법인)인데 이번에 국내 거래소에 상장된 ETF(국내주식형이 아닌 기타 ETF로 과세대상)를 매수 및 매도하여 매매차익이 발생하였고, 증권사는 해당 매매차익에 대하여 법인세(배당소득)를 원천징수하고 당사에 지급하였음. 궁금한 것은 당사가 일반법인이 아니라 금융법인임에도 해당 매매차익(배당소득)이 법인세법상 원천징수 대상인지

[답변] 내국법인에게 원천징수대상 소득을 지급하는 자는 법인세법 제73조에 따라 원천징수 의무가 있는 것이며, 특정 금융회사 등에게 지급하는 이자소득은 법인세법 시행령 제111조 제1항에 따라 원천징수의무가 면제되는 것으로서,
보험회사의 경우 원천징수의무가 면제되는 금융회사에 포함될 것으로 판단됨.

(국세상담센터 인터넷상담 2024.8.14)

[제목] 경차유류세 환급제도

[문의] 경차유류세 환급제도에 소유주 등본상 세대원을 포함하여 경차 1대가 지원되는 것으로 알고 있으며, 현재 이사 후 전입신고를 완료하고 세대주는 준준형승용차를 1대 소유하고 있고, 세대원(동거인)이 경형승용차 1대를 소유하고 있음. 주민등록상 동거가족이 아닌 동거인으로 되어있는데 동거인은 지원대상이 되는지 궁금함. 또한, 세대주 및 세대주의 배우자, 세대주의 직계존비속이 아닌 동거인 등으로 등본 상에 등록되어 있을 경우에도 각각 경형승용차 1대를 보유하게 되더라도 환급 대상이 되나요?

[답변] 경차 유류사용금액 환급 대상은 ① 경형승용차 1대만 소유한 경우, ② 경형승합차 1대만 소유한 경우, ③ 경형승용차와 경형승합차 각각 1대씩만 소유한 경우(각각 가능)이며, 장애인 또는 국가유공자 유류비 지원을 받고 있는 경우는 제외되는 것임.
소유자 및 그의 주민등록표상 동거가족이 소유한 경형 승용자동차 수의 합계를 기준

으로 판단하는 것으로, 주민등록표 기준으로 판단하되 가족이 아닌 동거인(타인)은 주민등록이 같이 되어 있더라도 분리하여 판단하는 것이므로,
상담원의 견해로는 귀 사례의 경우에는 동거인별로 경차 유류사용금액 환급 대상을 판단하시어 위의 기준에 해당하는 경우에는 경차 유류사용금액 환급 가능할 것으로 사료됨.

(국세상담센터 인터넷상담 2024.8.13)

〔제목〕 퇴직소득 지급명세서 제출

〔질문〕 (1) 2023-12-31까지 근무하고 퇴직하여 2024-01 중 퇴직소득이 발생한 경우, 지급명세서와 원천징수이행상황신고서 제출 시기 문의
원천징수이행상황신고서는 귀속월 12월, 지급월 1월로 제출하여 납부하고, 지급명세서는 귀속연도 2023년 기준으로 제출하는 것이 맞는지요?

(2) 2024년 귀속 퇴직소득 지급명세서 제출 가능 시기 문의
폐업 사업장이 아닌데 중도퇴사자의 지급명세서를 수시제출 할 수 있는지요?
그 시기는 퇴직소득이 발생한 월마다 수시로 제출이 가능한지요?

(3) 퇴직소득 지급명세서 제출 방법 문의
중도퇴사자의 지급명세서를 연간합산제출이 아니라 수시제출 하려고 합니다.
국세청 홈페이지에서 다운 받은 양식을 작성하여 인쇄한 후, 위 제출 가능 시기 내 관할 세무서에 우편(등기) 제출해도 되는지요?

〔답변〕 (1) 네, 그렇습니다. 귀 질의의 경우 퇴직소득의 귀속시기는 '퇴직한 날'이므로, 23.12.31.퇴사하고 24. 1월 소득을 지급한 경우 귀속월 12월, 지급월 1월로 2023년 퇴직소득지급명세서에 반영하여 제출하는 것으로 사료됨.

(2) 네, 그렇습니다. 다만, 2024년 8월 말경에 2024년에 대한 퇴직소득 지급명세서 수시제출이 개통될 예정임. 현재 홈택스를 통해 2024년에 대한 퇴직소득지급명세서 수시제출이 불가능하오니 2024년 8월 말경에 다시 이용해 주시면 감사하겠음.

(3) 네, 그렇습니다. 만약 홈택스 수시제출가능일(24.8월 말경) 전에 지급명세서를 제출하고자 한다면 관할 세무서로 우편접수하셔도 되는 것임.

(국세상담센터 인터넷상담 2024.08.16.)

제4절 세법해석 신청

1. 국세청 세법해석 신청

국세청 훈령	국세청 법령사무처리규정

1. 국세청 세법해석신청 제도

국세청 세법해석 신청

Ⅰ. 세법해석에 관한 질의회신
1. 「서면질의」 신청
2. 「세법해석 사전답변」 신청
3. 「과세기준자문」 신청
4. 「불복사건 법령해석자문」 신청

Ⅱ. 국세법령해석심의위원회
1. 구성
2. 심의사항

Ⅲ. 국세법령정보시스템 구축·관리

〈표13〉 국세청 세법해석 신청 제도 (요약)

제 도	내 용
Ⅰ.「세법해석에 관한 질의」 회신	
1.「서면질의」 신청	
신청대상 (규정 §2, 9호)	■ <u>민원인</u>이 세법 또는 국세청 고시의 해석과 관련된 일반적 사항에 대하여 <u>국세청장에게 서면(팩스)으로 질의</u>하는 것
신청제외 (규정 §14-2)	■ 민원인 본인과 관련 없는 질의 ■ 세법해석과 무관한 사실판단 사항에 관한 질의 ■ 조세의 탈루 또는 회피 목적의 질의 등
소관부서 (규정 §14-4)	■ 국세청 세목담당 주무국장이 접수·처리

제 도	내 용
신청서 반려서 (규정 §14-9)	▪ 다음 질의는 신청서를 반려할 수 있음 · 제14조의2 각 호에 해당하여 신청대상에서 제외되는 경우 · 제14조의6에 따른 보완요구에 대해 보완하지 아니한 경우 · 신청하는 자가 제14조 제1항 각 호에 해당하여 민원인에 해당하지 않는 경우 · 과세예고 통지, 세무조사결과 통지, 경정청구 결과통지 및 납세고지서와 관련된 사항을 질의하는 경우 · 「국세기본법」 제55조에 따른 불복이 진행 중이거나 같은 법제81조의15에 따른 과세전적부심사가 진행 중인 사항을 질의하는 경우 · 민원인이 소송당사자로서 진행 중인 소송에 관한 사항을 질의하는 경우 · 세법해석 사전답변 신청을 한 사항을 질의한 경우
의견진술 (규정 §14-7)	▪ 주무국장은 민원인에게 의견진술 기회부여할 수 있음.
서면질의 이송 및 처리 (규정 §15)	▪ 주무국장은 다음 질의내용은 징세법무국장(법규과장)에게 14일이내 이송 · 기존의 세법해석이 없어 새로운 해석이 필요한 경우 · 기존의 세법해석이 대법원판례, 심사·심판결정례 등과 다르거나 현저히 불합리하여 변경이 필요한 경우 · 그밖에 국세행정 집행이나 납세자의 권리와 의무의 이행에 중대한 영향을 미치는 경우 ▪ 징세법무국장(법규과장)은 직접처리하고 중요사항은 기획재정부장관에게 세법해석 요청
처리결과통지 (규정 §15-2)	▪ 주무국장 또는 징세법무국장(법규과장)은 서면질의의 처리 종결시 민원인에게 서면결과통지
회신내용 공개 (규정 §15-3)	▪ 주무국장 또는 징세법무국장(법규과장)은 서면질의의 처리 종결한 때 그 결과를 국세법령정보시스템을 통해 공개

2. 「세법해석 사전답변」 신청

제 도	내 용
신청인 (규정 §16)	▪ 사업자등록을 한 자 중 특정한 거래와 직접 관련 있는 자, 장래에 개시될 거래로 납세의무를 부담할 자 등 ▪ 비사업자 · "특정한 거래" : 이미 개시되었거나 가까운 장래에 개시될 것이 객관적인 증명서류에 의해 명확히 확인되는 거래

제 도	내 용
신청대상 (규정 §18)	■ 신청인의 특정한 거래에 대한 세법해석
신청제외 (규정 §18 단서)	■ 신청제외 대상 · 신청인에 대한 세법적용과 관련 없는 질의 · 가정의 사실관계에 기초한 질의 · 사실판단사항에 해당하는 질의 · 신청에 관련된 거래 등이 법령 등에 저촉되거나 저촉될 우려가 있는 질의 · 신청인이나 신청에 관련된 거래 등의 관계자가 조세조약에 있어서 명확한 정보교환협정이 없는 경우 등 국세청의 정보수집이나 사실확인이 곤란한 국가나 지역의 거주자가 신청하는 질의 · 일련의 조합된 거래 등의 일부만을 신청한 질의 · 조세의 회피 또는 탈루 목적의 신청에 해당하는 질의 등
신청 및 접수 (규정 §19)	■ 징세법무국장(법규과장)이 접수 ■ 신청인이 사전답변 신청서에 다음사항을 기재하여 「세법해석 사전답변 신청대상 검토표(별지 제4호의2 서식)」와 함께 제출 · 인적사항, 구체적인 사실관계, 세법해석 신청내용 · 관련법령 및 유사한 사안에 대한 세법해석 사례, 판례 등 · 신청인의 의견
신청방법 (규정 §19②)	■ 우편, 전자(홈택스) 또는 직접방문
신속처리신청 (규정 §19-2①)	■ 사업상 긴급한 사정이 있는 경우 신속처리신청 · 통제 불가능한 외부적 요인에 따른 심각한 사업상 결과를 피하기 위하여 특정기한까지 세법해석 사전답변을 받을 필요가 있는 경우 · 법원 또는 정부기관과의 거래의 종결을 위하여 특정기한까지 세법해석 사전답변을 받을 필요가 있는 경우 · 사업상 긴급한 사정(적대적 기업인수 등)을 피하기 위하여 거래가 신속하게 종결될 필요가 있는 경우
신속처리신청제외대상 (규정 §19-2②)	· 특정한 거래와 관련하여 이사회 또는 주주총회가 예정된 경우 · 특정한 거래와 관련하여 향후 상장주식의 시가 변동 등 영향이 예정된 경우 · 기타 이와 유사한 경우로서 사업상 긴급한 사정을 인정할 수 없는 경우

제 도	내 용
신청기한 (규정 §20)	■ 법정신고기한 전까지 ■ 원천징수하는 소득세 및 법인세 : 납부기한 전까지 ■ 종합부동산세 : 납부기간 개시일의 전일까지
진행상황의 통지 (규정 §20-2)	■ 접수일로부터 3개월 이내에 처리하지 못한 경우에는 신청인에게 처리진행 상황 통지
의견진술 (규정 §22)	■ 신청한 납세자에게 의견진술의 기회를 부여할 수 있음
기획재정부장관 에 해석요청 (규정 §23-3)	■ 중요사항(15조 제5항 각호)은 기획재정부장관에게 해석요청
답변통지 (규정 §24)	■ 서면으로 납세자에게 토지
구속력 (규정 §25)	■ 지방국세청장 또는 세무서장은 답변에 따라야 함
답변내용 공 개 (규정 §26)	■ 답변내용은 국세법령정보시스템을 통해 공개

3. 「과세기준자문」신청

제 도	내 용
신청기관 (규정 §27)	■ 지방국세청장·세무서장 및 주무국장은 세법령의 해석과 관련된 사항에 대하여 징세법무국장(법규과장)에게 과세기준자문을 신청
신청대상 (규정 §27)	■ 부과·징수과정에서 납세자와 이견이 있거나 단독으로 판단하기 곤란한 세법해석 사항
신청제외 대 상 (규정 §27 단서)	■ 신청제외 대상 · 정립된 판례나 기존의 세법해석사례가 있는 경우 · 정립된 판례나 기존의 세법해석사례가 있는 경우 · 구체적인 사실판단에 관한 사항인 경우 · 감사원, 본·지방청 감사관실의 처분요구에 관한 사항인 경우

제 도	내 용
	· 불복이 진행 중이거나 과세전적부심사가 진행 중인 사항 · 소송이 진행 중인 사항인 경우 · 상호합의절차가 개시된 사항을 질의한 경우 · 가정의 사실관계를 기초로 하여 질의한 경우 · 세법해석과 관련없는 사항을 질의한 경우 · 국세부과 제척기간의 만료일까지의 기한이 3월 이하인 경우
신청 및 접수 (규정 §27-3)	■「과세기준자문 신청서(별지 제9호 서식)」과 신청대상 검토표(별지 제9호의2 서식)」를 <u>징세법무국장(법무과장)에게 제출</u> ■ 납세자의 이견이 있는 때에는「납세자 의견서(별지 제9호의3 서식)」를 반드시 제출 ■ 신청기관이 지방국세청장·주무국장인 경우에는 해당 주무국장의 결재를 받고, 세무서장인 경우에는 세무서장의 결재를 받아 신청 ■ 세무조사의 중지기간 중에는 신청할 수 없음
신청기한 (규정 §27-4)	■ 지방국세청장·세무서장이 신청하는 경우 세무조사결과통지, 경정청구 결과통지 또는 과세예고통지 전까지 신청
기획재정부 장관에 해석요청 (규정 §24-4)	■ 중요사항(§15-4)은 기획재정부장관에게 <u>세법해석을 요청</u>
결과통지 (규정 §28-5)	■ 처리결과를 신청기관에 서면으로 통지

4.「불복사건 법령해석자문」신청

신청기관 (규정 §29)	■ <u>불복사건 법령해석자문</u> · <u>세무서장(납세자보호담당관)</u>은 세법령의 해석과 관련된 사항을 징세법무국장(법규과장)에게「불복사건 법령해석자문」을 신청 · 불복사건 법령해석자문 신청서(별지 제9호의5 서식)」로 하며 <u>해당 세무서장의 결재를 받아 신청</u> · 신청서는 <u>징세법무국장(법규과장)이 접수·처리</u>
신청기한 (규정 §29-4)	■ 세무서장이 불복사건 법령해석자문을 신청하는 경우 <u>불복결정기한 전까지</u> 신청

제 도	내 용
처리기한 (규정 §29-5)	■ 징세법무국장(법규과장)은 신청서 접수일로부터 15일 이내에 회신
신청대상 (규정 §29-2)	■ <u>이의신청</u> 또는 <u>과세전적부심사청구</u> 사건 심리과정에서 납세자와 이견이 있거나 단독으로 판단하기 곤란한 세법해석 사항
신청제외 대상 (규정 §29-2 단서)	■ 신청제외 대상 · 세무조사 또는 과세자료 처리과정에서 과세기준자문을 거친 경우 · 정립된 판례나 기존의 세법해석사례가 있는 경우 · 사실판단에 관한 사항인 경우 · 감사원, 본·지방청 감사관실의 처분요구에 관한 사항인 경우 · 동일쟁점으로 소송이 진행 중인 사항인 경우 · 상호합의절차가 개시된 사항을 질의한 경우 · 세법해석과 관련 없는 사항을 질의한 경우 · 본청 신고내용 확인·기획분석 등 시달분 및 지방청 세무조사분에 관한 사항인 경우
처리절차 (규정 §29-6)	■ 보완요구, 신청 취하, 신청서의 반려, 처리결과 통지 등의 처리절차는 제28조부터 제28조의5에 준하여 처리

Ⅱ. 국세법령해석심의위원회

제 도	내 용
구성 (규정 §30)	■ 위원장 : 국세청 차장 ■ 위원 : 내부위원 및 외부위원 · 내부위원 : 납세자보호관, 국제조세관리관, 징세법무국장, 개인납세국장, 법인납세국장, 자산과세국장, 복지세정관리단장 · 외부위원 : 국세청장이 위촉 (변호사, 공인회계사, 세무사 직에 5년 이상 재직, 부교수 이상의 직에 있거나 있었던 사람 기획재정부, 법제처, 국세청, 조세심판원의 4급 이상 또는 이에 상당하는 공무원으로 있었던 사람 · 간사 : 법규과장
심의 사항 (규정 §31)	· 기존의 세법해석이 없어 새로운 세법해석이 필요한 사항 · 기존의 세법해석이 대법원 판례, 심판결정례 등과 다르거나·현저히 불합리하여 변경이 필요한 사항 · 국세행정에 미치는 영향이 중대한 사항

제 도	내 용
	· 그밖에 위원장이 필요하다고 인정하여 상정하는 사항 * 위 심의를 거친 사항으로서 국세행정업무를 집행하기에 불합리하다고 인정되는 경우에는 재심의 할 수 있음

Ⅲ. 국세법령정보시스템

제 도	내 용
구축·관리 (규정 §34)	■ 징세법무국장(법규과장) : 제정·개정 또는 폐지된 법령의 현황을 파악하여 수집, 국세법령정보시스템에 수록 ■ 주무국장 : 제정·개정 또는 폐지한 훈령·고시, 업무지침, 발간책자 등의 자료를 징세법무국장(법규과장)에게 통보하고, 징세법무국장(법규과장)은 이를 즉시 국세법령정보시스템에 수록 ■ 세법해석사례는 다음과 국세법령정보시스템에 수록 · 징세법무국장(법규과장)은 세법해석 사전답변, 서면질의 또는 과세기준자문회신, 기획재정부장관의 세법해석 회신문을 접수한 때에는 즉시 국세법령정보시스템에 수록 · 주무국장이 세법해석에 관한 질의회신을 국세법령정보시스템에 등록하고, 징세법무국장(법규과장)은 이를수록 · 심사청구, 과세전적부심사청구, 심판청구결정서, 법원판결문은 국세법령정보시스템에 수록 · 기본통칙과 세법집행기준을 제정 또는 개정한 경우에는 제정 또는 개정한 기본통칙과 세법집행기준의 전문을 국세법령정보시스템에 수록 · 조세조약 체결·개정 또는 폐지시 조세조약 내용을 국세법령정보시스템에 수록

2. 국세청 법령사무처리규정 (국세청 훈령)

국세청 법령사무처리규정(발췌)
(국세청 훈령)
제2조(정의)이 규정에서 사용하는 용어의 정의는 다음과 같다.
   6. "**세법해석**"이란 세법령의 입법배경 및 취지 등을 체계적으로 이해하고 이를 바탕으로 세법령을 구성하는 문장의 의미나 내용을 명확히 하는 행정해석을 말한다.

7. "세법해석사례"란 세법해석 질의에 대한 회신문과 질의내용을 사례별로 정리하여 누적 관리하는 정보를 말한다.
8. "기본통칙"이란 각 세법의 해석 및 집행기준을 법조문 형식으로 체계화하여 기획재정부장관의 승인을 얻은 것을 말한다.
9. "서면질의"란 민원인이 세법 또는 국세청 고시의 해석과 관련된 일반적 사항에 대하여 국세청장에게 서면(팩스에 의한 것을 포함한다)으로 질의하는 것을 말한다.
10. "세법해석 사전답변"이란 신청인이 본인의 특정한 거래 또는 행위에 관한 세법해석과 관련하여 실명과 구체적인 사실관계 등을 기재한 신청서를 법정신고기한 전에 제출하는 경우 국세청장이 명확히 답변하는 것을 말한다.
11. "과세기준자문"이란 지방국세청장·세무서장 및 주무국장이 납세자와 이견이 있거나 단독으로 판단하기 곤란한 세법해석 사항에 대하여 과세 전에 국세청장에게 자문을 하는 것을 말한다.
12. "불복사건 법령해석자문"이란 세무서장(납세자보호담당관)이 이의신청 또는 과세전적부심사청구에 대한 심리과정에서 세법해석이 필요한 경우 국세청장에게 자문을 하는 것을 말한다.

제3장 세법해석에 관한 질의회신

제2절 서면질의

제14조(민원인) ① 서면질의는 「민원처리에 관한 법률」제2조 제2호에 따른 "민원인"(금융상품의 경우에는 금융회사와 별표1의 금융단체가 공동으로 신청하는 경우를 포함하며, 이하 이 절에서 "민원인"이라 한다)과 그 대리인이 신청할 수 있다.

제14조의2(신청대상) 서면질의는 세법 또는 국세청 고시의 해석과 관련된 일반적 사항을 신청대상으로 한다. 다만, 다음 각 호의 어느 하나에 해당하는 경우에는 신청대상에서 제외한다.
 1. 민원인 본인과 관련 없는 질의
 2. 세법해석과 무관한 사실판단 사항에 관한 질의
 3. 조세의 탈루 또는 회피 목적의 질의
 4. 사실관계를 왜곡하거나 중요한 사항을 고의로 누락한 질의
 5. 세원관리 또는 조사관리 등과 관련된 업무처리절차나 기준을 규정한 훈령·지침 등과 관련된 질의

제14조의3(신청) ① 서면질의는 문서로 신청하여야 한다. 이 경우 문서는 인적사항 및 질의내용을 기재할 수 있도록 한 신청서로 한다.

② 민원인은 제1항의 신청서를 우편, 팩스, 전자(홈택스) 또는 직접방문의 방법으로 제출할 수 있다.

제14조의4(주무국 접수 및 처리) ① 민원인이 신청한 서면질의는 해당 세목을 담당하는 주무국장이 접수·처리 한다.

제14조의5(처리진행상황의 통지) 주무국장이 서면질의를 처리함에 있어 접수일로부터 3개월 이내에 처리하지 못한 경우에는 민원인에게 처리진행상황을 통지하여야 한다.

제14조의6(보완 요구) ① 주무국장은 접수한 서면질의 신청서 내용이 다음 각 호의 사유에 해당하는 경우 14일 이내의 기간을 정하여 보완을 요구하여야 한다.
1. 신청내용의 사실관계 및 쟁점이 불분명한 경우
2. 신청서의 필수기재사항(민원인, 대리인, 신청내용, 서명)이 누락되거나 불분명한 경우
3. 첨부서류의 불충분 등 기타 보완이 필요한 경우
② 주무국장은 보완요구서가 2회에 걸쳐 반송된 경우 민원인이 민원신청을 취하한 것으로 보아 처리를 종결할 수 있다.

제14조의7(의견진술) ① 주무국장은 서면질의 신청을 한 민원인에게 의견진술의 기회를 부여할 수 있다.

제15조(서면질의 이송 및 처리) ① 주무국장은 민원인의 세법해석과 관련된 서면질의 내용이 다음 각 호의 어느 하나에 해당하는 경우에는 징세법무국장(법규과장)에게 「서면질의 검토서(별지 제3호 서식)」를 서면질의 신청서 원본과 함께 이송하여야 한다.
1. 기존의 세법해석이 없어 새로운 해석이 필요한 경우
2. 기존의 세법해석이 대법원판례, 심사·심판결정례 등과 다르거나 현저히 불합리하여 변경이 필요한 경우
3. 그 밖에 국세행정 집행이나 납세자의 권리와 의무의 이행에 중대한 영향을 미치는 경우
② 제1항에 따른 이송은 접수일로부터 14일 이내에 하여야 한다. 다만, 사실관계가 복잡하여 확인에 상당한 기간이 필요한 경우 등 부득이한 사유가 있는 때에는 이송기간을 연장할 수 있다.
⑤ 징세법무국장(법규과장)이 처리하는 업무에 대하여 제1항에 따라 주무국장으로부터 이송된 서면질의 사항이 다음 각 호의 어느 하나에 해당하는 경우에는 기획재정부장관에게 세법해석을 요청하여야 한다.
1. 세법의 입법취지에 따른 해석이 필요한 사항
2. 기존의 세법해석 또는 일반화된 국세행정의 관행을 변경하는 사항
3. 그 밖에 납세자의 권리와 의무에 중대한 영향을 미치는 사항
⑥ 징세법무국장(법규과장)은 제5항에 따라 기획재정부에 세법해석을 요청한 경우 민원인에게 처리기간의 연장사유(세법해석 요청사유)를 서면으로 통지하여야 한다.
⑦ 징세법무국장(법규과장)은 제5항의 요청에 따라 회신받은 기획재정부장관의 해석이 국세행정의 관행에 비추어 집행이 불가능하거나 그 밖의 사유로 인하여 이를 시행함으로써 국

세행정에 많은 혼란이 예상되는 경우에는 그 이유를 붙여 재해석을 요청할 수 있다.

제15조의2(처리결과의 통지) ① 주무국장 또는 징세법무국장(법규과장)은 서면질의의 처리를 종결한 때에는 그 결과를 민원인에게 서면으로 통지하여야 한다.

② 징세법무국장(법규과장)은 제1항에 따라 민원인에게 통지하는 경우에는 통지하기 전에 주무국장과 협의할 수 있다.

제15조의3(회신내용의 공개) 주무국장 또는 징세법무국장(법규과장)은 서면질의의 처리를 종결한 때에는 그 결과를 국세법령정보시스템을 통해 공개하여야 한다.

제3절 세법해석 사전답변

제16조(신청인) ① 다음 각 호의 어느 하나에 해당하는 자 중 특정한 거래와 직접 관련 있는 자(장래에 개시될 거래로 납세의무를 부담할 자, 금융상품의 경우에는 금융회사와 별표1의 금융단체가 공동으로 신청하는 경우를 포함하며, 이하 이 절에서 "신청인"이라 한다)는 세법해석 사전답변신청을 할 수 있다.

1. 「부가가치세법」 제8조에 따라 사업자등록을 한 자
2. 「소득세법」 제168조에 따라 사업자등록을 한 자
3. 「법인세법」 제111조에 따라 사업자등록을 한 자
4. 국내사업장이 없는 비거주자 및 외국법인
5. 제1호부터 제4호까지에 해당하는 자 이외의 비사업자

② 제1항에서 "특정한 거래"란 이미 개시되었거나 가까운 장래에 개시될 것이 객관적인 증명서류에 의해 명확히 확인되는 거래(금융상품의 경우에는 개발단계에서 금융감독원에 제출된 금융상품을 포함한다)를 말한다.

제18조(신청대상) 신청인의 특정한 거래에 대한 세법해석을 신청대상으로 한다. 다만, 신청 내용이 다음 각 호의 어느 하나에 해당하는 경우에는 신청대상에서 제외한다.

1. 신청인에 대한 세법적용과 관련 없는 질의
2. 가정의 사실관계에 기초한 질의
3. 사실판단사항에 해당하는 질의
4. 신청에 관련된 거래 등이 법령 등에 저촉되거나 저촉될 우려가 있는 질의
5. 신청인이나 신청에 관련된 거래 등의 관계자가 조세조약에 있어서 명확한 정보교환협정이 없는 경우 등 국세청의 정보수집이나 사실확인이 곤란한 국가나 지역의 거주자가 신청하는 질의
6. 일련의 조합된 거래 등의 일부만을 신청한 질의
7. 조세의 회피 또는 탈루 목적의 신청에 해당하는 질의
8. 「국제조세조정에 관한 법률」 제22조에 따른 상호합의절차가 개시된 사항을 질의한 경우(신청인에 관한 개별적이고 구체적인 사안에 한정)

제19조(신청 및 접수) ① 신청인이 <u>사전답변 신청서</u>에 다음 각 호의 사항을 기재하여 「세법해석 사전답변 신청대상 검토표(별지 제4호의2 서식)」와 함께 제출하는 경우 <u>징세법무국장(법규과장)이 접수</u>한다.
  1. 신청인의 인적사항
  2. 세법해석에 필요한 구체적인 사실관계
  3. 세법해석 신청내용
  4. 관련법령 및 유사한 사안에 대한 세법해석 사례, 판례 등
  5. 신청인의 의견
② <u>신청인은 제1항의 신청서를 우편, 전자(홈택스) 또는 직접방문의 방법으로 제출할 수 있다.</u>

제19조의2(신속한 처리 신청) ① 신청인이 제19조에 따른 사전답변 신청서 등을 제출함에 있어 다음 각 호의 하나에 해당하는 <u>사업상 긴급한 사정이 있는 경우</u>에는 일반적인 처리순서에 우선하여 신속하게 처리해줄 것을 신청할 수 있다(이하 이 절에서 "<u>신속한 처리신청</u>"이라 한다).
  1. 통제 불가능한 외부적 요인에 따른 심각한 사업상 결과를 피하기 위하여 특정 기한까지 세법해석 사전답변을 받을 필요가 있는 경우
  2. 법원 또는 정부기관과의 거래의 종결을 위하여 특정 기한까지 세법해석 사전답변을 받을 필요가 있는 경우
  3. 사업상 긴급한 사정(적대적 기업인수 등)을 피하기 위하여 거래가 신속하게 종결될 필요가 있는 경우
② 제1항에 불구하고 신청인이 <u>다음 각 호의 하나에 해당하는 경우에는 신속한 처리 신청을 할 수 없다.</u>
  1. <u>특정한 거래와 관련하여 이사회 또는 주주총회가 예정된 경우</u>
  2. <u>특정한 거래와 관련하여 향후 상장주식의 시가 변동 등 영향이 예정된 경우</u>
  3. 기타 이와 유사한 경우로서 사업상 긴급한 사정을 인정할 수 없는 경우
③ 제1항에 따른 신속한 처리 신청을 하고자 하는 신청인은 「<u>세법해석 사전답변 신속 처리 요청서</u>(별지 제4호의3 서식)」(이하 이 절에서 "신속 처리 요청서"라 한다)를 서면으로 작성하여 사전답변 신청서와 함께 제출하여야 한다.
④ 제3항에 따른 신속 처리 요청서에는 <u>사업상 긴급한 사정을 확인할 수 있는 계약서 등 근거 서류를 첨부하여야 한다.</u>
⑤ 징세법무국장(법규과장)은 신속한 처리신청을 한 신청인의 사업상 긴급한 사정과 업무처리량을 고려하여 신속한 처리 여부를 판단할 수 있다.

제20조(신청기한) 신청은 <u>법정신고기한 전</u>까지 하여야 한다. 다만, 원천징수하는 소득세 및 법인세에 대한 신청은 「소득세법」 제128조 및 「법인세법」 제73조에 따른 납부기한 전까지 하여야 하며, 종합부동산세에 대한 신청은 「종합부동산세법」 제16조에 따른 납부기간 개시

일의 전일까지 하여야 한다.

제20조의2(처리진행상황의 통지) 징세법무국장(법규과장)이 사전답변 신청을 처리함에 있어 접수일로부터 3개월 이내에 처리하지 못한 경우에는 신청인에게 처리진행상황을 통지하여야 한다.

제22조(의견진술) ① 징세법무국장(법규과장)은 세법해석 사전답변 신청을 한 납세자에게 의견진술의 기회를 부여할 수 있다.

제23조의3(세법해석의 요청) ① 징세법무국장(법규과장)은 세법해석 사전 답변(이하 이 절에서 "답변"이라 한다) 사항이 제15조 제5항 각 호의 어느 하나에 해당하는 경우에는 기획재정부장관에게 세법해석을 요청하여야 한다.
② 징세법무국장(법규과장)은 제1항에 따라 기획재정부에 세법해석을 요청한 경우 신청인에게 처리기간의 연장사유(세법해석 요청사유)를 서면으로 통지하여야 한다.

제24조(답변의 통지) ① 징세법무국장(법규과장)은 신청에 대한 답변을 서면으로 하여야 한다.
② 제1항에 따른 답변은 「세법해석 사전답변 신청에 대한 답변서(별지 제6호 서식)」(이하 이 절에서 '답변서'라 한다)로 신청인에게 통지하여야 한다.

제25조(답변의 구속력) 신청인이 답변의 내용을 정당하게 신뢰하고 신청한 사실대로 특정한 거래 등을 이행한 경우에는 관할 지방국세청장 또는 세무서장은 해당 거래에 대하여 경정 또는 결정을 할 때에 그 답변내용에 따라야 한다.

제26조(답변내용의 공개) ① 징세법무국장(법규과장)은 제24조에 따라 신청인에게 통지한 답변내용을 국세법령정보시스템을 통해 공개하여야 한다. 이 경우 답변에 포함되어 있는 신청인의 인적사항 및 사업상의 비밀 등은 제외한다.
② 신청인이 제1항에 따른 공개에 대하여 연기를 하고자 하는 경우에는 제24조의 답변통지를 받은 날로부터 5일 이내에 「세법해석 사전답변 공개 연기신청서(별지 제7호 서식)」에 공개연기 사유 및 기간을 기재하여 징세법무국장(법규과장)에게 제출하여야 한다.
③ 징세법무국장(법규과장)은 제2항의 공개 연기신청이 있는 경우 그 사유가 타당하다고 인정되면 1년(1회에 한하여 6개월 연장 가능)이내의 기간을 정하여 공개를 연기할 수 있다.

제4절 과세기준자문

제27조(신청기관) 지방국세청장·세무서장 및 주무국장은 세법령의 해석과 관련된 사항에 대하여 징세법무국장(법규과장)에게 과세기준자문을 신청할 수 있다.

제27조의2(신청대상) 과세기준자문은 국세의 부과·징수과정에서 납세자와 이견이 있거나 단독으로 판단하기 곤란한 세법해석 사항을 대상으로 한다. 다만, 자문신청내용이 다음 각 호의 어느 하나에 해당하는 경우에는 자문신청대상에서 제외한다.
1. 정립된 판례나 기존의 세법해석사례가 있는 경우
2. 「과세사실판단자문사무처리규정」 제2조 제1항의 구체적인 사실판단에 관한 사항인 경우
3. 감사원, 본·지방청 감사관실의 처분요구에 관한 사항인 경우

4. 「국세기본법」 제55조에 따른 불복이 진행 중이거나 같은 법 제81조의15에 따른 과세전적부심사가 진행 중인 사항인 경우
5. 소송이 진행 중인 사항인 경우
6. 「국제조세조정에 관한 법률」 제22조에 따른 상호합의절차가 개시된 사항을 질의한 경우(신청인에 관한 개별적이고 구체적인 사안에 한정)
7. 가정의 사실관계를 기초로 하여 질의한 경우
8. 세법해석과 관련없는 사항을 질의한 경우
9. 국세부과 제척기간의 만료일까지의 기한이 3월 이하인 경우

제27조의3(신청 및 접수) ① 과세기준자문 신청은 「과세기준자문 신청서(별지 제9호 서식)」(이하 이 절에서 "자문신청서"라 한다)로 하며, 신청기관은「과세기준자문 신청대상 검토표(별지 제9호의2 서식)」를 작성하여 자문신청서와 함께 제출하여야 한다. 이 경우 자문신청 내용에 대하여 납세자의 이견이 있는 때에는 「납세자 의견서(별지 제9호의3 서식)」를 반드시 제출하여야 한다.
② 자문신청서는 징세법무국장(법규과장)이 접수·처리한다.
③ 과세기준자문 신청기관이 지방국세청장·주무국장인 경우에는 해당 주무국장의 결재를 받고, 세무서장인 경우에는 해당 세무서장의 결재를 받아 신청하여야 한다.
④ 「국세기본법」 제81조의8 제4항에 따른 세무조사의 중지기간 중에는 과세기준자문을 신청할 수 없다. 다만 납세자가 세무조사 중지 전 「과세기준자문 납세자 동의서」(별지 제9호의4 서식)를 작성하여 신청기관에게 제출하고, 신청기관이 납세자 의견을 충분히 포함한 자문 신청서를 제출한 경우에는 신청 가능하다.

제27조의4(신청기한) 방국세청장·세무서장이 과세기준자문을 신청하는 경우 세무조사결과통지, 경정청구 결과통지 또는 과세예고통지 전까지 신청하여야 한다.

제28조의4(세법해석의 요청) 징세법무국장(법규과장)은 과세기준자문 사항이 제15조 제5항 각 호의 어느 하나에 해당하는 경우에는 기획재정부장관에게 세법해석을 요청할 수 있다.

제28조의5(처리결과의 통지) 징세법무국장(법규과장)은 과세기준자문의 처리를 종결한 때에는 그 결과를 신청기관에 서면으로 통지하여야 한다.

제5절 불복사건 법령해석자문

제29조(신청기관)세무서장(납세자보호담당관)은 세법령의 해석과 관련된 사항에 대하여 징세법무국장(법규과장)에게 불복사건 법령해석자문을 신청할 수 있다.

제29조의2(신청대상) 불복사건 법령해석자문은 이의신청 또는 과세전적부심사청구 사건 심리과정에서 납세자와 이견이 있거나 단독으로 판단하기 곤란한 세법해석 사항을 대상으로 한다. 다만, 자문신청내용이 다음 각 호의 어느 하나에 해당하는 경우는 자문신청대상에서 제외한다.

1. 세무조사 또는 과세자료 처리과정에서 과세기준자문을 거친 경우
2. 정립된 판례나 기존의 세법해석사례가 있는 경우
3. 사실판단에 관한 사항인 경우
4. 감사원, 본·지방청 감사관실의 처분요구에 관한 사항인 경우
5. 동일쟁점으로 소송이 진행 중인 사항인 경우
6. 상호합의절차가 개시된 사항을 질의한 경우
7. 세법해석과 관련 없는 사항을 질의한 경우
8. 본청 신고내용 확인·기획분석 등 시달분 및 지방청 세무조사분에 관한 사항인 경우

제29조의3(신청 및 접수) ① 불복사건 법령해석자문 신청은 「불복사건 법령해석자문 신청서(별지 제9호의5 서식)」(이하 이 절에서 '신청서'라 한다)로 하며 해당 세무서장의 결재를 받아 신청하여야 한다.
② 신청서는 징세법무국장(법규과장)이 접수·처리한다.

제29조의4(신청기한) 세무서장이 불복사건 법령해석자문을 신청하는 경우 불복결정기한 전까지 신청하여야 한다.

제29조의5(처리기한) 신청서를 접수한 징세법무국장(법규과장)은 신청서 접수일로부터 15일 이내에 회신하여야 한다.

제29조의6(처리절차) 보완요구, 신청 취하, 신청서의 반려, 처리결과 통지 등의 처리절차는 제28조부터 제28조의5에 준하여 처리한다.

제6절 국세법령해석심의위원회
제30조(국세법령해석심의위원회 구성) ① 세법해석에 관한 사항을 심의하기 위하여 국세법령해석심의위원회(이하 이 절에서 "위원회"라 한다)를 둔다.
② 위원장은 국세청 차장이 되며, 위원은 다음 각 호의 사람이 된다.
 1. 내부위원 : 납세자보호관, 국제조세관리관, 징세법무국장, 개인납세국장, 법인납세국장, 자산과세국장, 복지세정관리단장
 2. 외부위원 : 다음 각 목에 해당하는 자 중 국세청장이 위촉하는 사람
  가. 변호사, 공인회계사, 세무사 직에 5년 이상 재직한 사람

3. 세법해석신청 회신·답변사례

(1) 서면질의

[질의] 1세대 1주택자(종전주택 보유)가 '21.5월 분양권을 취득하고 **분양권을 취득한 날로부터 3년이 지나 종전주택을 양도**하는 경우
신축주택이 완성된 후 3년 이내 신축주택으로 세대전원이 이사하여 1년 이상 계속 거주하는 경우 **신축주택 완성 전에 종전주택을 양도**해도 비과세를 적용할 수 있는지 여부

[회신] **분양권을 취득한 날로부터 3년 지난 후** 분양권이 **주택으로 완성되기 전에 종전주택을 양도**하는 경우에는 「소득세법 시행령」 제156조의3 제3항 각 호의 요건을 충족하는 경우에는 **1세대1주택으로 보아 비과세를 적용**하는 것임.
국내에 1주택(종전주택)을 소유한 1세대가 분양권을 취득하고 분양권을 취득한 날로부터 3년이 지나 종전주택을 양도하고 신축주택이 완성된 후 3년 이내 그 주택으로 세대전원이 이사하여 1년 이상 계속하여 거주하는 경우로서 분양권이 신축주택으로 완성되기 전에 종전주택을 양도하는 경우에는 **1세대1주택으로 보아 비과세를 적용**하는 것임.
다만, 신축주택이 완성된 후 3년 이내 그 주택으로 세대전원이 이사(부득이한 사유로 세대원 일부가 이사하지 못하는 경우 포함)하여 1년 이상 계속하여 거주하지 못하는 경우에는 그 사유가 발생한 달의 말일부터 2개월 이내 「소득세법 시행령」 156조의3 제3항을 적용받지 아니할 경우에 납부하였을 세액을 양도소득세로 신고·납부하여야 함.
(국세청 서면-2024-부동산-0921 [부동산납세과-536], 2024.04.02.)

[요지] **조합원입주권을 승계**하여 주택을 취득하고 해당 **주택의 사용승인일 이후 임대차계약 체결하는 경우**에는 **직전임대차계약에 해당함**.

[회신] 재개발·재건축정비사업의 관리처분계획인가 이후에 조합원 지위를 승계하여 취득하는 주택의 취득시기는 「소득세법 시행령」제162조 제1항 제4호에 따라 사용승인서 교부일(사용승인서 교부일 전에 사실상 사용하거나 임시사용승인을 받은 경우에는 그 사실상의 사용일 또는 임시사용승인을 받은 날 중 빠른 날)임.

귀 질의의 경우와 같이, **재개발 주택을 취득한 후** 해당 주택에 대하여 **임차인과 임대차계약을 체결한 경우**로서 해당 임대차계약이 「소득세법 시행령」제155조의3 제1항 제4호에 따른 임대기간 요건을 충족하는 경우에는 같은 항 제1호에 따른 「직전임대차계약」에 해당하는 것임.

(국세청 서면-2024-부동산-1244 [부동산납세과-830], 2024.05.28.)

[제목] 임대인의 공장시설 미철거시 지방이전 임시특별세액감면 적용

[질의] 수도권과밀억제권역 안에서 공장건물을 임차하여 자기 소유 제조설비와 임대인 소유 제조설비로 사업을 영위하던 중소기업이, 자기 소유 제조설비를 이전하여 사업을 개시한 날로부터 2년 이내

「임대인 소유의 공장건물과 제조설비」가 철거되지 아니한 경우(향후 임대인은 공장건물과 제조설비 등을 타인에게 동일한 용도로 임대가능) 조특법§63②(2)에 따른 추징대상에 해당하는지 여부

(질의1) 공장건물 뿐만 아니라, 제조설비의 일부 또한 임차하여 사업을 영위하는 경우에도 감면대상에 해당하는지 여부

(질의2, 질의1이 2안일 경우) 자기 제조설비는 모두 이전하였으나, 임대인 소유 제조설비가 철거되지 아니한 경우 감면요건 충족여부

[회신] 「조세특례제한법 시행령」제60조 제3항 제1호에서 **철거·폐쇄 대상이 되는 공장시설**이란 영업을 목적으로 물품의 제조, 가공, 수선 등의 목적에 사용할 수 있도록 한 **공장의 생산시설과 설비를 의미하는 것이며 일부 자산을 임차한 경우도** 감면 대상에 포함되지만, 해당 **자산을 포함하여 전부 이전하는 경우에 감면 요건을 충족하는 것임**.

(기획재정부 조세특례제도과-555, 2024.06.27., 국세청 서면-2023-법규법인-1671 [법규과-1674] 2024.06.27.)

〔제목〕 개인주주의 **분할신설법인** 주식의 **취득가액 안분기준**
〔요지〕 개인주주가 양도하는 분할신설법인 주식의 취득가액은, 분할 전 법인의 주식을 취득하는데 소요된 총 금액 중 **분할로 감소한 주식수의 비율**로 안분하여 계산한 금액으로 산정하는 것임.
〔질의〕 개인주주가 분할로 교부받은 분할신설법인의 주식을 양도함에 따라 취득가액을 산정함에 있어, 분할 전 법인의 주식을 취득하는데 소요된 금액 중 분할신설법인의 총 취득가액을 안분하는 기준
　(제1안) 분할로 <u>감소한 주식수의 비율</u>로 안분
　(제2안) 분할로 <u>감소한 자기자본 비율</u>로 안분
〔회신〕 귀 질의의 경우 1안이 타당함.
(기획재정부 금융세제과-355, 2024.7.1.)

〔제목〕 **1주택과 다른 주택의 부속토지를 모두 부부 공동명의로 소유**한 경우, 해당 1주택과 다른 주택의 부속토지에 대하여 <u>공동명의 1주택자의 납세의무 등에 관한 특례</u>를 적용할 수 있는지 여부
〔요지〕 1주택과 다른 주택의 부속토지를 모두 부부 공동명의로 소유한 경우
　공동명의 1주택자의 납세의무 등에 관한 특례를 적용할 수 없음.
〔질의〕 1주택과 다른 주택의 부속토지를 모두 부부 공동명의로 소유한 경우, 해당 1주택과 다른 주택의 부속토지에 대하여 공동명의 1주택자의 납세의무 등에 관한 특례(종합부동산세법 제10조의2)를 적용할 수 있는지 여부]
　(1안) 적용 불가,　(2안) 적용 가능
〔회신〕 귀 질의의 경우 <u>1안</u>이 타당함.
(기획재정부 재산세제과-732, 2024.6.27.)

〔제목〕 근로자 지위의 확인판결에 따라 지급 받게된 **임금 차액분 근로소득 수입시기**
〔회신〕 <u>근로자 지위의 확인 판결에 따라 지급받게 된 임금 차액분의 근로소득 수입시기</u>는 「소득세법 시행령」 제49조 제1항 제1호에 따라 <u>근로제공일이 속하는 과세기간임.</u>
(기획재정부 소득세제과-577, 2024.5.28)

〔제목〕 거주주택과 장기임대주택을 보유한 자간 혼인으로 합가한 경우 혼인합가특례(소득령§155⑤) 적용여부(2024년 귀속)

〔요지〕 혼인합가특례(소득령§155⑤)의 혼인합가요건인 "1주택자가 1주택자와 혼인함으로써 2주택을 보유하게 되는 경우"는 주택의 양도일 현재 기준이 아닌, 혼인합가 당시 주택수로 충족여부를 판정하는 것이며, 비과세 특례(소득령§155)규정들의 3중첩은 허용하지 아니함.

〔질의〕 장기임대주택 2채 및 거주주택 1채를 보유한 자와 장기임대주택 1채 및 거주주택 1채를 보유한 자가 혼인 합가한 경우, 2년 이상 거주한 주택을 양도하는 경우 1세대 1주택으로 보아 비과세 적용이 가능한지 여부

〔회신〕 「소득세법 시행령」 제155조 제20항에 따른 장기임대주택 2채 및 거주주택 1채를 보유한 자와 장기임대주택과 거주주택을 각각 1채를 보유한 자가 혼인한 후, 혼인한 날로부터 5년 이내 먼저 양도하는 거주주택에 대하여 「소득세법 시행령」 제155조 제5항의 혼인합가 특례를 적용할 수 없는 것임.

(국세청 서면-2022-법규재산-4283 [법규과-1676(2024.6.27.)])

〔제목〕 부동산실명법위반죄에 대한 유죄 형사판결이 후발적 경정청구사유에 해당하는지 여부

〔요지〕 후발적 경정청구인 판결에는 형사판결을 포함하는 것이나, 부동산실명법도 이에 해당하는지 여부는 사실판단 사항임.

〔질의〕 부동산 실권리자명의 등기에 관한 법률(이하 '부동산실명법')위반죄 관련 유죄 형사판결이 국세기본법 제45조의2 제2항 중

(질의1) 제1호 '과세표준 및 세액의 계산 근거가 된 거래 또는 행위 등이 소송에 대한 판결에 의하여 다른 것으로 확정되었을 때'에 해당하는지

(질의2) 부동산실명법 제4조 제2항에 따라 제2호 '소득이나 그 밖의 과세물건의 귀속을 제3자에게로 변경시키는 결정 또는 경정이 있을 때'에 해당하는지

(질의3) 형사판결에 따른 지자체장의 과징금 부과처분이 국세기본법 제45조의2 제2항 제5호 '대통령령으로 정하는 사유'에 해당하는지 여부

〔회신〕
(질의1) 귀 질의의 경우 기존해석사례(기획재정부 조세법령운용과-1146, 2019.09.19., 서면-2017-징세-1112, 2018.04.24.)를 참고하기 바람.

- 기획재정부 조세법령운용과-1146, 2019.09.19.
  국세기본법 제45조의2 제2항 제1호의 규정에서 **"판결"은 형사판결을 포함**하는 것임. 다만, 최초의 신고·결정 또는 경정에서 과세표준 및 세액의 계산 근거가 된 거래 또는 행위 등이 <u>그에 관한 소송에 대한 판결에 의하여 다른 것으로 확정된 경우 후발적 경정청구가 가능</u>한 것임.

- 서면-2017-징세-1112, 2018.04.24.
  「국세기본법」 제45조의2 제2항 제1호에 따라 최초의 신고·결정 또는 경정에서 과세표준 및 세액의 계산 근거가 된 거래 또는 행위 등에 분쟁이 생겨, 그에 관한 <u>소송에 대한 판결 등에 의하여 다른 것으로 확정되었을 때에는 그 사유가 발생한 것을 안 날로부터 3개월 이내에 결정 또는 경정을 청구할 수 있으나,</u> 귀하가 이에 해당하는지는 판결문의 구체적 내용, 부동산거래의 실질 등을 살펴 사실판단 할 사안임.
  (질의2) 형사판결은 국세기본법 제45조의2 제2항 제2호의 결정 또는 경정이라 할 수 없음
  (질의3) <u>과징금 부과처분은 국세기본법 제45조의2 제2항 제5호의 대통령령으로 정하는 사유에 해당하지 않음.</u>

(국세청 서면-2024-징세-0514 [징세과-1010], 2024.03.06..)

(2) 세법해석 사전답변

〔질의〕 1주택을 보유한 1세대가 <u>2022.10.21.전에 주택에 대한 매매계약을 체결</u>하고, 그 매매특약에 따라 잔금청산 전에 주택을 상가로 용도변경한 후 양도하는 경우로서 <u>2022.10.21. 이후 매매계약의 특약에 따른 매수인 변경으로 매매계약이 변경체결된 후 양도하는 경우 매매계약 체결일</u>을 언제로 보아야 하는지
〔답변〕 매매계약의 <u>특약에 의해 매수자가 변경되는 경우 매매계약 체결일은 **최초 매매계약 체결일**</u>로 보는 것임.

(국세청 사전-2023-법규재산-0166 [법규과-2584], 2023.10.12.)

〔요지〕 기간제 근로자 상시근로자 적용시점에 있어 <u>근로계약기간의 합계가 1년 이상</u>이 되게 하는 <u>계약갱신이 발생한 월에 상시근로자에 포함함.</u>
〔답변〕 「조세특례제한법」 제29조의7에 따른 <u>세액공제 적용시 상시근로자 여부는</u> 제23조 제10항 제1호에 따라 판단하고 있으므로, 근로계약기간이 1년 미만인 근로자는 상시근

로자에서 제외되는 것이나 계약의 연속된 갱신으로 인하여 그 근로계약의 총 기간이 1년 이상인 근로자는 상시근로자에 포함되는 것임.

상시근로자 수는 「조세특례제한법 시행령」 제26의7 제7항에 따라 매월 말 현재를 기준으로 계산하고, 연속된 갱신으로 인하여 그 근로계약의 총 기간이 1년 이상이 된 근로자는 근로계약기간의 합계가 1년 이상이 되게 하는 계약갱신이 발생한 월에 상시근로자에 포함되는 것임.

(기획재정부 조세특례제도과-511, 2024.06.19.)

〔요지〕 기간제 근로자 상시근로자 적용시점에 있어 근로계약기간의 합계가 1년 이상이 되게 하는 계약갱신이 발생한 월에 상시근로자에 포함함.

〔답변〕 「조세특례제한법」 제29조의7에 따른 세액공제 적용시 상시근로자 여부는 제23조 제10항 제1호에 따라 판단하고 있으므로, 근로계약기간이 1년 미만인 근로자는 상시근로자에서 제외되는 것이나 계약의 연속된 갱신으로 인하여 그 근로계약의 총 기간이 1년 이상인 근로자는 상시근로자에 포함되는 것임.

상시근로자 수는 「조세특례제한법 시행령」 제26의7 제7항에 따라 매월 말 현재를 기준으로 계산하고, 연속된 갱신으로 인하여 그 근로계약의 총 기간이 1년 이상이 된 근로자는 근로계약기간의 합계가 1년 이상이 되게 하는 계약갱신이 발생한 월에 상시근로자에 포함되는 것임.

(기획재정부 조세특례제도과-511, 2024.06.19.)

〔요지〕 소속 직원에게 주택 전세자금 용도로 금전을 대여하고 해당 직원이 그 대여액을 배우자명의로 전세계약을 체결한 주택 전세자금 용도로 사용한 경우 해당 대여액은 인정이자 계산 대상 아님.

〔질의〕 직원에게 주택 전세자금을 대여하고 직원의 배우자 명의로 전세계약을 체결한 경우 인정이자 계산 특례가 적용되는지 여부

〔답변〕 「조세특례제한법 시행령」 제2조에 따른 중소기업에 해당하는 내국법인이 소속 직원에게 주택 전세자금 용도로 금전을 대여하고 해당 직원이 그 대여액을 실제로 주택 전세자금 용도로 사용한 경우 해당 대여액은 「법인세법 시행규칙」 제44조 제7호의2에 따른 전세자금의 대여액에 해당하는 것임.

(국세청 사전-2024-법규법인-0218 [법규과-1378], 2024.05.31)

〔요지〕 사업자가 <u>현금영수증가맹업종이 아닌 업종</u>(타일도매업)을 영위하다가 <u>가맹업종(건설업)을</u> 추가하고 60일이내 <u>가맹점 가입의무를 이행하지 아니한 경우</u> 당해 <u>소득전체에 대해 중소기업특별세액 감면이 배제됨</u>.

〔질의〕 현금영수증 가맹의무 위반에 따라 조세특례제한법 제128조 제4항 제2호에 따른 감면배제규정이 적용되는 경우, 해당 사업장 소득 전체에 대해 적용되는 것인지, 현금영수증 가맹의무가 발생한 해당업종의 소득에 대해서만 적용되는 것인지

〔답변〕 「소득세법 제162조의3 제1항에 따라 현금영수증가맹점으로 가입하여야 할 <u>사업자가 이를 이행하지 아니한 경우</u>에는 조세특례제한법 제128조 제4항에 따라 해당 과세기간의 <u>해당 사업장에 대하여</u> 같은 법 제7조에 따른 <u>감면을 적용하지 아니하는 것임</u>.

(국세청 사전-2024.04.25)

(3) 과세기준자문신청 회신

〔제목〕 직전전 피상속인을 소득령§155⑦(1) 괄호규정의 <u>피상속인으로 볼 수 없음</u>.
〔회신〕 「소득세법 시행령」 제155조 제7항 제1호에 따른 '<u>피상속인이 취득후 5년 이상 거주</u>'한 상속받은 주택 여부 판정 시 거주기간은 직전 피상속인이 취득 후 거주한 기간으로 산정하는 것임.

〔소득세법 시행령〕
제155조(1세대1주택의 특례) ⑦ 다음 각 호의 어느 하나에 해당하는 주택으로서 수도권 밖의 지역 중 읍지역(도시지역안의 지역을 제외한다) 또는 면지역에 소재하는 주택(이하 이 조에서 "<u>농어촌주택</u>"이라 한다)과 그 밖의 주택(이하 이 항 및 제11항부터 제13항까지 "<u>일반주택</u>"이라 한다)을 국내에 각각 1개씩 소유하고 있는 1세대가 일반주택을 양도하는 경우에는 국내에 1개의 주택을 소유하고 있는 것으로 보아 제154조 제1항을 적용한다.
1. 상속받은 주택(피상속인이 취득후 <u>5년 이상 거주</u>한 사실이 있는 경우에 한한다)

(국세청 기준-2023-법규재산-0087, 2024.06.20.)

〔쟁점〕 축산업용 기자재인 양봉업용 소초세트를 개별물품으로 거래하는 경우에도 영세율이 적용되는지 여부

〔요지〕 소초세트(소초광·사양기 및 격리판으로 구성된 것을 말함)를 농민에게 공급하는 경우에는 영세율이 적용되는 것이며, 해당 소초세트를 구성하는 소초광, 사양기 및 격리판을 개별물품으로 공급하는 경우에도 영세율이 적용되는 것임.

(국세청 기준 2024-법규부가-0113, 〔법규과-2255〕, 2024.9.6)

「일반질의회신」 제도와 「세법해석 사전답변」 제도의 차이점

(1) 개관

구 분	전화상담	인터넷상담	서면질의	세법해석 사전답변
질의회신 방법	전화	인터넷	서면	서면
질의기한	없음	없음	없음	**법정신고기한 전**
질의내용	단순세법 상담	단순세법 상담	일반적 세법해석	**개별적·구체적 세법해석**
구속력	없음	없음	없음	**있음**

(2) 제도 정리

세법 관련 단순상담	* **전화상담** : ☎126 * **인터넷상담** : www.hometax.go.kr → 상담/제보 * **방문상담** : (제주도 서귀포시 서로북로 36) 제도 이용
일반적인 세법상담	• 서면질의 제도 이용

「세법해석 사전답변」 대상 및 신청할 수 있는 자	• 개별적·구체적 세법해석
	• 납세자(장래의 거래로 인하여 납세의무를 부담할 자를 포함)가 <u>자신의 사업 또는 자신과 직접적으로 관련된 특정한 거래</u>에 관한 세법해석 사항이면 <u>누구든지 모든 세목에 대해 신청할 수 있음</u>.

〔출처〕 국세청,「세법해석 사전답변제도(자주 묻는 질문), 2024.05.01.」에서 보완함.

(3) 서면질의·세법해석 사전답변 신청 대상이 아닌 사례(No Ruling List)

서면질의·세법해석 사전답변 신청 대상이 아닌 사례(No Ruling List)
- <u>신청인에 대한 세법적용과 관련 없는 질의</u>
- <u>가정의 사실관계에 기초한 질의</u>
- <u>사실판단사항에 해당하는 질의</u>
- <u>법령 등에 저촉되거나 저촉될 우려가 있는 질의</u>
  * 부동산 명의신탁을 한 교회부지를 고유목적사업에 사용된 것으로 인정하여 과세대상에서 제외할 수 있는지 질의
  * 대표이사가 개인적으로 수행한 사업에 대해 사업소득에 대해 중소기업특별세액감면을 받을 수 있는지 질의
  * 명의신탁하는 건축물의 신축비용에 대한 세금계산서 공급받는 자가 명의신탁인지 명의위탁자인지 질의
- <u>(세법해석 사전답변의 경우) 신청기한을 경과한 질의</u>
- <u>세법이나 기본통칙에 명확히 규정된 질의 등</u>

〔출처〕 국세청, 세법해석 사전답변제도(신청·답변대상이 아닌 사례), 2024.5.1.

제5절　정부합동민원센터

1. 정부합동민원센터 〔국민콜 ☎110〕

법적근거	부패방지 및 국민권익위원회의 설치와 운영에 관한 법률
운영기관	국민권익위원회

〈표14〉 정부합동민원센터 (요약)

절 차	내　용
성 격	■ 정부종합상담창구 ・「All in one」: 모든 민원을 한 곳에서 한 번에 　→ 11개 중앙부처 공무원, 자격보유 민간전문상담관, 전화상담관(228명), 공공기관 상담관 배치 ■ 정부민원안내콜센터(국민콜) : ☎110
소재지	■ 서울특별시 종로구 사직로8길 60 (정부서울청사 별관 정부합동민원센터(외교부 청사 1층) ■ 대표전화 : (070)8893-1955　FAX : (02)6021-2195
상담방법	■ 방문상담 ■ 온라인상담 ■ 전화상담(110 콜센터상담)
상담범위	■ 모든 민원 및 상담 ■ 상담과 민원의 차이 ・**상담** : 민원신청을 하기 전에 관련 법령・제도・절차 등을 문의하거나, 민원을 담당하는 기관을 안내받고자할 때 신청〔민원상담・안내 바로가기〕 ・**민원** : 국민이 행정기관에 대하여 처분 등 특정한 행위를 요구하는 것〔민원신청 바로가기〕. ① 법령・제도・절차 등 행정업무에 관한 해석의 요구 ② 정부시책이나 행정제도 미 운영의 개선에 관한 건의 ③ 행정기관의 위법・부당하거나 소극적인 처분 및 불합리한 행정제도로

절차	내용
	국민의 권리를 침해하거나 국민에게 불편 또는 부담을 주는 사항의 해결 요구인 고충민원
민간전문 상담관	■ **자격증보유 민간전문 상담관** · 변호사, 세무사, 노무사
세무상담	■ 조세분야 : 국세청으로 이관되어 국세청에서 처리 ■ 합동민원실 세무상담 : 화, 목 14:00~17:30 (세무사 상담관)
상담절차	■ **방문상담** : 상담신청→ 상담관 지정 → 대면 또는 영상상담 진행 · 문의사항에 대한 답변 또는 대안·해결방안 제시 · 필요시 별도의 민원으로 접수 ■ **예약상담** : 예약신청(홈페이지) → 상담관 지정 → 법령, 사실관계를 사전에 조사 → 예약승인 일자에 민원실 방문 * 민간전문가는 예약상담 불가

제6절 한국세무사회 무료세무상담실

1. 한국세무사회 무료세무상담실

무료세무상담	■ 장소 : 한국세무사회 무료세무상담실 (10:00~16:00) ■ 방법 : 방문상담(세무사회 1층)·전화상담(T. 02-587-3572) 　　　　 인터넷상담(홈페이지 → 연구/상담 → 무료세무상담) ■ 방문상담장소 : 서울시 서초구 명달로 105(1층)

【핵심 POINT】

정부합동민원센터 〔국민콜 ☎ 110〕

- **정부종합상담창구**
  - 「All in one」: 「모든 민원을 한 곳에서 한 번에」
    → 11개 중앙부처 공무원, 자격보유 민간전문상담관 배치 전화상담관(228명), 공공기관 상담관
- **정부민원안내콜센터(국민콜) : ☎ 110**
- **조세와 관련된 육법전반에 대해 상담 또는 민원 활용**
  ex) 민사법, 형사법, 행정법, 노동법, 건축법, 주택법, 지적법, 건강보험, 수도 등

민간전문 상담관

구 분	월요일	화요일	수요일	목요일	금요일
오전 (09:30~12:00)	변호사	변호사	변호사	변호사	변호사
오후 (14:00~17:30)	변호사	변호사 **세무사**	변호사 노무사	변호사 **세무사**	변호사 노무사

주) 세무상담 : 화, 목 오후(14:00~17:30) (방문상담만 가능)

- **지방세 상담 : 행정안전부 상담센터 ☎ 02-2100-3399로 안내해 줌.**

출처 : https//counseling.go.kr (정부합동민원센터)

제3편 조세불복의 심리기준과 결정의 범위

제1장 불복청구 대상

제1절 위법·부당한 조세처분

1. 개 관

1. 불복청구대상 … 국기법 §55① 지방세기본법 §89①

'개괄주의(概括主義)' 원칙 (列擧主義 ×)	위법·부당한 처분이면 모두 제한없이 불복청구대상 (부작위도 포함)

국세(지방세)기본법 및 세법에 따른 처분으로서
----

(1) 위법 또는 부당[1]한 처분을 받고 권리 또는 이익을 침해당한 경우
   (국세기본법 §55①, 지방세기본법 §89①)
   - 조세부과처분, 체납처분, 주류제조업 면허취소, 주류판매 영업정지 2개월

(2) 필요한 처분을 받지 못함으로써 권리 또는 이익을 침해당한 경우

(국세기본법 §55①, 지방세기본법 §89①, 행정심판법 §2)

① **거부처분 (명시적 거부)** … 현재의 법률상태를 변동시키지 않으려는 의사를 <u>명시적으로 표시하는 행정처분</u>, 즉 소극적 행정처분의 하나로 행정청이 당사자의 신청에 대하여 법률상 또는 조리상 일정한 작위의무(적극적 행정처분)를 할 의무를 부담하고 있음에도 이를 거부함으로써 당사자의 권리를 침해하는 행정작용
  - 경정청구거부, 물납허가거부, 국세환급금 지급거부, 사업자등록신청거부
② **부작위처분 (묵시적 거부)** … 행정청이 당사자의 신청에 대하여 <u>상당한 기간 내 일정한 처분을 하여야 할 법률상 의무가 있음에도 이를 하지 아니하는 것</u>
  - 상당한 기간 : 법정사무처리기간(경정청구기간 2월, 상증법상 물납허가신청 14일, 민원사무처리에관한법률상 사무처리기간
    * 「**처분**」: 행정청이 행하는 구체적 사실에 관한 법집행으로서의 공권력의 행사 또는 그 거부, 그 밖에 <u>이에 준하는 행정작용</u>(행정심판법 §2 1호, 행정소송법 §2 ① 1호)

'명시적인 거부'	→	'거부처분'
'묵시적인 거부'	→	'부작위'

2. 불복청구 제외대상 … 국기법 §55①단서 지방세기본법 §89②, §121

- 조세범처벌절차법에 의한 **통고처분**[2])
- 감사원 심사청구를 한 처분, 그 심사청구에 대한 처분
- 세법에 따른 과태료 부과처분[3])(질서위반행위규제법에서 규율)
- 국세청심사·조세심판청구결정

---

1) '위법'은 기속행위(법률사항)를 그르친 것이고, '부당'은 재량을 일탈한 것이다.
2) '**통고처분**'은 조세범처벌절차법(이하 "법")에 따라 조세범칙사건의 처리에 있어서 형사절차에 선행하여 과세관청이 벌칙을 부과하는 절차이므로 국세기본법, 지방세기본법 및 세법에 의한 처분으로 보지 않아 행정불복대상에서 제외한다. 과세관청은 납세자가 이 통고처분을 불이행할 경우 검찰에 고발하도록 하고 있으므로 이에 대한 적부는 사법부에서 판단하기 때문이다. 즉, 통고처분은 과벌적 처분으로서 불이행의 경우 형사소송절차에 의하여 범칙사실의 진위를 가리는 것이 옳으므로 행정쟁송의 대상에서 제외시키고 있다(행정소송도 불가). 통고처분은 간편하고 신속한 처리 및 범칙자의 명예와 신용의 보호 등을 위한 제도로 이해되고 있으며, 통고처분을 이행할 것인가의 여부의 결정은 범칙자의 자유로운 판단에 따른다. 통고처분이 있을 때에는 그 공소의 시효는 중단된다(법 §10). 범칙자가 통고대로 이행한 때에는 일사부재리의 원칙이 적용되어 소추를 받지 아니한다(법 §11①) 그러나 범칙자가 통고를 받은 날부터 15일 이내에 통고처분에 응하지 않는다면 통고처분은 효력을 상실하며 과세관청은 고발하여야 한다(법 §12). 통고처분의 대상은 징역형이나 벌금 등의 형벌이 선택적으로 규정되어 있는 조세범칙사건을 대상으로 하고 있다. 따라서 특정범죄가중처벌법 위반의 조세포탈죄는 자유형을 원칙으로 하면서 벌금형을 병과하고 있기 때문에 처음부터 통고처분의 대상이 되지 아니한다. 통고처분은 조세범 이외에도 교통사범(도로교통법 §118, 출입국관리사범(출입국관리법 §102) 등에 인정되고 있다.
3) 「세법에 따른 과태료부과처분」은, 국세기본법 제88조의 「직무집행 거부 등에 따른 과태료」(세법의 질문·조사권 규정에 따른 세무공무원의 질문에 대하여 거짓으로 진술하거나 그 직무집행을 거부 또는 기피

[심층분석]

통고처분
〔조세불복청구 제외대상〕

- **법적근거** : 「조세범처벌절차법」
- **조세범처벌절차법**
  - **목적** : 조세범칙사건을 공정하고 효율적으로 처리하기 위하여 <u>조세범칙사건의 조사 및 그 처분에 관한 사항</u>을 목적으로 함(§1).
  - **정의(§2)**
    1. **조세범칙행위** : <u>조세범처벌법 제3조부터 제16조까지의 죄</u>에 해당하는 위반행위
    2. **조세범칙사건** : <u>조세범칙행위의 혐의가 있는 사건</u>
    3. **조세범칙조사** : <u>세무공무원이 조세범칙행위 등을 확정하기 위하여 <u>조세범칙사건에 대하여 행하는 조사활동</u>

〔해설〕 조세범처벌절차법 : 형사소송법의 특별법으로서, 처벌절차는 법원에 공소가 제기되어 <u>형사소송절차에 들어가기 전의 형사처벌을 위한 수사의 개시·진행·종결절차</u>를 말하는 것. 이 법에 따른 <u>조세범칙조사</u>는 <u>조세범을 수사하는 것</u>을 의미함.
 - 전문성을 요하는 세무조사가 전제되는 점에서 일반형사범과 다르므로 따로 특별법으로 입법한 것

- **조세범처벌법의 성격** : 형법에 우선하여 적용되는 **특별형법**으로서 <u>조세범죄의 성립과 처벌에 관하여 규정한 조세형법</u>
- **「조세범칙처분」의 종류**(조세범처벌절차법 §13, 지방세기본법 §120~126)

통고처분	고 발	무혐의

① **통고처분** : 벌금에 해당하는 금액, 몰수 또는 몰취에 해당하는 물품, 추징금에 해당하는 금액을 통고(절차법§15, 지기법 §121)

② **고 발** : 세무서장, 지방국세청장, 지방자치단체장은 통고처분을 받은 자가 15일 이내에 통고대로 이행하지 않으면 고발하여야 함(절차법 §17②, 지기법 §124 ①).

③ **직고발** : 통고처분을 거치지 아니하고 직고발 대상은 정상에 따라 징역형에 처할 것으로 판단되는 경우, 통고처분대로 이행할 자금이나 납부능력이 없다고 인정되는 경우,

---

한 자에게 세무서장이 5천만원 이하의 과태료를 부과·징수), 국세기본법 제89조의 「금품수수 및 공여에 대한 과태료」(세무공무원에게 금품을 공여한 자에게 그 금품 상당액의 2배 이상 5배 이하의 과태료를 세무서장, 세관장이 부과·징수), 국세기본법 제90조의 「비밀유지 의무위반에 대한 과태료」(국세청장이 국세기본법 제81조의 13 제1항에 따라 알게 된 과세정보를 타인에게 제공 또는 누설하거나 그 목적 외의 용도로 사용한 자에게 2천만원 이하의 과태료 부과·징수) 등이 있다.

도주나 증거를 인멸할 우려가 있는 경우(절차법 §17①, 지기법 §124 ②)
　　④ **무혐의** : 범칙사건 조사 결과 범칙의 심증을 갖지 못하였을 때는 그 뜻을 범칙혐의자에게 통지하고 물건을 압수하였을 때는 그 해제를 명함(절차법 §19, 지기법 §126).
- **형사소송법의 준용**: 압수·수색과 압수·수색영장에 관하여는 형사소송법 중 압수·수색과 압수·수색영장에 관한 규정을 준용(절차법 §10, 지기법 §116)
- 조세범칙조사심의위원회 심의를 거쳐야 함(절차법 §5)
- **심문조서 등의 작성** : 세무공무원은 형사소송법의 규정에 준하여 심문조서 등 문서를 작성하고 송달하여야 함(절차법 §11, 지기법 §117)
- '고발'은 검사의 공소제기 요건(고발전치주의)
- 통고처분 : 일반형사절차에서의 검사의 약식명령과 유사한 것
　→ 「**통고처분**」은 형사법 영역에 속하는 조세범칙조사결과 **범칙처분**으로서 **행정처분으로 볼 수 없어 불복대상에서 제외, 행정소송도 불가**
- **통고처분에 불복시** : 통고내용 **불이행** → **형사고발** → **사법부 판단**(재판)

【심층분석】

「세법에 따른 과태료」 부과처분
〔조세불복청구 제외대상〕

1. 〔**국세기본법**〕상 과태료 (예시)
   - 제88조의 「직무집행 거부 등에 따른 과태료」(세법의 질문·조사권 규정에 따른 세무공무원의 질문에 대하여 거짓으로 진술하거나 그 직무집행을 거부 또는 기피한 자에게 세무서장이 5천만원 이하의 과태료를 부과·징수)
   - 제89조의 「금품수수 및 공여에 대한 과태료」(세무공무원에게 금품을 공여한 자에게 그 금품 상당액의 2배 이상 5배 이하의 과태료를 세무서장, 세관장이 부과·징수),
   - 제90조의 「비밀유지 의무위반에 대한 과태료」(국세청장이 국세기본법 제81조의 13 제1항에 따라 알게 된 과세정보를 타인에게 제공 또는 누설하거나 그 목적 외의 용도로 사용한 자에게 2천만원 이하의 과태료 부과·징수)
   - 주류면허등에관한법률 제38조(과태료) : 주세보전명령, 납세증명표지에 관한 명령, 무면허 주류제조 등에 대한 과태료
2. 〔**지방세기본법**〕상 과태료 (예시)
   - 제108조(명령사항 위반 등에 대한 과태료 부과) ① 지방자치단체의 장은 다음 각 호의

어느 하나에 해당하는 자에게는 500만원 이하의 과태료를 부과
- 「지방세징수법」 제56조 제2항에 따른 자동차 또는 건설기계의 인도명령을 위반한 자
- 이 법 또는 지방세관계법의 질문·검사권 규정에 따른 세무공무원의 질문에 대하여 거짓으로 진술하거나 그 직무집행을 거부하거나 기피한 자

② 제1항에 따른 과태료는 대통령령으로 정하는 바에 따라 지방자치단체의 장이 부과·징수한다.

 * 지방세기본법 제153조(국세기본법, 국세징수법 준용) → 지방세도 (지방세관계법에서 규정한 것을 제외하고는) 국세기본법과 국세징수법상 과태료규정 적용

【해설】 조세불복대상에서 제외된 사유
- 〔질서위반행위규제법〕
  - 법률상 의무의 효율적인 이행을 확보하고 국민의 권리와 이익을 보호하기 위하여 질서위반행위의 성립요건과 과태료의 부과·징수 및 재판 등에 관한 사항을 규정(§1)
  - 질서위반행위의 재판 및 집행 절차

> 행정청의 과태료 부과 → 의의제기 → 법원에 통보 →(법원이 행정청의 통보사실을) 검사에게 통보 → 법원의 심문(당사자 진술, 검사의견 청취, 직권사실탐지, 증거조사) → 재판(결정) → (당사자 및 검사에게) 결정고지(효력발생) (불복시) → 즉시항고(당사자와 검사) → (집행정지) → 항고법원의 재판 →과태료 재판의 집행(검사의 명령으로 집행 :민사집행법, 조세체납처분 예 적용)

 * 약식재판 : 법원은 상당하다고 인정하는 때에는 심문없이 과태료 재판
   ↳(이의신청으로 정식재판 받을 권리 있음)
- 질서위반행위규제법상 과태료부과처분에 불복할 경우 사법절차(재판)에 따르는 것이므로 행정상 불복대상에서 제외하는 것으로 이해됨.

2. 「처분」의 정의

(1) '처분'의 분류 : (불복대상은 광의의 처분)
- 광의의 처분 : 조세행정청의 조세에 관한 행정처분으로서 협의의 조세행정처분 외에 조세와 관련된 각종 실체적·절차적 행정처분(행정행위) 또는 행정작용이 포함.
- 협의의 처분 : 과세처분, 징수처분 및 체납처분

(2) 불복청구대상인 '처분'의 법적정의

- ■ **국세기본법상 '처분'** : "세법에 의한 처분"으로서 위법 또는 부당한 "처분" (국기법 55①)
- ■ **행정심판법상 '처분'** : 행정청이 행하는 구체적 사실에 관한 법집행으로서의 공권력의 행사 또는 그 거부와 그밖에 이에 준하는 행정작용(행심법 §2 ① 1호)
- ■ **행정소송법상 '처분'** : 행정청이 행하는 구체적 사실에 관한 법집행으로서의 공권력의 행사 또는 그 거부, 그밖에 이에 준하는 행정작용(처분)을 말하고 '부작위'란 행정청이 당사자의 신청에 대하여 상당한 기간 내에 일정한 처분을 하여야 할 법률상 의무가 있음에도 불구하고 이를 하지 아니하는 것을 말한다(행소법 §2 ①).
- ■ 일반적으로 '처분'이라 함은 행정청의 법령에 기하여 우월적 지위에서 국민에 대하여 권리를 설정하고 의무를 과하거나 기타 구체적으로 법률상의 효과를 발생케 하는 행위를 지칭함

(3) **'처분성'**의 **기본요건**으로는,
 ① 행정청의 권력적 행위일 것
 ② 국민의 권리·의무에 직접 영향을 미치는 행위일 것
 ③ 개별적·구체적인 행위일 것
의 세 가지 요건을 충족해야 함(대법원, 1967.6.27. 선고 67누44 판결).

- ■ **cf) 처분에 포함되지 않는 것**(예시) … 불복대상 제외
  - 행정청의 권력적 행위가 아닌 私法上의 행위
  - 국민의 권리·의무에 대한 법률상의 효과를 수반하지 않는 행위
    (예정납세액의 통지, 신고시인의 통지 등)
  - 행정청의 내부적 행위, 알선·권유·사실상의 통지 등과 같이, 상대방 또는 기타 관계인들의 법률상 지위에 직접적으로 법률적 변동을 일으키지 않는 행위

3. 「처분성」 여부 관련 해석사례

- ■ 항고소송의 대상이 되는 <u>행정청의 처분</u>이란 원칙적으로 <u>행정청의 공법상 행위</u>로서 특정사항에 대하여 법규에 의한 <u>권리의 설정 또는 의무의 부담을 명하거나 기타 법률상 효과를 직접 발생하게 하는 등 국민의 권리·의무에 직접 관계가 있는 행위</u>를 말하므로 행정청의 내부적인 의사결정 등과 같이 상대방 또는 관계자들의 법률상 지위에 직접 법률적 변동을 일으키지 않는 행위는 그에 해당하지 아니함.

  (대법원 2011.4.21. 선고 2010무111 전원합의체 판결)

- 국세기본법 또는 개별 세법에 경정청구권을 인정하는 명문의 규정이 없는 이상 조리에 의한 경정청구권을 인정할 수 없으므로 납세의무자의 세법에 근거하지 아니한 경정청구에 대하여 과세관청이이를 거부하는 회신을 하였다고 하더라도 이를 가리켜 항고소송의 대상이 되는 거부처분으로 볼 수 없음.
(대법원 2010.2.25. 선고 2007두18284 판결., 대법원 2006.5.12. 선고 2003두7651 판결)

- 국세기본법 제55조 제1항의 「필요한 처분을 받지 못한 경우」
(기본통칙 55-0…3)
55-0…3 【필요한 처분을 받지 못한 경우】
처분청이 다음 각호의 사항을 명시적 또는 묵시적으로 거부하는 것
1. 공제·감면신청에 대한 결정
2. 국세의 환급
3. 사업자등록신청에 대한 등록증 교부
4. (주류판매) 허가·승인
5. 압류해제
6. 법 제45조의 2의 청구에 대한 결정 또는 경정
7. 기타 전 각호에 준하는 것

- 국세기본법 제55조 제1항의 「권리 또는 이익의 침해를 당한 자」
(기본통칙 55-0…4)
  - 위법부당한 처분을 받거나 필요한 처분을 받지 못한 직접적인 당사자
  - 제3자적 지위에 있는 자도 당해 위법부당한 처분으로 권리 또는 이익의 침해를 당한 경우에는 불복청구할 수 있음(단순히 반사적인 권리 또는 이익의 침해를 받은 자는 제외).

- 「제2차 납세의무자의 불복」(기본통칙 55-0…6)
제2차납세의무자, 물적납세의무자 또는 납세보증인은 납부고지된 처분에 대하여 불복하는 경우 그 납부고지의 원천이 된 본래 납세의무자에 대한 처분의 확정 여부에 관계없이 독립하여 납부고지된 세액의 내용에 관하여 다툴 수 있음.

■「**강제징수에 대한 불복**」(기본통칙 55-0…7)
① 납세자에 대한 재산의 압류·매각 및 청산(배분)의 강제징수는 불복청구의 대상임.
② 강제징수로 압류한 재산이 <u>제3자의 소유인 경우 제3자는 압류처분에 대하여 불복청구를 할 수 있음.</u>

■「**인정상여소득자의 법인세에 대한 불복**」(기본통칙 55-0…8)
법인세의 결정 또는 경정에 있어서 그 소득을 상여처분함으로써 소득세의 과세처분을 받은 소득자는 그 원천이 된 법인세의 과세처분의 확정 여부에 관계없이 독립하여 상여처분된 내용에 관하여 다툴 수 있음.

■「**사업자등록 등에 관한 불복**」(기본통칙 55-0…11)
1. 사업자등록을 신청한 날로부터 7일 내(연장된 교부기한 별도)에 등록증을 교부받지 못한 때
2. 교부받은 사업자등록증의 <u>등록사항에 이의가 있는 때</u>

■「**불이익변경금지원칙**」(기본통칙 55-0…12)
① 이의신청 또는 심사청구에 있어서는 <u>청구인이 주장하지 아니한 내용에 대하여도</u> 불이익한 변경이 아닌 한도 내에서 <u>심리·결정</u>할 수 있음.
② 동일한 처분내용에 대한 불복청구인 경우 <u>의의신청 과정에서 주장하지 아니한 불복의 이유를 추가</u>하여 심사청구를 하였을 경우에도 그 <u>추가이유를 심리</u>하여야 함.

■「**감액경정처분**」은 불복대상이 되는 <u>처분으로 볼 수 없음.</u>
감액경정처분은 당초 과세처분의 일부를 취소하는 처분이므로 원칙적으로 납세자에게 유리한 처분이므로 <u>독립하여 불복청구의 대상으로 될 수 없음.</u>
(대법원 1982.11.23. 선고 81누393 판결.; 1983.4.12. 선고 82누35 판결; 1986.7.8. 선고 84누50 판결)

- **감액경정처분**은 납세의무자에게 불이익한 것이 아닌 <u>이익이 되는 처분</u>에 해당된다할 것이므로 처분청이 청구인에게 한 2013년 제1기 부가가치세(본세)의 <u>감액경정처분에 대한 심판청구는 부적법</u>하다고 판단됨.

  (조심 2022중7645, 2023.6.13. 외 다수)

- 과세관청이 직권으로 경정결정을 함에 있어 <u>일부항목에 대한 증액과 다른 항목에 대한 감액</u>을 동시에 한 결과 <u>전체로서 세액이 감소된 때</u>에는 납세자에게 불이익을 미치는 것이 아니어서 그 감액경정처분의 취소를 구할 수 없다할 것(대법원 1996.11.15. 선고 95누8904 판결)이므로 이 건 <u>심판청구는 부적법한 것으로 각하결정함</u>이 타당함.

  (조심 2022소8250, 2023.9.20.)

- <u>세금계산서를 사실과 다른 세금계산서</u>로 보아 <u>세금계산서불성실가산세를</u> 부과함과 동시에 <u>관련 매출세액을 감액경정</u>하고 관련 <u>매입세액을 감액</u>하여 결과적으로 청구법인이 신고한 세액을 감액경정하고 <u>관련 세액을 환급</u>한 것으로 나타나는 바, 과세관청이 직권으로 경정결정을 함에 있어 일부항목에 대한 <u>증액과</u> 다른 항목에 대한 <u>감액을 동시에 한 결과 전체로서 세액이 감소된 때</u>에는 납세자에게 불이익을 미치는 것이 아니어서 그 감액경정처분의 취소를 구할 수는 없다할 것이므로 이 건 심판청구는 <u>부적법한 것으로서 각하결정함</u>이 타당함.

  (조심 2024전1923, 2024.6.14.)

- 국세징수법 제23조의 **독촉과 최고**는 국민의 권리·의무나 법률상의 지위에 직접 구체적으로 법률상의 영향을 미칠 수 없으므로 불복대상인 **조세처분으로 볼 수 없음**.

- **국세환급금의 충당은 처분성이 없음.**
  국세환급금의 충당은 납세의무자가 갖는 환급청구권의 존부나 범위 또는 소멸에 구체적이고 직접적인 영향을 미치는 처분이 아니라 국가의 환급금채무와 조세채권이 대등액에서 소멸되는 점에서 오히려 민법상의 상계와 비슷하므로 그 충당은 항고소송의 대상이 되는 처분이 아님.

  (대법원 2005.6.10. 선고 2005다15482 판결.)

■ 본세와 가산세의 부과제척기간을 달리 보아 청구법인에게 **본세감액 없이 가산세만을 부과한 처분의 당부**
국세부과제척기간은 납세자의 조세채권·채무관계를 조속히 확정시킴으로써 납세자의 조세법률관계를 안정시키기 위한 제도로 납세자에게 불리하게 작용할 수 없다 할 것이고, 따라서 **경정청구가 청구기간 내에 적법하게 제기되었다면, 이후 부과제척기간이 경과하였다는 이유로 환급을 거부하는 것은** 국세기본법 제26조의2를 확정·유추해석하는 결과가 되어 부당하다고 볼 수 없는 점(조심2012서5076, 2014.3.6. 같은 뜻임), 그런데 이 건의 경우 처분청의 의견과 같이 이 건 부가가치세 2016년 제1기분(확정) 본세에 대하여 **5년의 부과제척기간이 적용된다고 하더라도**, 이 건 **경정청구는 그 5년의 부과제척기간 및 경정청구기한인 2021.7.26.까지 적법하게 제기되었으므로**, 이를 이유로 처분청이 청구법인에게 실물거래 없는 세금계산서 수수를 면목으로 해당 **세금계산서 관련 가산세를 부과하면서도 관련 매출·매입세액에 대해서는 부과제처기간(5년) 도과를 이유로 감액하지 아니한 것은 합리적으로 보기 어려운 점** 등에 비추어 처분청이 부과제척기간이 도과하였다고 보아 경정청구를 거부(부작위)한 이 건 처분은 청구법인이 **2016년 제1기 과세기간 동안 실물거래 없이 수수한 세금계산서 관련 매출 및 매입을 모두 제외**하는 것으로 하여 그 **과세표준과 세액을 경정**하는 것이 타당함.
(조심 2022서6743, 2022.12.13.)

■ 「**행정처분의 존부**」는 재결청이나 법원에서 직권조사 사항임.
행정소송에서 쟁송의 대상이 되는 행정처분의 존부는 소송요건으로서 직권조사사항이고 자백의 대상이 될 수 없는 것이므로 설사 그 존재를 당사자들이 다투지 아니한다고 하더라도 그 존부에 관하여 **의심이 있는 경우에는 이를 직권으로 밝혀** 보아야 함.
(대법원 2001.11.9. 선고 98두892 판결)
* 특별행정심판인 조세불복에 있어서도 재결청은 '처분성의 존재여부'에 대해서는 **직권으로 먼저 살피고 있음.**

■ 원천징수의무자인 법인에게 한 **소득금액변동통지처분은 처분성(불복대상)이 있음.**
과세관청의 소득처분과 그에 따른 소득금액변동통지가 있는 경우 원천징수의무자인 법인은 소득금액변동통지서를 받은 날에 그 통지서에 기재된 소득의 귀속자에게 당해 소득금액을 지급한 것으로 의제되어 그 때 원천징수하는 소득세의 납세의무가 성립함과 동시에 확정되고, 원천징수의무자인 법인으로서는 소득금액변동통지서에 기재된 소득처분의 내용에 따라 원천징수세액을 그 다음달 10일까지 관할 세무서장 등에게 납부하여야 할 의무를 부담하며, 만일 이를 이행하지 아니하는 경우에는 가산세의 제재를 받게 됨은 물론이고 형사처벌까지 받도록 규정되어 있는 점에 비추어 보면, **소득금액변동통지는 원천징수의무자인 법인의 납세의무에 직접 영향을 미치는 과세관청의 행위로서, 항고소송의 대상이 되는 조세행정처분이라고 봄이 상당**하다. 다만, 원천징수의무자인 법인이 폐업 등의 사유로 곧바로 개인에게 소득금액변동통지처분이 된 경우 이를 처분성으로 인정하지 아니하고 각하한다. 그 이유는, 과세관청이 법인에 대하여 소득금액변동통지에 따라 원천징수하는 소득세에 있어서는 부과처분 등의 별도의 확정절차 없이 동 통지에 의하여 납세의무가 확정되는 것이므로(국기법 21~22) 과세관청의 법인에 대한 인정상여처분 및 이에 따른 소득금액변동통지는 외형적으로는 통지의 형식을 빌었으나 그 실질은 법인에게 원천징수하는 소득세의 납세의무를 법률의 규정에 의하여 직접 확정시키는 것이므로 그 법적 성질은 부과처분의 유사한 처분으로 보는 것이다(국심 1995서1083, 1996.12.26. 결정. 국세심판관합동회의). 반면, 개인에 대한 소득금액변동통지는 이로 인하여 구체적인 납세의무를 직접 확정시키기는 별도의 관련 규정 등이 없으므로 통지 그 자체에 대하여 부과처분의 성격을 갖는 것으로 볼 수 없을 뿐만 아니라 단지 소득세 등의 부과처분에 앞서 당해 개인의 소득금액이 변동되었음을 사전에 통보하는 통지행위에 불과하므로 심판청구의 대상이 되는 처분으로 볼 수 없기 때문임(국심 2007서290, 2007.4.26. 결정 외).

(대법원 2006.4.20. 선고 2002두1878 전원합의체판결)

【해설】 소득금액변동통지의 처분성 여부에 대해 조세심판원은 처분성을 인정하여 불복대상으로 심리해 왔으나 대법원에서는 처분성을 인정하지 않고 있다가 위 2006.4.20.부터 전원합의체 판결로 처분성을 인정하였음

- 납세자가 종합소득세, 양도소득세 등 국세를 신고납부하는 과정에서 **과세관청이 이를 수납하는 행위는 단순한 사실행위**로서 이를 부과처분으로 볼 수 없으므로 **불복대상이 되지 아니함.**
- <u>납세의무자가</u> <u>취득세를 신고·납부</u>하는 과정에서 <u>과세관청이 이를 수납하는 행위</u>는 <u>단순한 사실행위</u>로서 취득세를 부과하는 행정처분이 아니므로 이는 불복대상인 처분으로 볼 수 없음.
- <u>신고납세에서는 확인적 부과처분의 개념은 인정할 수 없음.</u>

(대법원 1989.9.12. 선고 88누12066 판결.; 대법원 1990.3.27. 선고 88누4591 판결.,
대법원 2000두6350, 2000.11.14. 판결)

제2절 개괄주의 (Generalklausel)

- 조세심판청구대상은 槪括主義(Generalklausel)를 원칙으로 하고 있다. 행정불복 대상을 법률로 정하는 방법에는 개괄주의와 列擧主義(Enumerationsprinzip)가 있다. 전자는 위법·부당한 처분이면 모두 제한없이 행정불복청구의 대상이 될 수 있도록 하는 입장이고, 후자는 위법·부당한 처분 중에서도 법률로서 열거하는 사항에 한해서만 불복청구의 대상이 될 수 있도록 하는 입장이다.

  국세기본법 제55조 제1항은 불복대상으로서 '국세기본법과 세법에 의한 처분으로 위법 또는 부당한 처분을 받거나 필요한 처분을 받지 못함으로써 권리 또는 이익의 침해를 당한 자는 심판청구를 하여 그 처분의 취소 또는 변경이나 필요한 처분을 청구할 수 있다'고 규정하여 원칙적으로 개괄주의의 입장을 취하고 있다. 특별히 국세심판의 제기를 금지하고 있거나(국기법 §55⑤), 행위의 성질상 조세심판을 제기할 수 없는 경우를 제외하고는 모든 세법상의 처분 또는 부작위에 대하여 조세심판의 제기를 허용하고 있다.

- 국세기본법 제55조에서 규정한 세법에 의한 처분 및 부작위에는 국세의 부과처분·체납처분뿐만 아니라·상속세의 물납허가(상속세및증여세법 §29)·주류제조의 면허(주세법 §6)·외국인전용판매장의 지정(특별소비세법 §1) 등과 같은 처분 및 부작위가 포함된다. 조세에 관련된 일체의 쟁송은 소극적 처분에 대한 불복을 포함하여 그것이 권리보호적격을 가지는 한 불복청구대상이 된다고 할 것이다. 즉, 심판청구의 대상은 처분청의 위법 또는 부당한 처분으로서 적극적 처분 및 소극적 처분뿐만 아니라 부작위도 포함된다.

  거부처분의 의의 및 요건을 보면, 거부처분은 소극적 행정처분의 하나로서 현재의 법률상태를 변동시키지 않으려는 의사를 명시적으로 표시하는 행정처분이다. 이는 당사자(납세자)로부터 일정한 소극적 행정처분의 신청이 있는 경우에 그 신청에 따르는 행정처분을 할 것으로 거부하는 내용의 행정처분을 말한다.[4]

---

4) 대법원 1978.9.12. 선고 78누208 판결.

제3절   제한적 열거주의

- 국세기본법에 의한 심사청구나 심판청구 또는 감사원법에 의한 심사청구에 대하여 이들 재결청이 내린 결정과 조세범처벌법에 의한 통고처분에 대한 처분은 심판청구의 대상에서 제외된다(국기법 §55⑤). 즉 심사청구나 심판청구에 대하여 재결청이 내린 결정에 대하여는 법이 정한 바에 따라 상급심에 불복을 청구하여 원처분의 당부를 계속 다툴 수 있을 뿐 그 결정 자체에 대한 별도의 불복은 허용되지 않는다. 이는 동일한 처분에 대하여 이중청구로 인한 행정력의 낭비를 방지하기 위함이다. 통고처분, 과태료 처분 등을 불복제외대상으로 한 사유는 이미 위에서 설명한 바와 같다.

제4절   원처분주의 (原處分主義)

- 조세심판청구 등의 조세불복청구의 대상에 관하여 우리나라는 원처분주의를 취하고 있으므로 조세심판청구의 대상은 원처분청의 처분이다. 이를 原處分主義라 한다. 따라서 이의신청을 거쳐 심판청구를 한 경우 심판청구의 대상은 이의신청에 대한 재결(결정)이 아니라 원처분청의 처분이 된다. 그러므로 과세관청의 국세처분에 대하여 이의신청을 한 결과 일부 감액경정이 된 후 다시 심판청구를 한 경우 심판청구의 대상은 원처분청의 과세처분 중 이의신청의 재결에 의하여 감액되고 남은 부분이 된다.
- 결국 조세행정심판에 있어서 재결기관의 재결은 불복의 대상이 되지 않는다. 우리나라 행정소송법도 원처분주의를 채택하고 있다. 원처분주의는 취소소송의 대상을 원처분으로 하고 원처분의 취소소송에서는 원처분의 위법만을 다투고 재결의 위법은 재결취소소송에서 다투도록 하는 제도를 말한다.

〈표1〉「원처분주의」 적용

조세불복
청구대상
	■ 원처분청의 처분
	
	• 원처분청의 처분의 위법·부당만을 다툼
	• 이의신청에 대한 재결(결정)의 위법·부당함의 다툼 ×
	   → 취소송에 있어 원처분의 위법·부당함을 다투지 아니하고 <u>이의신청 결정서나 심판청구 결정서가 잘못되었다는 식의 청구장을 할 수 없다는 의미</u>
	
	ex1) 이의신청을 거쳐 심판청구 한 경우
	   → 심판청구의 대상 : 이의신청 결정이 아닌 <u>원처분청의 처분</u>
	ex2) 수원세무서장 부과 → 중부청에 <u>이의신청(일부 감액경정)</u> → 심판청구 :
	   (중부청 결정 ×,) **감액되고 남은 부분**

피청구인	■ 부과처분을 한 행정청 (재결청 ×) ex1) 종로세무서장 부과 → 서울청에 이의신청 → 조세심판청구 : 피청구인은 **종로세무서장** ex2) 국세청장의 감독권 행사에 따라 강남세무서장이 부과 → 조세심판청구 : 피청구인은 **강남세무서장**(국세청장 ×) ex3) 수원세무서장 부과 → 중부청에 이의신청(일부 감액경정) → 심판청구 : 피고는 **수원세무서장** ex3) 서초세무서장 부과 → <u>조세심판청구</u> → <u>행정소송</u> 피고 : **서초세무서장**

주) 1. 우리나라 행정소송법도 원처분주의를 채택하고 있다. 즉 원처분의 취소소송에서는 원처분의 위법만을 다투고 재결의 위법은 재결취소송에서 다투도록 하고 있으며, 재결취소송의 경우에는 재결자체에 고유한 위법이 있음을 이유로 하는 경우에 한한다.

2. 행정소송법 제2조(정의) ① 1 "처분 등"은 "행정청이 행하는 구체적 사실에 관한 법집행으로서의 공권력의 행사 또는 그 거부와 그밖에 이에 준하는 행정작용(이하 '처분'이라 한다) 및 행정심판에 대한 재결"을 말한다.

3. "부작위"라 함은 행정청이 당사자의 신청에 대하여 상당한 기간내에 일정한 처분을 하여야 할 법률상 의무가 있음에도 불구하고 이를 하지 아니하는 것을 말한다.
제19조: "취소소송은 처분 등을 대상으로 한다. 다만, 재결취소송의 경우에는 재결자체에 고유한 위법이 있음을 이유로 하는 경우에 한한다."

［참고］재결주의(裁決主義)   …조세 관련 불복은 재결주의 적용대상 아님

- ■ 재결청의 '재결(결정)'을 불복 대상으로 함
- 개별법에서 원처분주의의 예외로서 재결주의를 취하는 경우
  - 원처분을 다투는 것 보다 재결을 다투어 그 효력을 배제하는 것이 효율적인 권리구제와 판결의 적정성을 담보하는 경우에 원처분에 대한 제소를 금지하고 그 재결에 대해서만 제소를 허용
    예시) 헌재, 2001.6.28. 2000헌바77결정 : 판례에서 재결주의를 채택하고 있는 예로는
  - 중앙토지수용위원회의 이의재결, 노동위원회의 재심판정(대법원 1991.12.12. 선고 90누288 판결), 감사원의 재심의 판정(대법원 1984.4.10. 선고 84누91 판결) 등이 있음.

- 재결취소소송(행정소송법 §19 단서) : **재결의 위법은 재결취소송에서 다투도록** 하고 있으며, 재결취소송의 경우에는 재결자체에 고유한 위법이 있음을 이유로 하는 경우에 한함.

재 결 (裁決)	판 결 (判決)
■ 행정청의 처분(부작위)에 대한 행정심판청구에 대한 **행정심판위원회가 행하는 판단**(행정심판법 §2 3호) ■ 준사법적 행정행위	■ **소송에 대한 법원의 판단** ■ 재판에서의 실체적 판단을 내린다는 점에서 소송절차에 관한 판단을 하는 결정(재판의 일종)과 다름. ■ 재판(裁判)의 종류 : 판결, 결정, 명령

제2장 심리의 원칙과 심리기준

제1절 심리의 원칙

- ■ 조세불복청구의 심리·재결에는 불고불리의 원칙(Nemo judex sine actore)과 불이익변경금지의 원칙(Verbot der Reformatio in peius)이 적용된다.

1. 불고불리의 원칙(Nemo judex sine actore)

- **국세기본법 제79조【불고불리·불이익변경 금지】** ① 조세심판관회의 또는 조세심판관합동회의는 제80조의 2에서 준용하는 제65조에 따른 결정을 할 때 <u>심판청구를 한 처분 외의 처분에 대해서는 그 처분의 전부 또는 일부를 취소 또는 변경하거나 새로운 처분의 결정을 하지 못한다.</u>
  ② <u>조세심판관회의</u> 또는 조세심판관합동회의는 제81조에서 준용하는 <u>제65조에 따른 결정을 할 때 심판청구를 한 처분보다 청구인에게 불리한 결정을 하지 못한다.</u>
- **국세기본법 제65조의 3【불고불리·불이익변경 금지】** ① 국세청장은 제65조에 따른 결정을 할 때 심사청구를 한 처분 외의 처분에 대해서는 그 처분의 전부 또는 일부를 취소 또는 변경하거나 새로운 처분의 결정을 하지 못한다. ② 국세청장은 제65조에 따른 결정을 할 때 심사청구를 한 처분 보다 청구인에게 불리한 결정을 하지 못한다.
- **국세기본법 제66조【이의신청】** ⑥ 이의신청에 관하여는 제61조 제1항~제65조의 3을 준용한다.
- **지방세기본법 제100조【이의신청 및 심판청구에 관한 국세기본법의 준용】**
  이 장(이의신청과 심판청구)에서 규정한 사항을 제외한 이의신청 등의 사항에 관하여는 국세기본법 제7장(심사와 심판)을 준용한다.

- **불고불리의 원칙 (국기법 §79①, §65-3①)**

• 조세불복을 심리·결정함에 있어서 불복청구를 한 처분 이외의 처분에 대하여 심리하거나 결정할 수 없음.

- 조세심판관회의 또는 조세심판관합동회의는 조세심판을 심리·결정함에 있어서 <u>심판청구를 한 처분 이외의 처분에 대하여 심리하거나 결정할 수 없다</u>(국기법 §79①). 또한 심판청구에 대한 결정을 함에 있어서 <u>심판청구를 한 처분보다 청구인에게 불이익이 되는 결정을 하지 못한다</u>(국기법 §79②). 이를 불이익변경금지의 원칙이라 한다.

- 따라서 청구인에게 불이익 되는 가중변경이 필요한 경우에는 심판청구를 기각결정함에 그친다. 위 <u>국세기본법 제79조</u>는 <u>조세심판의 범위를 규정</u>하는 것이며 그 범위는 불복의 대상이 된 처분에 국한하고 그 이외의 처분에 대하여는 심판할 수 없음을 명문으로 규정하고 있다.

2. 불이익변경금지의 원칙(Verbot der Reformatio in peius)

- 불이익변경금지의 원칙 (국기법 §79②, §65-3②, 지기법 §100)
- 조세심판을 심리·결정함에 있어서 심판청구를 한 처분보다 청구인에게 불이익이 되는 결정을 하지 못함.
- 청구인에게 **불이익한지 여부는 주문**에 의하여 결정(판례)

- 국세기본법은 조세심판의 재결을 함에 있어 명문으로 불이익변경금지원칙을 적용토록 천명하고 있다. 즉 심판청구를 한 처분보다 청구인에게 불이익이 되는 결정을 하지 못한다(국기법 79②). **청구인에게 불이익한지 여부는 주문에 의하여 결정**한다.
- 과세표준 또는 세액의 증가, 이월결손금의 감소, 환급세액의 감소 등을 들 수 있을 것이다. 그러므로 조세심판청구와 관련한 재결에 있어서는 기각결정, 취소결정, 감액결정이나 필요한 처분만 할 수 있고 <u>청구인에게 불리한 새로운 처분이나 증액경정을 할 수 없다.</u>

3. 해석 사례

- **대법원이 종전의 판결을 뒤집은 납세자에게 유리한 판결**
  - 심판청구에 대한 <u>재조사결정의 취지에 따른 후속 처분이 심판청구를 한 당초 처분보다 청구인에게 불리하면</u> 국세기본법 제79조 제2항의 <u>불이익변경금지원칙에 위배</u>되어
  - 후속 처분 중 <u>당초 처분의 세액을 초과하는 부분은 이를 취소함</u>(破棄自判)

    (대법원 2016두39382, 2016.9.28.)
- **【해설】**
  - **사안의 개요**
    북인천세무서장이 2012년 귀속 종합소득세 20,730천원 부과 → <u>심판청구</u>(소득금액을 추계결정청구) → 조세심판원 <u>재조사결정</u>(추계결정할 것) → 북인천서장이 당초고지한 20,730천원에서 <u>9,436천원을 추가고지</u> → 행정소송(1심·2심 : 국승) → **대법원 판결** : 당초부과세액 20,730천원 보다 <u>초과세액 9,436천원은 취소</u> (국패)
  - **대법원이 종점의 입장을 뒤집어 납세자에게 유리하게 판결함**(재조사 결정으로 처분청이 다시 조사하여 탈루세액이 나와도 과세하지 못하여 최소한 <u>불복청구한 처분보다 더 과</u>

세되지는 아니하게 되었음.

- 기존의 대법원 입장은 …기각입장 이었음.
  재결청의 재조사결정에 따라 처분청이 재조사한 결과 당초 처분보다 증액경정하였다 하여 이를 불이익변경금지원칙에 반한다고 볼 수 없음.
  (대법원 1992.7.14. 선고 90누893 판결. : 대법원 1983.7.12. 선고 82누134판결)

기존 대법원 판례를 뒤집은 납세자에게 유리한 판례

- 심판청구에 대한 재조사결정의 취지에 따른 후속처분이 심판청구를 한 당초 처분보다 청구인에게 불리하면 국세기본법 제79조 제2항의 불이익변경금지원칙에 위배되어 후속 처분 중 당초 처분의 세액을 초과하는 부분은 취소함아 타당하므로 2012년 귀속 종합소득세는 당초 경정고지한 20,730천원에서 추가로 증액경정한 9,436천원은 불이익변경금지원칙에 위배되어 취소함이 타당함(破棄自判).

  (대법원 2016두39382, 2016.9.28.)

  → 재결청의 재조사결정에 따라 처분청이 재조사 과정에서 탈루세액이 발견되더라도 불복청구한 세액보다 더 과세하지는 못한다는 의미

  *【破棄自判(파기자판)】: 상급법원이 하급법원의 판결이 잘못 되었다고 판단하여 하급법원으로 돌려보내지 않고(파기환송) 직접 판결을 하는 것(민소법 §437)

[기존 대법원 입장]…기각

- 재결청의 재조사결정에 따라 처분청이 재조사한 결과 당초 처분보다 증액경정하였다하여 이를 불이익변경금지원칙에 반한다고 볼 수 없음.
  (대법원 1992.07.14. 선고 90누893 판결. : 대법원 1983.07.12. 선고 82누134판결)

4. 조세심판 심리에 있어서의 자유심증주의

- 조세심판관은 심판청구에 관한 조사 및 심리의 결과와 과세의 형평을 참작하여 자유심증으로 사실을 판단한다(국기법 §77). 자유심증주의(Freie Beweiswürdigung)라 함은 재판의 기초되는 사실인정에 있어서 법관은 법률상의 제약을 받지 않고 변론 전체의 취지와 증거자료를 통하여 사회정의와 형평의 이념에 입각하여 논리법칙과 경험법칙에 의하여 자유로운 판단으로 사실의 존부에 대한 확신을 얻는 원칙을 말한다. 증거평가자유의 원칙이라고도 하며 민사소송법과 형사소송법은 이 원칙을 채택하고 있다.
- 자유심증주의의 반대개념은 法定證據主義(Formelle Beweisregeln)로 이는 어떠한 증거에 의하여 어떠한 사실을 인정하여야 하는가에 대하여 미리 증거법칙을 두고 법관이 이것에 따라 사실인정을 하는 주의이다.
- **조세심판 심리**에 있어서의 **자유심증주의**
  국세기본법에는 국세에 관한 이의신청이나 심사청구에의 심리절차에서는 인정되지 아니하고 국세심판에만 자유심증주의를 천명5)하고 있다. 자유심증주의는 행정심판에 사법절차를 준용하도록 한 헌법 제17조 제3항의 취지에 비추어 민사소송법 및 형사소송법의 자유심증주의와 다를 바 없다고 할 것이다. 조세심판에 있어서도 자유심증주의는 국세심판관의 독립성을 보장하여 권리구제의 범위를 확대시켜 심판청구사건의 실체적 진실을 발견하려는데 그 취지가 있다. 그러므로 국세심판의 심리에 있어서도 민사 또는 형사소송절차에 준하여야 할 것이고 이는 조세심판관의 사실인정의 합리적 판단이 전제되어야 할 것이다.
- **자유심증주의의 한계**
  법관에게 부여된 자유심증주의에 있어서의 자유가 恣意를 의미할 수는 없으며, 사실인정이 국세심판관의 專斷이 되어서는 아니 된다. 자유심증주의 하에서의 증거의 가치판단은 국세심판관의 자유재량에 맡겨져 있기는 하나 자의적인 재량 또는 판단이 허용되는 것은 아니다. 합리성과 객관성을 결여한 증거가치의 판단은 위법하고6), 논리칙과 경험칙에 위배되지 않는 범위내에서만 허용되는 것으로서7) 객관성과 합리성을 결하여 논리칙과 경험칙에 반하는 증거취사나 사실인정까지 허용될 수는 아니라고 할 것이다.8)

---

5) 국세기본법 제77조의 조세심판관의 자유심증주의는, 자유심증주의를 천명한 민사소송법(202) 또는 형사소송법(308)과는 법문의 표현이 다르나 이는 실정법상 당해 법규를 적용하기 위한 절차적 규정에 불과하므로 그 취지는 같은 맥락으로 보아야 할 것이다.
6) 대법원 1984.5.29. 선고 84도554 판결.
7) 대법원 1985.11.26. 선고 85도2109 판결.
8) 재판에서 법관이 어느 사실을 증명되었다고 하여 이를 인정하기 위해서는 그 사실의 존부에 대한 심증이 일정한 정도에 달할 것이 필요하며 증명도는 사회의 통상인이 합리적 의심을 품지 않을 정도의 십중팔구라는 고도의 개연성의 확신에 이르는 것이 필요하다(대법원 1991.11.26. 선고 91도1956 판결 : 대법원 1990.06.26. 선고 89다카7780 판결).

제2절　심리의 기준

1. 심판의 범위

(1) 총액주의(總額主義) 입장

> ■ 심리범위는 「총액주의(總額主義)」 적용
> ☞ 부과된 「세액총액」과 그 「처분절차」의 적법여부가 심리대상

- 국세기본법에는 언급 없으나, 사법부와 재결청 및 통설 (.대법원 1997.6.13. 선고 96누7441. 판결 .외) 의 입장
- 총액주의를 취하되 재결을 위한 조사는 쟁점주의적 운영이 바람직
  (자칫 재조사 수준에 이를 수 있으므로)
- 청구인이 주장하지 않은 부분도 청구인에게 이익이 되는 것이라면 재결청이 직권으로 조사해서 감액 경정가능

(2) 〔참고〕 '총액주의'의 대응개념인 '쟁점주의(爭點主義)'

> ■ 불복 청구부분에 한정하여 심리

- 하나의 과세처분에 대해 **일부분의 불복청구가 있는 경우**에 동 과세처분의 대상이 된 **실체적 세액의 전부**에 대하여 조사·심리할 수 없고
- 불복청구에 한정하여 조사심리의 대상

「총액주의」와 「쟁점주의」 정리

■ **총액주의**는 부과된 세액 총액의 적부가 심리대상이고, **쟁점주의**는 당사자의 청구에 의하여 한정된 사항에 그치게 되는데, 국세기본법에는 이에 대해 아무런 규정을 두지 않고 있으나 **사법부와 재결청의 입장 및 통설은 원칙적으로 '총액주의'의 입장**을 취하고 있다.

■ **총액주의**는 과세처분에 의하여 확정된 세액이 조세실체법에 의하여 객관적으로 존재하는 진실한 세액을 초과하는지 여부가 심판의 대상 및 범위가 된다.
따라서 하나의 확정과세처분에 대하여 일부의 불복청구가 있는 경우에도 과세처분 대상

- 이 된 총세액의 전부에 대하여 조사·심리 결과 이의를 제기하지 아니한 부분도 그 부분에 흠결이 있다면 재결청은 이를 직권으로 감액경정할 수 있다. 즉 실체적 총세액을 기준으로 가감하여 심판할 수 있다는 의견이다.
- 이는 납세자권리구제의 기본이념과 원칙적 직권심리주의에 비추어 총액주의가 바람직하다. 즉, 청구인에게 불이익이 아닌 이익을 주려고 하는 것이므로 청구인이 원하지 아니하는 이상 주장하지 아니한 부분도 청구인에게 이익이 되는 것이라면 직권으로 감액경정할 수 있다고 본다. 다만, 지나친 직권심리주의에 빠져 과세요건 전반에 걸쳐 조사를 하는 것은 재결의 성격보다는 재조사 수준으로 흐르게 되어 경계하여야 한다. 그러기에 쟁송재단적 기능의 측면에서 볼 때 총액주의를 취하되, 그 재결을 위한 조사에 있어서는 쟁점주의적 운영이 바람직하다(松澤 智, 租稅爭訟法, 改訂版, 東京: 中央經濟社, 1998., pp.127~128; 최명근, 납세자기본권, 경제법륜사, 1997. p.364.; 南 博方, 條解 行政事件訴訟法, 東京: 弘文堂, 1987. p.58. ; 이태로·안경봉, 「조세법강의」 박영사, 2002.3. p.822. 박종호, "조세심판의 심리기준과 결정의 범위", 「조세논총」 제2권 제1호, 한국조세법학회, 2017.3. p.105).

대법원의 총액주의 입장 관련 판결

- 과세처분의 취소소송은 과세처분의 실체적·절차적 위법을 그 취소원인으로 하는 것으로서 그 심리대상은 과세관청의 과세처분에 의하여 인정된 조세채무인 과세표준 및 세액의 객관적 존부 즉, 당해 과세처분의 적부[9]가 심리의 대상이 되는 것이고 납세자의 실제의 과세표준이나 세액 자체가 심리의 대상이 되는 것은 아님.
(대법원 1997.6.13. 선고 96누7441. 판결., 대법원 1980.10.14. 선고 78누345 판결.; 1984.4.10. 선고 83누539 판결.; 1985.4.9. 선고 84누431 판결.; 1985.7.23. 선고 84누247 판결 외 다수 판결)

---

9) 부과된 세금총액의 적부여부가 심리의 대상이 되는 총액주의를 취하는 결과 과세처분 중 일부분에 대해 불복청구가 있는 경우에도 법원은 과세처분의 대상이 된 세액 전부에 대하여 실체법상 정당한 세액을 기준으로 심판하여 정당한 세액을 초과하는 부분에 대해서는 일부취소판결을 하기도 하며, 분쟁의 일회적 해결의 관점에서 과세관청에 의한 처분사유의 추가·변경을 비교적 자유롭게 허용하고 있다(이에 대한 상세는 정선균, 「행정법 강해」, 필통북스, 2024, pp. 886~887).

2. 결정처분과 경정처분의 법률관계

(1) 법률 규정 (국세기본법 제22조의 3, 지방세기본법 제36조)

- **국세기본법 제22조의3【경정 등의 효력】** ① 세법에 따라 당초 확정된 세액을 증가시키는 경정(更正)은 당초 확정된 세액에 관한 이 법 또는 세법에서 규정하는 권리·의무관계에 영향을 미치지 아니한다.
  ② 세법에 따라 당초 확정된 세액을 감소시키는 경정은 그 경정으로 감소되는 세액 외의 세액에 관한 이 법 또는 세법에서 규정하는 권리·의무관계에 영향을 미치지 아니한다.
- **지방세기본법 제36조【경정 등의 효력】** : 조문 동일

(2) 대법원·조세심판원·기획재정부의 태도

- **증액경정의 효력**
  ① 당초신고나 결정은 증액경정처분에 흡수됨으로써 독립된 존재가치를 잃게 된다고 보아야 할 것이므로 원칙적으로는 당초 신고나 결정에 대한 불복기간의 경과여부 등에 관계없이 증액경정처분만이 항고소송의 심판대상이 되고 납세의무자는 그 항고소송에서 당초신고나 결정에 대한 위법사유도 함께 주장할 수 있다고 해석함이 타당함.
  (대법원 2009.5.14. 선고 2006두17390 판결)
  ② 증액경정처분은 탈루 부분만을 추가로 확정하는 것이 아니라 증액경정처분시점에 경정청구기간이 경과하지 아니한 당초신고나 결정에서 확정된 과세표준과 세액을 포함하여 전체로서 하나의 과세표준과 세액을 다시 결정하는 것이고 경정청구나 부과처분에 대한 다툼은 모두 정당한 과세표준과 세액의 존부를 정하고자 하는 동일한 목적을 가진 불복수단으로서 각각 다투게 하는 것은 권익보호나 소송 경제성에도 부합하지 않는 점 등에 비추어 보면, 증액경정처분의 취소를 구하는 다툼에서 처분청의 증액경정 사유뿐만 아니라 당초 신고에 관한 과다신고 사유도 함께 주장하여 다툴 수 있음.
  따라서 납세의무자가 스스로 신고한 부분은 그대로 확정되고, 증액경정처분과 무관하다고 하여 증액경정처분에 대한 다툼에서는 신고에 의해 확정된 과세표준과 세액을 다툴 수 없다고 보아 청구법인의 주장을 배척한 처분청의 처분에는 잘못이 있음.
  다만, 당초 확정된 세액을 증가시키는 경정에 대하여 불복을 하는 경우, 당초 확정된 세액과 경정된 세액의 모든 과세요건의 사유를 대상으로 다툴 수는 있겠으나, 취소가

능한 세액의 범위는 경정으로 인하여 증액된 세액으로 봄이 타당함.
(대법원 2012.3.29. 2011두4855, 2013.4.18., 2010두111733, 2014.6.26. 2012두12822.)

③ 증액경정을 하는 경우에는 신고나 경정에 의하여 확정된 당초의 확정내용의 하자를 바로 잡도록 함이 법적안정성을 해치지 아니하면서 합법성을 유지하는 길이라 하겠음. 다만, 국세기본법 제22조 제1항에서 "당초 확정된 세액을 증가시키는 경정은 당초 확정된 세액에 관한…"이라 하여 경정의 효력이 미치는 범위를 세액을 기준으로 하여 증액경정이 있는 경우에도 당초에 확정된 세액을 초과하는 범위의 세액만이 다툼의 대상이 되고, 청구법인이 당초 법인세를 신고납부하여 확정된 세액에 대하여도 그 경정처분으로 증액된 세액의 범위내에서는 이를 다툴 수 있음.
(국세심판원 2003중556, 2003.10.18. 조세심판관합동회의., 국심 2006전3351 2007.6.11., 국심 2007부797, 2008.1.21. 결정)

④ 당초결정이나 신고된 세액에 대해 증액경정처분된 세액의 범위내에서 손금 누락분을 손금인정시 감액되는 세액의 한도는 여러 사업연도 또는 귀속연도를 경정시 경정한 사업연도나 귀속연도별 고지세액으로 할 것인지에 대해서 조세심판원은 증액경정처분세액 총액이 아니라 각 사업연도 또는 각 귀속연도별로 계산하여야 한다는 태도를 보이고 있음.
(조심2008서4211, 2009.8.27., 조심 2014서3387., 2016.1.29.)

⑤ 증액경정처분에 대해 불복청구하는 경우 당초 확정분과 경정된 세액을 다툴 수는 있으나 취소가능한 세액의 범위는 경정으로 인하여 증액된 세액임.
(기획재정부 재조세-1150, 2010.12.16.)

(3) 정리

- 증액경정의 효력
  - 증액경정처분의 경우 당초처분 보다 **증액된 세액의 범위내**에서 다툴 수 있고 **위법사유**는 전체세액에 대해 주장할 수 있음.
    → 당초 확정분과 경정된 세액을 다툴 수 있으나, 취소 가능한 세액의 범위는 경정으로 인하여 증액된 세액임.
  - 대법원과 조세심판원의 논지는 다소 다르지만 결론은 위와 같이 동일함.
  - 여러 귀속연도에 걸쳐 있을 경우에는 각 귀속연도별로 계산하여 적용함.

■ Case Study

2021.06.01.	2024.07.07.	2024.09.01.	2024.12.05.
△	△	△	△
2020년 귀속 법인세 100,000천원 과세 또는 신고 (결정)	20,000천원 추징 (증액경정)	심판청구 (120백만원 취소청구)	심판 결정 (20백만원까지만 인용결정 가능)

【해설】
① 총부과세액 : 120,000백만원
② 불복기간기산 : 2024.7.7. 고지서 수령일 (불복가능)
③ 위법사유 다툴 세액 : 전체세액(120백만원)
   → 당초 결정된 100백만원은 증액경정처분에 흡수되어 120백만원이 불복대상
④ 결정범위 세액 : 20백만원
   → 국세기본법 §22-3 ①에서, "당초 확정된 세액을 증가시키는 경정은 당초 확정된 세액에 관한" 으로 규정되어 있으므로, 증액경정이 있는 경우에도 당초에 확정된 세액 100백만원을 초과하는 20백만원이 다툼의 대상이 되고, 인용결정이 되더라도 20백만원만이 됨.

즉, 불복심리결과 증액경정처분된 20백만원에 대해서는 흠결이 없고 당초 결정처분(100백만원)에 대해서 흠결이 발견되었으나 100백만원 중 20백만원만 감액경정 할 수 있다는 의미
* 관련 학설로는 제한적 흡수설, 결합설 등이 있으나, 본 서에서는 이를 생략함.

■ 당초신고에 대한 경정청구거부처분취소소송에서 과세관청의 증액경정사유 주장하여 다툴 수 있음(국패).

납세자는 감액경정청구에 대한 거부처분 취소소송에서 당초 신고에 대한 과다신고사유뿐만 아니라 과세관청의 증액경정사유도 함께 주장하여 다툴 수 있음. 다만, 당초 신고한 세액 범위내에서 다툴 수 있음.

구 국세기본법(2019.12.31. 법률 제16841호로 개정되기 전의 것, 이하 같다) 제45조의2 제1항 본문은 "과세표준신고서를 법정신고기한까지 제출한 자는 다음 각 호의 어느 하나에 해당할 때에는 최초신고 및 수정신고한 국세의 과세표준 및 세액의 결정 또는 경정을 법정신고기한이 지난 후 5년 이내에 관할 세무서장에게 청구할 수 있다."라고 규정하면서, 제1

호에서 '과세표준신고서에 기재된 과세표준 및 세액(각 세법에 따라 결정 또는 경정이 있는 경우에는 해당 결정 또는 경정 후의 과세표준 및 세액을 말한다)이 세법에 따라 신고하여야 할 과세표준 및 세액을 초과할 때'를 들고 있다. 그리고 구 국세기본법 제45조의2 제1항 단서(이하 '이 사건 단서규정'이라 한다)는 "결정 또는 경정으로 인하여 증가된 과세표준 및 세액에 대해서는 해당 처분이 있음을 안 날부터 90일 이내에 경정을 청구할 수 있다."라고 규정하여, 과세관청의 경정으로 인하여 증가된 과세표준 및 세액에 대해서는 납세자의 경정청구기간을 제한하고 있다. 관련 규정의 문언, 체계 및 경정청구제도의 취지 등을 종합하여 보면, 과세표준신고서를 법정신고기한 내에 제출한 납세자가 그 후 이루어진 과세관청의 결정이나 경정으로 인한 처분에 대하여 소정의 불복기간 내에 다투지 아니하였더라도 <u>5년의 경정청구기간 내에서는 경정청구권을 행사하는 데에는 아무런 영향이 없다</u>(대법원 2014.6.26. 선고 2012두12822 판결 참조). 그리고 통상의 과세처분 취소소송에서와 마찬가지로 감액경정청구에 대한 거부처분취소소송 역시 그 거부처분의 실체적·절차적 위법사유를 취소 원인으로 하는 것으로서 그 심판의 대상은 과세표준 및 세액의 객관적인 존부이므로, 그 과세표준 및 세액의 인정이 위법하다고 내세우는 개개의 위법사유는 자기의 청구가 정당하다고 주장하는 공격방어방법에 불과한 점(대법원 2020.06.25. 선고 2017두58991 판결 참조), 과세처분에 대한 취소소송과 경정청구는 모두 정당한 과세표준 및 세액의 존부를 정하고자하는 동일한 목적을 가진 불복수단이므로, 납세자로 하여금 과세관청의 증액경정사유에 대하여는 취소소송으로써, 과다신고사유에 대하여는 경정청구로써 각각 다투게 하는 것은 납세자의 권익보호나 소송경제에 부합하지 않는 점(대법원 2013.04.18. 선고 2010두11733 전원합의체 판결 참조) 등에 비추어 보면, 납세자는 <u>감액경정청구에 대한 거부처분 취소소송에서 당초 신고에 대한 과다신고사유뿐만 아니라 과세관청의 증액경정사유도 함께 주장하여 다툴 수 있다.</u> 다만, <u>증액경정처분에 대한 불복기간이 경과한 경우에는 이 사건 단서규정에 따라 '경정으로 인하여 증가된 과세표준 및 세액'에 관하여는 취소를 구할 수 없고, 당초 신고한 과세표준 및 세액을 한도로 하여서만 취소를 구할 수 있을 따름</u>이다.

원심판결 이유를 관련 규정과 법리에 비추어 살펴보면, 원심이 같은 취지에서 원고는 이 사건 거부처분 취소소송에서 <u>증액경정처분에 대한 불복기간의 경과 여부와 상관없이 당초 신고에 대한 과다신고사유뿐만 아니라 피고의 증액경정사유도 함께 주장하여 다툴 수 있다</u>고 보아 이 사건 거부처분을 위법하다고 판단한 것은 정당함.

(대법원 2024.06.27. 선고 2021두39997 판결)

제3장 결정의 범위

제1절 결정의 구분

- **결정**은 조세불복청구에 대한 재결청의 최종적인 판단으로서 <u>각하결정 · 기각결정 · 인용결정</u>으로 구분된다. <u>인용결정</u>은 이를 다시 <u>취소결정 · 경정결정 및 필요한 처분의 결정</u>인 이행결정, <u>재조사결정</u>의 네가지 결정으로 나눌 수 있다. 여기서 결정이란 조세심판의 경우 국세기본법 제78조의 결정절차에 따라 조세심판관회의 · 조세심판관합동회의 · 주심조세심판관이 심리를 거쳐 의결 또는 결정한 재결을 말한다. 경정결정은 조세심판 등 조세행정심판절차에 특유한 인용재결의 한 형태로서 재결청이 부과된 세액을 취소하지 아니하고 그 주문에서 과세표준이나 세액을 다시 산정하기 위한 기준을 제시하여 처분청이 그에 따라 원처분을 취소 · 변경하는 것을 의미한다. 이 경우 재결청에서 과세표준과 세액을 스스로 산정하여 처분을 일부취소 할 수 있음은 당연하지만 실무상 처분청의 권한을 존중하여 재결주문에서 변경기준만을 제시하는 경우가 많다.10)

- **재조사결정**은 2016.12.20. 법률 제14382호로 개정된 <u>국세기본법 제65조에 규정된 것</u>으로서 재조사결정에 따라 처분청이 당초 처분을 유지를 하였다면 청구인은 이에 대해 소송에 앞서 <u>다시 재결청에 불복청구를 할 수 있으며</u>, 이 경우 해당 <u>재조사결정을 내린 재결청에 심사청구나 심판청구를 제기</u>하여야 한다(국기법 §65 ③ 단서).

---

10) 김완석, 행정쟁송의 재결 등에 따른 경정결정 등의 제척기간, 세무학연구 제16호, 2000.08. p.126., 128. : 예컨대, 양도소득세에 있어서 "취득가액은 79,500,000원으로 하여 그 과세표준과 세액을 경정한다", 종합소득세에 있어서 "납부불성실 가산세는 2006.01.05.부터 기산하여 이를 산정한다" 등으로 경정결정 된 경우, 국세심판재결주문만으로는 구체적 과세표준 및 세액의 경정범위가 불분명하므로 위의 재결에 의하여 원처분이 당연히 변경되었다고 보기는 어렵고, 처분청이 구체적인 과세표준과 세액의 경정결정을 하여 이를 청구인에게 통지한 때에 비로소 원처분의 변경의 효력이 발생한다고 보아야 할 것이다(대법원 1982.07.27. 선고 82누91 판결).

제2절 결정기간 및 결정통지

1. 결정기간

- 조세심판청구에 대한 결정의 경우 심판청구서를 받은 날부터 90일 이내[11](이의신청은 원칙적으로 30일 이내)에 문서로 결정하여야 한다(국기법 §65 ②). 결정서에는 주문과 이유를 기재함과 동시에 심리에 참석한 조세심판관의 성명을 명시하여 당해 심판청구인과 세무서장에게 송달하여야 한다(국기법 §78 ⑤). 여기서, "심판청구를 받은 날"이라 함은 심판청구서가 경유기관인 처분청에 접수된 날을 의미하는 것이고 심판청구서가 재결청인 조세심판원장에게 직접 제출한 경우에는 결정기간은 그 재결청에 접수한 날의 다음날부터 기산한다.[12]
- 조세심판원의 **결정기간 90일은 강제기간으로 보기 보다는 선언적인 규정**으로 보아야 한다. 이는 법정기한에 얽매여 사실조사나 심리의 미진을 막기 위함으로 새겨야 할 것이다. 같은 취지에서 이 법정기한내 결정통지를 받지 못한 경우 결정의 통지를 받기 전이라도 불복청구인은 그 결정기간이 경과한 날부터 행정소송을 제기할 수 있도록 하고 있다(국기법 §56③).

2. 결정통지

(1) 재결통지의 법률적 의미
- 재결은 조세심판청구사건 등 불복사건에 대한 판단을 대외적으로 청구인과 처분청에게 알리는 것으로 재결서를 청구인과 처분청에 송달한다. 조세심판의 **효력은 재결서가 송달되어야 발생하는 것**이며(행심법 38②) 이는 **공문서 효력의 일반원칙인 도달주의**를 취하고 있는 것이다.

(2) 재결통지 방법
- 재결서의 송달은 청구인 또는 그 대리인이 재결청에서 **직접 수령**하는 경우를 제외하고는 우편법에 의한 **특별송달방법**[13]으로 하여야 한다(국기령 §63). 통지·송달의 표시는 **행정행위의 적법요건**이자 동시에 **행정행위 존재의 전제요건**이다.

---

11) 조세심판사건의 2023년 처리건수는 16,485건(내국세 10,793, 관세 193, 지방세 5,499)으로서 평균처리기간은 172일이며, 전년도(2022년의 평균처리기간은 234일, 2021년 평균처리기간은 196일)에 비해 비교적 빠른 편이다(2023년 조세심판통계연보).
12) 대법원 1985.07.23. 선고 85누49 판결.; 대법원 1986.08.19. 선고 85누620 판결; 대법원 1985.04.23. 선고 84누709 판결.

제4장 결정의 효력

제1절 재결의 법적성질

- 조세심판결정은 **공정력·불가쟁력·불가변력·기속력** 및 **형성력**이 있다. 조세심판청구에 대한 결정은 그 통지가 불복청구인에게 <u>도달함으로써</u> <u>효력</u>이 발생한다. 조세심판이 제기되어 조세심판원이 내린 재결은 특정의 사실 또는 법률관계의 존부에 관하여 다툼이 있는 경우 공권적으로 판단하여 이를 확정하는 것이므로 그 **법적성질은 공법상 확인적 행정행위**라 할 수 있다. 확인행위는 기존의 사실(발명특허 등) 또는 법률관계(무효확인심판재결 등)의 존재여부를 판단한 것일 뿐 새로운 법률관계를 창설하는 것은 아니다. 이를 <u>준사법적 행위</u> 또는 <u>법선언행위</u>라고도 한다. 확인행위는 판단작용으로서 객관적 진실에 따라 결정되므로 성질상 <u>기속행위</u>로 보아야 한다.
- <u>확인행위의 형식은 언제나 처분의 형식</u>으로 행하며 법령에 의한 일반적인 확인은 없다. 확인은 행정절차법상 <u>처분</u>에 해당하므로 <u>요식행위</u>임이 원칙이다14). 확인행위로 확정된 사실 또는 법률관계는 권한 있는 기관에 의해 부인되지 않는 한 누구도 그것을 임의로 변경할 수 없는 힘 즉 존속력을 갖는 것이고 이것은 모든 확인행위에 공통된 효력이다. 확인의 효과는 확인대상의 존재시기에 소급한다.15)

〈표2〉 재결의 법적성질

- ■재결의 법적성질 : 공법상 「확인적 행정행위」… 준사법적 행위
- 특정의 사실 또는 법률관계(당사자간의 권리·의무관계)**의 존부에 관하여 다툼**이 있는 경우 공권적으로 판단하여 이를 확정하는 행정행위 …준사법적 행위
- 행정법상 확인행위는 기존의 사실 또는 법률관계의 존재여부를 판단한 것일 뿐 새로운 법률관계를 창설하는 것이 아니며, 판단작용으로서 객관적 진실에 따라 결정되므로 성질상 기속행위로 봄.

---

13) 「특별송달 방법」은 등기취급을 전제로 민사소송법 제176조의 규정에 의한 방법으로 송달하는 우편물로서 배달우체국에서 배달결과를 발송인에게 통지하는 특수취급제도이다(우편법시행규칙 제25조 제1항 제6호).
14) 행정절차법 제24조 제1항
15) 홍정선, 행정법원론(상), 박영사, 2007.02. p.328.

> ■ **재결의 법적성질** : 공법상 「확인적 행정행위」… 준사법적 행위
- 형식은 언제나 처분의 형식으로 행하며 법령에 의한 일반적인 확인은 없고 **확인의 효과**는 확인대상의 존재시기에 소급함.
  ☞ 재결은 권한 있는 재결청이 국세기본법 등 관계법률이 정하는 적법절차에 따라 행정청이 한 부과처분에 중대한 흠결의 유무를 확인하는 행정행위
  중대한 흠결이 있을 경우 취소결정, 무효확인결정, 이행결정을 내리고, 흠결이 없다면 기각결정을 내린다는 의미임.

제2절 결정의 효력

<표3> 재결16)(결정)의 효력

재결(결정)의 효력	
공정력	■ 행정처분인 결정이 내려지면 **당연무효가 아닌 한 적법한 것으로 추정되어 유효하게 통용**되는 행정법상의 효력
기속력	■ **처분청 및 관계 행정청을 羈束**17) (국기법 §80 ②, 지기법 §100)
불가쟁력	■ 심판결정이나 행정처분은 **불복기간을 경과하면 더 이상 다툴 수 없음**. (심판결정에 불복하는 청구인은 결정서 받은 날부터 90일 이내 행정소송을 제기해야 함)
불가변력	■ **불가변력** : 결정을 조세심판원 스스로도 이를 취소·변경 할 수 없음. ■ 【결정의 경정】 심사청구나 심판청구에 대한 결정에 잘못된 기재·계산착오·

---

16) 재결과 판결

재 결 (裁決)	판 결 (判決)
■ 행정청의 처분(부작위)에 대한 행정심판청구에 대한 행정심판위원회가 행하는 판단 (행정심판법 §2 3호) ■ 준사법적 행정행위	■ 소송애 대한 법원의 판단 ■ 재판에서의 실체적 판단을 내린다는 점에서 소송절차에 관한 판단을 하는 결정(재판의 일종)과 다름(형소법 §37, 민소법 §48, 행소법 §6) ■ 재판(裁判)의 종류 : 판결, 결정, 명령

재결(결정)의 효력	
	그밖에 이와 비슷한 잘못이 있는 것이 명백할 때는 국세청장 또는 조세심판원은 직권 또는 신청에 의해 바로 잡을 수 있음(국기법 §81, §65-2, 국기령 §53-2, 국기칙 §24-2, 결정의 경정신청은〔별지 제31호의2 서식 : 국세심사·조세심판결정 경정신청서〕에 의함18).
형성력	■ 원처분을 취소 또는 변경하는 심판결정이 있으면 특단의 사정이 없는 한 그 결정의 효력에 의하여 원처분은 당연히 취소 또는 변경됨(대법원 1982.7.27. 선고 82누91 판결). ■ 처분청이 심판결정에 따른 별도의 처분을 함으로써 비로소 원처분이 취소 또는 변경되는 것이 아님. 즉, **형성재결의 확정에 의하여 기존의 법률관계에 변동을 가져오는 효력**
자력집행력 유무	■ 행정처분의 내용을 행정청 자체의 강제력에 의하여 실현할 수 있는 효력 ■ 재결의 자력집행력은 법적근거가 없어 인정할 수 없는 것으로 해석

* 당해 <u>행정청</u>은 결정의 취지에 따라 <u>즉시 필요한 처분</u>을 해야 함.
   (국세기본법 §80②, 지방세기본법 §100)

---

17) 재결의 기속력은 국세기본법,제89조 지방세기본법 제100조 등 세법뿐만 아니라 행정심판의 기본법격인 행정심판법 제49조 제1항에서도 '재결은 피청구인 행정청과 그 밖의 관계행정청을 기속한다'고 규정하고 있으므로 처분청은 재결에 기속되어 재결의 주문취지에 따라 이행할 의무를 지게 되고 재결에 불복하여 항고소송을 제기할 수 없다. 행정청에 대하여 재결에 관한 항쟁수단을 별도로 인정하는 것은 행정상의 통제를 스스로 파괴하고, 국민의 신속한 권리구제를 지연시키는 작용을 하게 될 것이다(대법원 1998.05.08. 선고 97누15432 판결). 헌법재판소도 위 행정심판법의 재결의 기속력 조항이 헌법에 위반되지 않는다고 합헌결정을 내려 대법원과 납세자의 손을 들어 주었다(헌재 2014.06.26. 2013헌바122 전원재판부 결정).

18) 국세기본법 시행령 제53조의2(결정의 경정) 국세청장은 국세기본법 제65조의2에 따른 결정의 경정을 한 경우에는 경정서를 작성하여 지체 없이 심사청구인에게 통지하여야 한다. 조세심판결정도 동일하다(국세기본법 제81조 : 제65조의 2 규정 준용).

[국세기본법 시행규칙 별지 제31호의2서식]

국세심사·심판결정경정신청서 …불가변력의 제한적 예외		처리기간
☞심사청구나 심판청구에 대한 결정에 **잘못된 기재, 계산착오·그밖에 이와 비슷한 잘못**이 있는 것이 명백할 때는 국세청장 또는 조세심판원은 **직권** 또는 **신청**에 의해 **바로 잡을 수 있음**		14일

①심사(심판)청구번호	제 호		
②청 구 인		③피청구인	
④신 청 취 지			
⑤신 청 이 유			
⑥근 거 법 조	국세기본법 제65조의2제1항 및 제81조		

위와 같이 국세심사(조세심판) 결정의 경정을 신청합니다.

년   월   일

신청인 주소
성명   (서명 또는 인)

국세청장(조세심판원장) 귀하

※ 첨부서류 : 입증자료	수수료
	없음

210mm×297mm(신문용지 54g/㎡)

제4편

조세 부과의 원칙

제1장 실질과세원칙

제1절 법률규정

- **국세기본법 제14조(실질과세)** ① 과세의 대상이 되는 소득, 수익, 재산, 행위 또는 거래의 귀속이 명의(名義)일 뿐이고 사실상 귀속되는 자가 따로 있을 때에는 사실상 귀속되는 자를 납세의무자로 하여 세법을 적용한다.
  ② 세법 중 과세표준의 계산에 관한 규정은 소득, 수익, 재산, 행위 또는 거래의 명칭이나 형식과 관계없이 그 실질 내용에 따라 적용한다.
  ③ 제3자를 통한 간접적인 방법이나 둘 이상의 행위 또는 거래를 거치는 방법으로 이 법 또는 세법의 혜택을 부당하게 받기 위한 것으로 인정되는 경우에는 그 경제적 실질 내용에 따라 당사자가 직접 거래를 한 것으로 보거나 연속된 하나의 행위 또는 거래를 한 것으로 보아 이 법 또는 세법을 적용한다.
- **지방세기본법 제17조(실질과세)** : 내용 동일함

제2절　해설

- **국기법 제14조** 실질과세원칙의 <u>제1항</u>은 <u>실질 귀속자</u>를 납세의무자로, <u>제2항</u>은 <u>과세표준의 계산</u>시 소득, 거래 등 그 <u>실질내용</u>에 따라 <u>실질과세원칙을 적용</u>한다는 규정이다.
- 예외의 규정으로, 주식의 명의자를 의제증여로 보아 증여세를 과세하도록 상증법상 규정이나, 취득세의 경우 사실상의 소유자에 대한 신고가 없거나 입증할 수 없을 때에는 형식상의 귀속자를 납세의무자로 보도록 한 규정을 들 수 있다.
- <u>실질과세원칙</u>은 헌법상의 기본이념인 <u>평등의 원칙</u>을 조세법률관계에 구현하기 위한 <u>실천적 원리</u>로서, 조세의 부담을 회피할 목적으로 과세요건 사실에 관하여 실질과 괴리되는 비합리적인 형식이나 외관을 취하는 경우에 그 형식이나 외관에 불구하고 <u>실질에 따라 담세력이 있는 곳에 과세함</u>으로써 부당한 <u>조세회피행위를 규제</u>하고 과세의 형평을 제고하여 <u>조세정의를 실현</u>하고자 하는데 <u>주된 목적</u>이 있다1).

제2장　신의·성실의 원칙

제1절　법률규정

- **국세기본법**
  제15조(신의·성실) <u>납세자</u>가 그 의무를 이행할 때에는 <u>신의</u>에 따라 성실하게 하여야 한다. <u>세무공무원</u>이 직무를 수행할 때에도 또한 같다.

---

1) 조세법상 '실질과세원칙'은 조세법의 기본원리인 조세법률주의와 대립관계에 있는 것이 아니라 조세법규를 다양하게 변화하는 경제생활관계에 적용함에 있어 예측가능성과 법적안정성이 훼손되지 않는 범위내에서 합목적이고 탄력적으로 해석함으로써 조세법률주의의 형해화를 막고 실효성을 확보한다는 점에서 조세법률주의와 상호보완적이고 불가분적인 관계에 있다(대법원 2012.01.19. 선고 2008두3499 전원합의체 판결).

제2절　해설

- <u>신의성실의 원칙</u>(신의칙)은 <u>"자기의 언동을 신뢰하여 행동한 상대방의 이익을 침해하여서는 아니 된다는 것을 의미</u>한다. 모든 인간은 사회공동생활에 있어서 신의를 지키고 성실하게 행동할 것이 요청되고 윤리적·도덕적 규제를 법률에 있어서 존중할 것을 요청하는 것이 신의칙이다.
- 신의칙은 납세자의 행위나 세무공무원의 행위 모두에게 적용되는 것으로서 납세자는 거래행위 등에 있어서 신의칙을 준수하여야 함은 당연하나, <u>사법부는 납세자의 행위에 대해 신의칙을 적용하는 경우에는</u> 세무조사권 등 공권력을 행사할 수 있는 과세관청의 행위에 대해 신의칙을 적용하는 경우 보다 <u>더 제한적이고 엄격히 그 효과를 인정하는 태도</u>를 보이고 있다.
- 과세관청이 행한 부과처분 등의 행정행위가 신의성실의 원칙에 위배한 것으로 판결되면 그 당초의 행정처분은 당연무효가 아닌 취소사유에 해당된다[2].

제3절　신의성실의 원칙 적용요건

【신의성실의 원칙이 적용되는 요건】…[확립된 판례]
(1) <u>과세관청의 행위에 대해 신의칙이 적용되기 위한 요건</u>(대법원 87누156, 1988.3.9.)외
  ① <u>과세관청의 공적인 견해표명</u>이 있을 것
  ② 그 견해표명이 정당하다고 신뢰함에 대해 <u>납세자에게 귀책사유가 없어야</u> 할 것
  ③ 납세자가 그 <u>견해표명을 신뢰하고</u> 이에 따라 무엇인가 행위를 할 것　④ 과세관청이 그 견해표명에 반하는 처분을 함으로써 <u>납세자의 이익이 침해되는 결과</u>가 될 것
(2) <u>납세자에 대한 신의칙이 적용되기 위한 요건</u>(대법원 95누18383, 1997.03.20.) 외
  ① 납세자의 행위에 <u>객관적으로 모순되는 행태</u>가 존재할 것
  ② 그 행태가 <u>납세의무자의 심한 배신행위에 기인</u>하였을 것

---

[2] 대법원 1991.1.29. 선고 90누7449 판결

③ 그에 기하여 야기된 과세관청의 신뢰가 보호받을 가치가 있을 것
④ 과세관청이 그 견해표명에 반하는 처분을 함으로써 납세자의 이익이 침해되는 결과가 될 것

제4절 해석사례

■ 세무공무원의 신고안내 행위는 공적인 견해표명으로 보기 어려움
부가가치세는 자진신고납부의무를 원칙으로 하고 있고 세무공무원의 신고안내 행위는 행정서비스의 한 방법으로서 과세관청의 공적인 견해표명으로 볼 수 없으므로 신의칙을 위배하였다고 볼 수 없음.

(조심 2012중5392, 2012.03.14.)

■ 과세관청의 담당공무원이 세금을 부과하지 않겠다는 약속을 하였다고 하더라도 사업자에 대한 세금은 그 과세요건이 충족되면 부과할 수 있는 것으로 그러한 약속은 효력이 없어 이 사건 부과처분의 효력에 영향을 미치지 못한다 할 것임.

(대법원 2012.12.13. 선고 2012두19731, 판결)

■ 신의칙은 조세법률주의를 본질적으로 훼손하지 아니하는 범위내에서 제한적으로 적용되어야 하고 나아가 법령상 명백한 것은 적용대상이 되지 못하고 구 재정경제부 발간 「2002 간추린 개정세법」, 국세청 발간 「2002 개정세법 해설」및 서울지방국세청장의 지시공문은 외부에 공포되지 아니하는 내부문서 또는 개정된 세법에 대한 설명이 담겨있는 책자에 불과하여 납세자에게 일반적으로 받아들여질 수 있고 신뢰의 대상이 되는 공적인 견해의 표명이라고 보기는 사실상 어려운 점 등을 감안할 때 신의성실의 원칙을 적용하는 것은 무리라고 판단됨.

(조심 2010서3577, 2013.5.20.)

- 일반적으로 조세법률관계에서 과세관청이 납세자에게 신뢰의 대상이 되는 공적인 견해를 표명한 경우 그에 반하는 과세관청의 행위에 대하여는 신의성실의 원칙을 적용할 수 있지만 이는 과세관청이 <u>공적인 견해를 표명할 당시의 사정이 그대로 유지됨을 전제</u>로 하는 것이 원칙이므로 <u>사후에 그와 같은 사정이 발견된 경우에는 그 공적견해는 더 이상 납세자에게 신뢰의 대상이 된다고 보기 어려운 만큼 특별한 사정이 없는 한 과세관청이 그 견해표명에 반하는 처분을 하더라도 신의성실의 원칙에 위배된다고 볼 수 없음.</u>

(대법원 2011.05.13. 선고 2008두19659, 판결)

- **과세관청에 자문을 받아 양도소득세를 신고한 경우 공적인 견해표명으로 볼 수 없음.**
청구인들이 과세관청의 자문을 받아 양도소득세를 신고·납부하였다고 주장하나 이를 객관적으로 확인할 수 없고, 설령 관련 자문을 받았다고 하더라도 이는 과세관청의 공적인 견해표명으로 볼 수 없으므로 이를 가산세를 면제할 만한 정당한 사유라 보기는 어려운 것으로 판단됨.

(조심 2018중1824·1825, 2018.12.14.)

- 명의신탁한 부동산에 대해 실제소유자가 따로 존재하고 명의수탁자가 체결한 임대차계약 등이 통정허위로 무효라는 판결이 났다 할지라도 **사업자등록을 하고 환급을 받는 등 적극적인 행위를 한 만큼 신의성실의 원칙에 위배**되어 명의수탁자에게 부가가치세를 부과함이 타당함.

(조심 2009전2367, 2010..6.7.)

- 납세의무자가 명의신탁 받은 부동산을 신탁자 등에게 임대한 것처럼 가장하여 사업자등록을 마치고 그 중 건물 등의 취득가액에 대한 매입세액까지 환급받은 다음 임대사업의 폐업신고 후 잔존재화의 자가공급 의제규정에 따른 부가가치세 부과처분 등에 대하여 그 부동산은 명의신탁된 것이므로 **임대차계약이 통정허위표시로서 무효라고 주장하는 것은 신의성실의 원칙에 위배**됨(국승).

(대법원 2009.4.23. 선고 2006두14865 판결)

【해설】 신의성실의 원칙은 합법성 및 실질과세원칙과는 충돌되나 판례의 입장은 원칙적으로 실질과세원칙을 우선시 하나 이 판례는 납세의무자인 명의수탁자가 부가가치세 신고

도 하고, 취득건물의 매입세액공제도 받고 하다가 폐업시 잔존재화에 대해 부가가치세를 부과처분을 하자 그 부동산은 명의신탁부동산이므로 임대차계약이 통정허위표시로서 무효라고 주장하는 것은 신의칙에 위배, <u>납세자가 배신행위를 했다고 보아 납세자 패소판결한 사례</u>임.

■ **세무공무원의 답변이나 의견표명만으로는 신의칙 적용이 어려움.**
자동차 관련 세금의 면제는 법령이 정하는 바에 따라 이루어지는 것일 뿐 담당공무원의 답변이나 의견 여하에 좌우되는 것이 아니고 <u>특별한 사정이 없는 한 담당공무원의 답변이나 의견표명만으로 그 상대방에게 보호받을 수 있는 신뢰가 형성되었다고 볼 수도 없는 것</u>임.

(대법원 2014.08.20. 선고 2014두36822. 판결)

■ **업무편람**은 행정청 내부의 업무처리 편의를 위하여 마련된 것이고 **지방자치단체의 질의회신**은 민원인의 민원사항을 토대로 **일반적인 법령해석**에 관한 회신을 한 것이며, **법제처의 법령해석** 또한 정부내의 통일성 있는 법령집행과 행정운영을 위해 법령해석에 관한 지침을 제시하기 위한 것에 불과하고 **지방자치단체나 법제처가 질의회신이나 법령해석**을 통하여 어떤 견해를 표명하였다고 하더라도 그것이 중요한 사실관계와 법적인 쟁점을 드러내지 아니한 채 질의한 것이고 더욱이 그 상대방이 원고들이 아닌 이상 이와 같은 공적인 견해표명에 의하여 원고들로 하여금 정당한 기대를 가지게 할 만한 신뢰가 부여된 경우라고 볼 수 없음(국승).

(대법원 2021.3.25. 선고 2020두56057 판결)

■ **행정자치부장관의 질의회신은 공적견해임** (국패)
행정자치부와그 소속기관 직제(2005.12.09. 대통령령 제19167호로 개정되기 전의 것) 제14조 제3항 제36호 등에 비추어 보면 지방세에 관한 질의회신 등의 업무와 지방세과세표준의 적정운영을 위한 제도의 개발·개선 및 표준지침을 시달하는 업무를 관장하는 <u>행정자치부장관이 2003.07.18. 원고에게 진입도로의 공사비가 취득가격에 포함되지 않는다고 회신한 것</u>은 **과세관청의 공적인 견해표명으로 봄이 상당**하고 위와 같은 회신을 믿은데 원고에게 어떠한 귀책사유가 있다고 볼 수 없으므로 원고의 신뢰에 반하여 진입도로 공사비를 취득세과세표준에 포함시켜 부과한 이 사건 부과처분은 신뢰보호의 원칙에 위배된다고 할 것임.

(대법원 2009.9.24. 선고 2009두8717 판결)

- **구청장 지시에 따른 총무과 직원의 취득세면제 약속**(처분청 패)
  구청장의 지시에 따라 그 소속직원이 적극적으로 나서서 대체부동산 취득에 대한 취득세면제를 제의함에 따라 그 약속을 그대로 믿고 구에 대하여 그 소유부동산에 대한 매각의사를 결정하게 되었다면 <u>구청장은</u> 지방세법 제1조 및 서울특별시세조례 제6조 제1항의 규정에 의하여 서울특별시세인 취득세의 부과징수권을 위임받아 처리하는 <u>과세관청의 지위</u>에 있으므로 <u>부동산매매계약을 체결함에 있어 표명된 취득세 면제약속은 과세관청의 지위에서 이루어진 것</u>이라고 볼 여지가 충분하고 또한 위 직원이 비록 총무과에 소속되어 있다고 하더라도 그가 한 언동은 <u>구청장의 지시에 의한 것으로 이 역시 과세관청의 견해표명</u>으로 보는 것이 타당함.

  (대법원 94누12159, 1995.06.16. 판결)

- 취득세 등이 면제되는 구 지방세법(2005.01.05. 법률 제7332호로 개정 전) 제288조 제2항에 정한 '기술단체'인지 여부에 관한 질의에 대하여 <u>건설교통부장관과 내무부장관이 비과세의견으로 회신한 경우, 공적인 견해표명</u>에 해당함.

  (대법원 2008.06.12. 2008두1115 판결)

- 과세 및 면세사업에 공하기 위하여 신축 중이던 건물을 양도한 경우 <u>예규에 의거 신고하였으나 이후 반대예규를 발표하면서 과세하는 것은 신의성실의 원칙에 위배</u>됨.

  (국심 2002구3534, 2003.05.31.)

- 세무공무원의 잘못된 안내를 믿고 신고·납부를 하였다 하더라도 그것이 관련 법령에 어긋남이 명백한 때에는 정당한 사유가 있는 경우에 해당한다고 할 수 없는 점(조심 2012부2244, 2022.07.16.), 처분청이 청구인에게 발송한 <u>2019년 귀속 종합소득세 확정신고안내문은 신고에 도움을 주기 위한 것에 불과하여 처분청의 공적의사표시로 보기 어려운 점</u> 등에 비추어 이 건 부과처분이 위법하다는 청구주장을 받아들이기 어렵다고 판단됨.

  (조심 2021소2631, 2022.04.18.)

- 처분청 담당공무원이 **취득세 신고납부서를 착오로 기재하여 교부**함으로써 과소신고하게 된 경우 **가산세 부과는 취소사유**에 해당함.

처분청 담당공무원이 청구인들에게 취득세 **신고납부서를 교부할 당시 전산코드의 입력을 착오**함에 따라 결과적으로 청구인들이 **취득세를 과소신고하게 된 점**, 이 건에 대한 조세심판관회의 개최 당시 출석한 처분청 담당공무원도 청구인들의 쟁점주택 취득 당시 위와 같은 사정을 알고 있었으나 **착오로 8%의 세율을 적용한 취득세 신고납부서를 교부하였다고 진술**하여 처분청의 귀책사유를 인정하고 있는 점 등에 비추어 청구인들의 쟁점주택에 대한 취득세를 부과하면서 가산세를 포함한 처분은 잘못이 있음.

(조심 2022지1592, 2023.11.20)

- 취득세는 신고납부방식의 세목으로 원칙적으로 납세의무자가 스스로 과세표준과 세액을 신고하여야 하는 것으로 **처분청 담당공무원이 수정신고 할 것을 안내하였다는 사정만으로 가산세 감면의 정당한 사유로 보기는 어려움.**

(조심 2022지1914, 2024.02.22.)

- 처분청 담당공무원으로부터 **취득세 납부서를 교부받은 사실은 인정되나** 신고서 작성에 적극적으로 개입하였다고 볼만한 정황은 나타나지 아니하므로 **가산세를 면제할 만한 정당한 사유가 있다고 보기 어려움.**

(조심 2022지1914, 2024.02.22.)

- 세무서 직원들과의 통화내역 등에 따르면 세무서 직원들이 쟁점채무에 대한 양도소득세 신고가 불필요하다고 안내한 것으로 추정되는 바, 설령 공무원의 상담안내가 과세관청의 공적인 견해표명까지는 이르지 않아 신의·성실의 원칙에 위배되지 않는다고 보더라도, 여기에 납세의무자의 신고의무 해태를 탓할 수 있을 정도의 중대한 귀책사유가 있었다고 보기는 어려우므로 쟁점가산세 중 적어도 신고불성실가산세는 제외하여 이 건 처분을 경정함이 타당하다고 판단됨.

(조심 2020소2407, 2020.12.29.)

- 처분청 담당공무원이 **지방세법의 개정전 사례를 보고 추징사유에 해당되지 아니한 것으로 답변**한 경우 **가산세부과는 취소사유**에 해당함.
  청구인이 제시한 증빙자료와 주장내용을 보면 청구인은 쟁점토지를 3년 이내에 공장용에 사용하지 않고 매각하는 경우는 면제된 취득세 추징대상이 된다는 사실을 알 수 있었다고 보여지는데 처분청과 갑법인의 권유로 쟁점토지와 연접된 토지를 을법인에게 일괄하여 매각하게 되었으므로 이 경우에도 면제된 취득세가 추징되는지 여부에 대하여 처분청에 문의하였을 개연성이 충분히 있다고 보여지고 이러한 상황에서 청구인이 처분청을 방문하여 문의를 하자 처분청 담당공무원이 2001.01.01. 지방세법 제276조가 개정되었음에도 개정전 관련 사례를 보고 추징대상에 해당되지 아니한 것으로 답변한 사실이 있다고 조세심판관회의에서 진술하고 있는 점을 감안하면 청구인이 쟁점토지를 매각한 이후에 신고납부의무를 해태한 것은 처분청의 잘못된 납세안내에 기인한 것으로 보여지므로 신고납부의무 해태를 탓할 수 없는 정당한 사유가 있다할 것이기에 가산세를 가산하여 이 건 취득세 등을 부과한 처분은 잘못이라고 판단됨.

(조심 2013지0183, 2013.05.15.)

- **입법예고일 이후 해당법률의 공포일 전에 원인행위를 하였다는 사유만으로 종점규정에 대한 납세자의 신뢰를 보호하기 어려움.**
입법예고는 입법내용에 대한 문제점을 검토하여 국민의 의사를 수렴·반영하여 국민의 입법참여기회를 확대하기 위해서 행정절차법에서 규정한 행정절차의 하나로서 해당 법률이 공포되기 전까지는 입법예고대로 개정된다고 단정할 수 없는 점, 일반적 경과조치는 개정전의 법률에 대한 납세의무자의 신뢰를 보호하는 것이라서 해당 법률이 공포되기 전까지는 종전규정에 대한 납세의무자의 신뢰를 탓하기 어려운 점 등에 비추어 입법예고일 이후에 원인행위가 이루어졌더라도 그 사유만으로 일반적 경과조치의 대상에서 배제하기는 어려움.

(조심 2019지2535, 2020.01.17)

- **납세의무자가 법정신고기한내 증여세를 신고납부하면서 증여자를 잘못 기재한 경우라 하더라도 무신고 가산세와 납부불성실가산세를 부과할 수 없음.**
甲이 乙 앞으로 명의신탁하였다가 乙이 丙에게 증여하는 형식으로 주식의 명의를 변경하였고, 이에 丙이 과세관청에 乙로부터 주식을 증여받은 것을 원인으로 증여세를 신고·납부하였는데, 과세관청이 甲과 丙에게 구 상속세 및 증여세법(2007.12.31. 법률 제8828호로 개정되기 전의 것, 이하 같다) 제45조의2에 따라 甲을 '증여자', 丙을 '수증자'로 보고, 증여세(본세)와 함께 부당무신고 가산세 및 납부불성실 가산세를 결정·고지하면서 연대납부를 명한 사안에서, 구 상속세 및 증여세법 제68조 제1항, 구 상속세 및 증여세법 시행령(2008.02.22. 대통령령 제20621호로 개정되기 전의 것) 제65조 제1항, 구 국세기본법(2007.12.31. 법률 제8830호로 개정되기 전의 것) 제47조의2 제1항에 비추어, 증여세 납세의무자가 법정신고기한 내에 증여세 과세표준을 관할 세무서장에게 신고한 경우에는 설령 증여자를 잘못 신고하였더라도 이를 무신고로 볼 수는 없으므로 부당한 방법으로 무신고하였는지에 관한 부분을 더 나아가 판단할 필요 없이 무신고 가산세 부과처분이 위법하고, 丙의 증여세 신고가 유효한 이상 증여세 납부의 효력도 유지된다는 이유로 납부불성실 가산세 부과처분도 위법하다고 본 원심판단을 수긍함.

(대법원 2019.07.11. 선고 2017두68417 판결)

【해설】 그간 증여세의 직접 당사자인 증여자를 잘못 기재한 경우 가산세를 부과해 온 입장에서 증여자를 잘못 기재하였다고 하더라도 법정신고기한내 증여세신고를 하였으므로 무신고가산세와 납부불성실가산세를 부과할 수 없다는 점을 명확하게 밝힌 점에서 '무신고가산세'의 의미에 대한 중요한 판결임.

- 경정청구를 받아들여 법인세를 환급하였다가 감사지적에 따라 재차 부과한 경우 납부불성실가산세부과는 잘못임.

처분청은 2017.12.21. 청구법인의 경정청구를 적법한 경정청구로 받아들여 법인세를 환급하였다가 조사청의 감사지적에 따라 이 건 처분을 통해 환급세액을 추징하면서 이 건 납부불성실가산세를 부과하였는 바, 이와 같이 처분청이 자신의 판단에 따라 청구법인이 납부한 세금을 환급하였다가 조사청의 감사지적에 따라 같은 세금을 재차 부과한 사정이라면 청구법인에게는 이 건 처분과 관련하여 법인세를 납부하지 못한 것에 대한 귀책사유가 없다 할 것이므로 납부불성실가산세를 부과한 처분은 잘못임.

(조심 2020부2016, 2020.10.13.)

- 납세자가 경상남도 홈페이지 상담란에 질의하여 감면대상으로 답을 받은 것은 공적견해 표명에 해당하므로 이에 반하는 부과처분은 위법함.

원고는 2011.11.07. 경상남도 홈페이지 지방세 상담란에 위 지방세면제지침과 관련하여 벤처기업 확인을 받은 개인기업이 법인으로 전환하는 경우 전환 후 취득하는 사업용 부동산에 대해 취득세를 면제받을 수 있는지 질의한 사안에서 취득세는 도세인 바, 경상남도 세정과는 피고를 포함한 산하 행정청의 취득세 신고납부 업무에 관하여 관련 법령의 적용기준을 마련하고 그 집행을 지도·감독을 하는 지위에 있으므로 이 사건 답변은 이 사건 취득세 관련 행정청의 공적견해 표명에 해당함.

피고는 위 견해표명에 반하는 이 사건 처분을 함으로써 원고의 이익이 침해되는 결과를 초래하였는 바, 이 사건 처분은 신뢰보호의 원칙에 반하는 행위로서 위법함.

(대법원 2017.12.27. 선고 2017두59925 판결)

【명석】 1심법원(창원지법 2016구합52048)은 "처분청과 소속이 다르고 법률해석에 관한 의견개진에 불과하다는 이유로 공적인 견해로 볼 수 없다"고 기각판결하였으나, 항소법원(부산고법 2017누10039)은 "취득세는 도세이며 이와 같은 홈페이지 상담을 통한 의견개진도 공적인 견해표명으로 볼 수 있다"고 원고승소 판결하였고, 대법원은 항소심을 그대로 확정판결한 사안임.

이 대법원 판결은 그간 담당공무원의 의견개진은 세정서비서에 불과하다는 입장에서 담당공무원의 구두안내가 아니라 경상남도의 공식홈페이지를 통한 답변의 경우이긴 하나 과세관청의 공적인 견해표명 범위를 더 넓게 보아 납세자의 손을 들어 준 합리적인 판결이므로 필자는 이를 지지함.

■ 국내회사가 국내사업장이 없는 외국법인과의 공급계약에 따라 그 법인이 지정하는 자에게 서비스를 제공하고 그 대가를 법인에게 지급하여야 할 금액에서 차감하는 방식으로 지급받는 거래에 대하여 과세관청이 부가가치세 부과처분을 한 사안에서, 국내사업장이 없는 "외국법인 등이 지정한 자에게" 국내에서 용역 등을 제공하는 경우도 영세율적용 대상으로 규정한 국세청 부가가치세법 기본통칙 11-16-3은 각 구 부가가치세법 시행령(2000.12.29. 대통령령 제17041호로 개정전 및 2001.12.31. 대통령령 제17460호로 개정전) 제26조 제1항 제1호의 취지 등에 부합하는 해석으로 볼 수 있어 그 거래는 외화획득거래로서 영세율이 적용되어 온 과세관행에 포섭될 수 있으므로 위 부과처분은 신의칙 내지 새로운 해석에 의한 소급과세금지원칙에 반하여 위법함.

(대법원 2010.4.15. 선고 2007두19294 판결)

■ 법인세법 기본통칙에 따라 단체퇴직보험료의 책임준비금 이자나 확정배당금의 귀속시기를 보험료정산기준일이 속하는 사업연도로 하였다면 과세관청의 공적인 견해표명을 신뢰한데 대하여 법인에게 어떠한 귀책사유가 있다고 볼 수 없고 이를 신뢰할 수밖에 없음.

(국심 2002구3534, 2003.5.31.)

■ 한자능력검정시험을 실시하면서 받는 검정료는 부가가치세 면제되는 것으로 회신한 국세청장의 의견에 따라 부가가치세를 신고납부하지 아니한 것에 대하여 부가가치세를 과세한 처분은 신의성실의 원칙에 위배됨.

(국심 2004서3928, 2006.03.08.)

- '해당의무를 이행하지 않은 **정당한 사유**'가 무엇인지는 지방세관계 법령에서 규정하고 있지 않으므로 가산세 부과의 근거가 되는 지방세 관계법령의 취지를 충분히 고려하면서 <u>**단순히 법률의 부지나 오해의 범위를 넘어 납세자가 그 의무를 알지 못한 것이 무리가 아니었다 거나 그 이행을 기대하는 것이 무리라고 할 만한 사정이 있어 납세자가 의무이행을 다하지 못한 것을 탓할 수 없는 경우에 해당하는지 여부에 따라 판단**</u>해야 할 것임.

(대법원 2020.10.15. 선고 2020두41832 판결)

- 통지기관 **담당공무원이 행하는 상담은 안내수준의 행정서비스**를 제공하는 행위에 해당하여 이를 <u>과세관청의 공적인 견해표명으로 보기는 어렵다</u>고 보아야 함.

(조심 2017지179, 2017.04.04.)

- 세법상 가산세는 과세권의 행사 및 조세채권의 실현을 용이하게 하기 위하여 납세자가 정당한 사유없이 법에 규정된 신고납세의무 등을 위반한 경우에 법이 정하는 바에 의하여 부과하는 행정상의 제재로서 납세자의 고의·과실은 고려되지 아니하고 법령의 부지 또는 오인은 그 정당한 사유에 해당한다고 볼 수 없으며 또한 납세의무자가 <u>**세무공무원의 잘못된 설명을 믿고 그 신고납부의무를 이행하지 아니하였다 하더라도 그것이 관계 법령에 어긋나는 것임이 명백한 때에는 그러한 사유만으로는 정당한 사유가 있는 경우에 해당한다고 할 수 없음.**</u>

(대법원 2004.9.24. 선고 2003두10350 판결, 대법원 2003.01.10. 선고 2001두7886 판결)

- 원고가 <u>양도소득세액을 잘못 산정한 것이 피고 소속 공무원의 잘못된 조언에 따른 것이었다고 하더라도 달리 볼 것은 아님.</u>

(대법원 2002.04.12. 선고 2000두5944 판결)

- 국세청이 발간 배포한 「납세안내책자」에 1999년 귀속분까지 스톡옵션행사소득에 대해 2001.05.31.까지 신고·납부할 경우 관련 <u>**가산세를 면제한다고 기재된 것은 과세관청의 공적표명**</u>이므로 부과결정분이라하여 가산세를 부과함은 신의성실의 원칙에 위배됨.

(조심 2001전0725, 2001.07.27.)

- 처분청 담당공무원이 법령 개정전 사례를 보고 잘못 답변한 사안 등에서 가산세 처분은 잘못임.

  청구법인은 처분청의 권유로 이 건 토지를 강OOO의 토지와 일괄하여 OOO주식회사에게 매각하게 되었으므로 청구법인의 경우에도 면제한 취득세 등이 추징되는지 여부에 대하여 강OO과 함께 처분청에 문의하였을 개연성이 있다고 보여지고, 처분청에서도 청구법인이 이 건 토지를 매각한 후, 기 면제한 취득세 등을 상당기간 추징하지 아니하였고, 이 건 토지 매각 당시, 처분청 세무담당공무원들이 개정 전「지방세법」의 관련사례를 보고 지속적으로 취득세 등의 추징대상에 해당되지 아니하는 것으로 답변한 사실이 있다고 조세심판관회의에서 진술하고 있는 점을 감안하면,

  청구법인이 이 건 토지를 매각한 이후에 신고납부의무를 해태한 것은 처분청의 귀책사유에 기인한 것으로 볼 수밖에 없으므로 청구법인으로 하여금 이 건 토지에 대한 취득세 등의 신고납부의무를 기대하는 것이 무리라고 하는 사정이 있다고 판단되는 바, 청구법인에게 이 건 취득세 등의 신고납부의무 해태를 탓할 수 없는 정당한 사유가 있었다 할 것(조심 2013지183, 2013.05.15. 참조)임에도 처분청이 가산세를 포함하여 이 건 취득세 등을 청구법인에게 부과고지한 처분은 잘못이 있다고 판단됨.

  (조심 2013지0183, 2013.05.15., 조심 2013지0299, 2013.08.22.)

제3장 근거과세의 원칙 및 관계서류 열람 · 복사 요구권

제1절 국세기본법 규정

- 국세기본법

  제16조(근거과세) ① 납세의무자가 세법에 따라 장부를 갖추어 기록하고 있는 경우에는 해당 국세 과세표준의 조사와 결정은 그 장부와 이와 관계되는 증거자료에 의하여야 한다.

  ② 제1항에 따라 국세를 조사·결정할 때 장부의 기록 내용이 사실과 다르거나 장부의 기록에 누락된 것이 있을 때에는 그 부분에 대해서만 정부가 조사한 사실에 따라 결정할 수 있다.

③ 정부는 제2항에 따라 장부의 기록 내용과 다른 사실 또는 장부 기록에 누락된 것을 조사하여 결정하였을 때에는 정부가 조사한 사실과 결정의 근거를 결정서에 적어야 한다.

④ 행정기관의 장은 해당 납세의무자 또는 그 대리인이 요구하면 제3항의 결정서를 열람 또는 복사하게 하거나 그 등본 또는 초본이 원본과 일치함을 확인하여야 한다.

⑤ 제4항의 요구는 구술(口述)로 한다. 다만, 해당 행정기관의 장이 필요하다고 인정할 때에는 열람하거나 복사한 사람의 서명을 요구할 수 있다.

제58조(관계 서류의 열람 및 의견진술권) 이의신청인, 심사청구인, 심판청구인 또는 처분청(처분청의 경우 심판청구에 한정한다)은 그 신청 또는 청구에 관계되는 서류를 열람할 수 있으며 대통령령으로 정하는 바에 따라 해당 재결청에 의견을 진술할 수 있다.

제2절　해석사례

■ 세무공무원이 수사기관에서 통보해 온 메모지와 잡기장 등 수사서류에 대한 진부확인이나 실지조사를 한 바도 없이 이를 진실한 것이라 믿고 이를 기초로 하여 부과처분을 하였다면 이는 근거과세원칙에 위배된 처분임.

(대법원 1987.12.08. 선고 85누680 판결)

■ 납세의무자가 제출한 매출누락사실을 자인하는 확인서에 매출사실의 구체적 내용이 들어있지 않아 그 증거가치를 쉽게 부인할 수 없을 정도의 신빙성이 인정되지 아니한다면 비록 납세의무자의 확인서라 하더라도 이는 실지조사의 근거로 될 수 있는 장부 또는 증빙서류에 갈음하는 다른 자료에 해당되지 아니함.

(대법원 2003.06.24. 선고 2001두7770 판결)

제3절 납세의무자(대리인)의 관계서류 열람·복사 요구권

■ **납세자가 요청하는 경우 본인에 대한 결정결의서 및 복명서 사본 등의 정보를 제공하여야 함**
납세자가 자신의 권리행사에 필요하여 부가가치세 경정결정결의서 사본 및 관련 복명서 사본 등을 요구하는 경우, 세무공무원은 이에 신속하게 응하여야 하는 것임.
(국세청 징세 46101-161, 2001.02.17.)

■ **국세기본법과 정보공개법에 의한 정보공개 제공의 범위** 등(국승)
특정인의 제보를 단서로 세무조사를 하였다할지라도 그 결과를 제보자의 권리구제 등 사적인 목적을 위하여 제공되어서는 안되고, 정보공개법의 규정이 국세기본법에서 규정한 "다른 법률의 규정"에 포함된다고 할 수 없음.
(서울행정법원 2008 구합 19413, 2008.09.11.)

■ **탈세제보에 대한 추징과 관련한 내용은 정보공개대상이 아님 (기각)**
탈루세액이 포상금의 지급대상에 해당하지 않아 포상금 지급대상이 될 수 없으며, 탈세제보에 대한 추징과 관련한 내용은 과세정보에 해당하는 것으로 국세기본법 제81조의13(비밀유지)규정에 의하여 공개할 수 없음.
(국세청 심사-기타-2017-0009, 2017.05.23.)

■ **과세기준자문신청서류는 당해 납세자에게 정보제공**하여야 함(인용)
납세자 및 이해관계자의 실명이 기재되지 아니한 과세기준자문신청서류는 납세자의 비밀이 유출될 염려가 없어 과세정보에 해당된다고 볼 수 없으므로, 국세기본법에 의한 과세정보에 해당함을 이유로 당해 납세자에게 비공개결정함은 부당함(국세기본법 제81조의14, 81조의 13).
(중앙행정심판위원회 2010-22922, 2011.01.04.)

■ 전 지점에 대한 세무조사 관련 서류가 공개대상 과세정보에 해당하는지 여부(국승)
세무조사와 관련한 정보 일체를 제공하되 ① 주민등록번호 등 인적 사항에 관한 정보, ② 조합결성기간 외 정보, ③ 조합의 수입·지출과 무관한 정보(목록 번호는 특정)는 비공개함.
(대법원 2016.02.18. 선고 2015두3843 판결)

■ 현지확인복명서는 제3자의 사생활과 관련된 사항을 제외하고 정보제공 되어야 함(일부인용)
이 부분 정보가 정보공개법 제9조 제1항 제1호 소정의 정보에 해당하는지 살피건대, 이 부분 정보를 비밀 또는 비공개 사항으로 규정하고 있는 법률 또는 법률이 위임한 명령이 없고(국세기본법 제81조의 13 제1항 본문은 '세무공무원은 납세자가 세법에서 정한 납세의무를 이행하기 위하여 제출한 자료나 국세의 부과·징수를 위하여 업무상 취득한 자료 등을 타인에게 제공 또는 누설하거나 목적 외의 용도로 사용해서는 아니 된다.'고 규정하고 있지만 이는 납세자를 제외한 제3자에 대한 비밀 유지의무를 부과한 것으로 볼 것이므로, 위 조항이 비밀 또는 비공개 사항 규정의 근거 법률이 된다고 볼 수 없다), 오히려 국세기본법 제81조의 14는 '세무공무원은 납세자가 납세자의 권리행사에 필요한 정보를 요구하면 신속하게 정보를 제공하여야 한다.'고 규정하고 있다.
나아가 이 부분 정보가 정보공개법 제9조 제1항 제6호 소정의 정보에 해당하는지 살피건대, 이 법원이 비공개로 이 부분 정보를 열람·심사한 결과에 의하면, 이 부분 정보 중 제3자의 사생활과 관련된 사항(별지 목록 기재 제1항 정보 중 비공개(기각부분) 부분)이 일부 포함되어 있는 사실이 인정되고, 위 사항이 공개될 경우 개인의 사생활의 비밀 또는 자유를 침해할 우려가 있으며, 이러한 정보들이 원고의 권리구제를 위하여 공개가 필요한 정보라고 보기도 어렵다.
반면, 위 사항을 제외한 나머지 부분은 원고의 농지대토에 대한 양도소득세 감면신고에 따른 자경 여부를 확인하기 위한 내용으로 위 사생활에 관련된 부분과 분리할 수 있고, 그 공개로 인하여 개인의 사생활의 비밀이나 자유를 침해할 우려는 없다고 인정된다.
따라서, 이 부분 정보 중 별지 목록 기재 제1항 '비공개(기각부분)' 정보를 제외한 나머지 부분에 대한 공개거부처분의 취소를 구하는 원고의 주장은 이유 있으나, 위 '비공개(기각부분)' 정보에 대한 공개거부처분의 취소를 구하는 원고의 주장은 이유 없다.
(광주지방법원 2010.10.14., 2010구합2906, 판결)

- 원고의 00구 소재 00이 일반사업자인지 과세사업자인지 여부에 대한 정보 (이 사건 과세정보) 공개청구가 국세기본법이 정하고 있는 **비공개대상 과세정보에 해당하는지**
  국세기본법 제55조 제1항의 불복대상인 처분은 '국세기본법 또는 세법에 따른 처분'에 한하므로 이 사건 과세정보는 필요적 전치주의가 적용되는 '국세기본법 또는 세법에 따른 처분'에 해당되지 않아 심사청구나 심판청구를 거치지 아니하면 행정소송을 제기할 수 없다는 피고의 본안 전 항변은 이유 없음.

  (대구고등법원 2021.10.01. 선고 2021누3371 판결)

  구 정보공개법 제9조 제1항 제1호는 '다른 법률 또는 법률에서 위임한 명령에 따라 비밀이나 비공개 사항으로 규정된 정보'를 비공개대상정보로 규정하고 있고, 국세기본법 제81조의13 제1항 본문에 규정된 과세정보는 위 '다른 법률에 따라 비밀이나 비공개 사항으로 규정된 정보'에 해당함.

  (대법원 2004.3.12. 선고 2003두11544 판결)

- **공공기관의 정보공개에 관한 법률**
  - <u>정보공개의 청구방법</u> : 성명·생년월일·주소 및 연락처, 공개를 청구하는 정보의 내용 및 공개방법을 적어 공공기관에 청구 (§10)
  - <u>공공기관</u> : 10일 이내에 공개 여부를 결정 (§11)
  - <u>불복구제</u> : 이의신청(통지를 받은 날 또는 공개청구 후 20일 경과일부터 30일이내) → 행정심판 제기(§18, §19)
- **국세행정정보공개운영지침**(국세청 훈령 제2024-2629호, 2024.06.20.)
  - 목적 : 공공기관의정보공개에관한법률, 같은 법 시행령, 시행규칙, 국세기본법시행령 제66조 제8항에 따라 국세청의 정보공개업무를 처리하는데 필요한 사항을 규정(§1)
  - 정보공개 여부의 결정 : 청구를 받은 날부터 <u>10일 이내에 공개 여부를 결정</u>(§11)
  - <u>공개방법</u> : 원본형태로 제공 (현재 보유·관리하고 있는 정보를 대상으로 하여야 하며, 그 정보의 일부를 발췌·요약하는 등 별도의 가공된 형태로 공개하여서는 아니 됨. 청구인이 사본 또는 복제물의 제공을 원하는 경우에는 이를 제공하여야 함(§16).

제5편

조세법의 해석기준과 입증책임

제1장 조세법의 해석기준

제1절 조세법의 해석 유형

1. 법령해석의 의의

법령해석 (法令解釋)	일반적·추상적으로 규정되어 있는 법령을 구체적 사건에 적용하거나 집행하기 위하여 그 의미를 체계적으로 이해하고 그 목적이나 이념에 따라 법규범의 의미·내용을 명확히 하는 이론적 기술적인 작업

2. 유권해석과 학리해석

유권해석 (有權解釋)	■ 국가의 권한 있는 기관에 의하여 <u>법의 의미내용</u>이 확정되고 설명되는 것 (<u>구속력 있음</u>)	
	입법적 해석 (立法的 解釋)	입법적 수단으로 법의 의미내용을 확정하는 것. 즉 <u>법령으로서 법령의 용어를 해석하는 경우</u>
	행정적 해석 (行政的 解釋)	<u>행정관청</u>이 내리는 <u>해석</u> • 중앙행정기관장은 법령해석상 의문이 있는 <u>민사·상사 형사</u>, 행정소송, 국가배상 관계 법령 및 법무부 소관 법령과 다른 법령의 벌칙조항에 대한 해석인 경우에는 <u>법무부</u>에 • <u>그 밖의 모든 행정 관계 법령의 해석인 경우에는 법제처장</u>에 법령해석을 요청하여야 함(법제업무 운영규정 §26 ①).
	사법적 해석 (司法的 解釋)	해석<u>법원의 판결</u>을 통하여 법령의 의미를 밝히는 것으로서 <u>가장 강력한 구속력을 지닌 최종적인 유권해석</u>
학리해석 (學理解釋)	■ <u>학문적 연구와 노력으로 법령규정의 의미를 명확히</u> 하는 것	
	문리해석 (文理解釋)	법문(法文)을 구성하고 있는 어구(語句)나 문장의 뜻을 문법의 규칙 및 사회통념에 따라서 상식적인 언어의 용법에 의하여 확정하는 해석방법 * 논리해석(論理解釋)의 상대어
	논리해석 (論理解釋)	법문(法文)의 자구(字句)에 불구하고 법의 논리적 구조에 따라 하는 해석. * 문리해석(文理解釋)에 대응하는 개념

〔출처〕 법률용어사전, 이병태, 법문북스, 2024.05.20., 두산백과(doopedia)

제5편 조세법의 해석기준과 입증책임

■ **법률 해석의 방법**

법은 원칙적으로 불특정 다수인에 대하여 동일한 구속력을 갖는 사회의 보편타당한 규범이므로 법의 표준적 의미를 밝혀 객관적 타당성이 있도록 해석하여야 하고, 가급적 모든 사람이 수긍할 수 있는 일관성을 유지함으로써 법적 안정성이 손상되지 않도록 하여야 한다. 그러기 위해서는 가능한 한 법률에 사용된 문언의 통상적인 의미에 충실하게 해석하는 것을 원칙으로 하여야 한다. 한편 법률의 문언 자체가 비교적 명확한 개념으로 구성되어 있다면 원칙적으로 더 이상 다른 해석방법은 활용할 필요가 없거나 제한될 수밖에 없고, 어떠한 법률의 규정에서 사용된 용어에 관하여 그 법률 및 규정의 입법 취지와 목적을 중시하여 문언의 통상적 의미와 다르게 해석하려 하더라도 당해 법률 내의 다른 규정들 및 다른 법률과의 체계적 관련성 내지 전체 법체계와의 조화를 무시할 수 없으므로, 거기에는 일정한 한계가 있을 수밖에 없다.

(대법원 2023.08.31. 선고 2023도2715 판결)

제2절 국세기본법상 세법 적용의 원칙

1. 세법 해석의 기준 및 소급과세금지의 원칙

■ **국세기본법**

제18조(세법 해석의 기준 및 소급과세의 금지) ① 세법을 해석·적용할 때에는 과세의 **형평**(衡平)과 해당 조항의 **합목적성**에 비추어 **납세자의 재산권이 부당하게 침해되지 아니하도록** 하여야 한다.

② 국세를 납부할 의무(세법에 징수의무자가 따로 규정되어 있는 국세의 경우에는 이를 징수하여 납부할 의무. 이하 같다)가 성립한 소득, 수익, 재산, 행위 또는 거래에 대해서는 그 성립 후의 새로운 세법에 따라 소급하여 과세하지 아니한다.

③ 세법의 해석이나 국세행정의 관행이 일반적으로 납세자에게 받아들여진 후에는 그 해석이나 관행에 의한 행위 또는 계산은 정당한 것으로 보며, 새로운 해석이나 관행에 의하여 소급하여 과세되지 아니한다.

⑤ 세법 외의 법률 중 국세의 부과·징수·감면 또는 그 절차에 관하여 규정하고 있는 조항은 제1항부터 제3항까지의 규정을 적용할 때에는 세법으로 본다.

제18조의2(국세예규심사위원회) ① 다음 각 호의 사항을 심의하기 위하여 기획재정부에 국세예규심사위원회를 둔다.
1. 제18조 제1항부터 제3항까지의 기준에 맞는 세법의 해석 및 이와 관련되는 이 법의 해석에 관한 사항
2. 「관세법」 제5조 제1항 및 제2항의 기준에 맞는 「관세법」의 해석 및 이와 관련되는 「자유무역협정의 이행을 위한 관세법의 특례에 관한 법률」 및 「수출용 원재료에 대한 관세 등 환급에 관한 특례법」의 해석에 관한 사항

제19조(세무공무원의 재량의 한계) 세무공무원이 재량으로 직무를 수행할 때에는 과세의 형평과 해당 세법의 목적에 비추어 일반적으로 적당하다고 인정되는 한계를 엄수하여야 한다.

제20조(기업회계의 존중) 세무공무원이 국세의 과세표준을 조사·결정할 때에는 해당 납세의무자가 계속하여 적용하고 있는 기업회계의 기준 또는 관행으로서 일반적으로 공정·타당하다고 인정되는 것은 존중하여야 한다. 다만, 세법에 특별한 규정이 있는 것은 그러하지 아니하다.

2. 해 설

- 국세기본법 제18조 제1항의 "세법을 해석·적용할 때에는 과세의 형평(衡平)과 해당 조항의 합목적성에 비추어 납세자의 재산권이 부당하게 침해되지 아니하도록 하여야 한다"는 규정은 세법해석의 방법과 원칙에 관한 규정으로서 세법을 해석할 때 합목적적 해석 내지 목적론적 해석을 인정하되 세무공무원이 합목적적 해석이라는 명문으로 자의적인 해석으로 납세자의 재권권이 침해되지 않도록 하여야 함이 국세기본법의 기본이념이라 할 수 있다.

- 세무공무원의 자의적인 세법해석 또는 소급과세금지원칙의 적용으로 납세자의 재산권이 부당하게 침해하지 아니하도록 하기 위하여 같은 법 제18조의2에 따라 기획재정부에 국세예규심사위원회를 두어 간접적으로 통제하고 있다.

- 또한 같은 법 제19조에 따라 세무공무원이 재량으로 직무를 수행할 때에는 과세의 형평과 해당 세법의 목적에 비추어 일반적으로 적당하다고 인정되는 한계를 엄수하도록 명확히 규정하여 세무공무원의 재량권 일탈을 금지하고 있는데 재량의 한계를 엄수하여야 한다는 의미는 자유재량행위는 허용되지 아니하고 법규재량 및 기속재량에 한정된다고 보아야 하며 재량의 한계를 벗어나면 위법한 것으로 항고소송의 대상이 되며 재량의 한계내에서도 그 재량을 그르치면 부당한 처분으로써 행정심판의 대상이 된다고 하겠다.

- 뿐만 아니라 납세의무자가 계속하여 적용하고 있는 기업회계의 기준 또는 관행으로서 일반

적으로 공정·타당하다고 인정되는 것은 특별한 규정이 없는 한 이를 존중하도록 한 규정에 대하여는 세무회계는 기업회계의 이론과 기준에 터잡아 발전하고 기업회계와 관련하여 과세표준을 구하는 회계구조를 가지고 있으므로 세법이 특별히 규정하지 아니한 것은 기업회계에 의하여 이를 처리하여도 존중하여 유효한 것으로 받아들인다는 원칙이다.

3. 해석 사례

- 소급과세금지의 원칙이란 조세법령의 제정 또는 개정이나 과세관청의 법령에 대한 해석 또는 처리지침의 변경이 있는 경우 그 효력발생 전에 종결된 과세요건 사실에 대하여 해당 법령 등을 적용할 수 없다는 것이지 이전부터 계속되어 오던 사실이나 그 이후에 발생한 과세요건 사실에 대하여 새로운 법령 등을 적용하는 것을 제한하는 것은 아님.
    (대법원 2004.03.26. 선고 2001두10790, 판결., 96누9423, 1996.10.29)

진정소급효(眞正遡及效)와 부진정소급효(不眞正遡及效)

- **진정소급효**
  - 법률의 시행전에 완결된 사실에 대하여 새로 제정된 신법을 적용하는 경우
- **부진정소급효**
  - 신법의 시행 이전부터 계속되고 있는 사실 내지 법률관계에 대하여 신법을 적용하는 경우를 일컫는 것이 보통이나 그 개념이나 한계가 반드시 명확한 것은 아님.
- **판례의 태도**
  - 법인세나 소득세와 같은 기간과세의 경우에 이를 부진정소급효에 해당한다고 보아 소급입법을 허용할 것인가에 관해 주로 문제가 되고 있으나, 판례는 헌법 제13조 제2항이 금지한 소급입법은 "진정소급효를 가지는 입법만을 말하는 것"이라 하고(대판 99.09.03. 98두7060), 아직 충족되지 아니한 과세요건을 대상으로 하는 강학상 이른 바 부진정소급효의 입법은 허용된다는 입장이다.
- **대법원 판례**
  - 양도소득세, 개별소비세 감면신청기한을 단축한 것, 납세자에게 유리한 탄력세율 적용기한을 축소하여 개정한 것, 개정전 조례에 의하여 면제되던 등록세가 건물신축공사 중 개정되어 과세하게 된 것, 종전에는 공한지가 아니었으나 법령의 개정으로 공한지에 해당

하게 된 것, 공유수면매립허가를 받아 매립취득한 땅에 대한 특별부가세 감면규정이 불리하게 개정되었고 실제 양도가 법 개정 후에 있어서 개정법이 적용되게 된 것은 소급과세금지원칙이 적용되지 않는다고 판결하였다(대판83.12.27. 81누305, 84.5.22. 80누586, 89.09.12. 89누1858., 89.09.29. 88누1957., 2001.03.09. 99두6767(법인세), 2001.11.09. 2000두8608(소득세) :사법연수원, 조세법총론, 한양당 2009.02., pp. 22~24)

■ 국세기본법 제18조 제3항(세법해석 기준 및 소급과세금지원칙)의 「세법의 해석이나 국세행정의 관행이 일반적으로 납세자에게 받아들여진 후」라 함은, 성문화의 여부에 관계없이 행정처분의 선례가 반복됨으로써 납세자가 그 존재를 일반적으로 확신하게 된 것을 말하며 명백히 법령위반인 경우는 제외하며, 비록 잘못된 해석 또는 관행이 정당한 것으로 이의없이 받아들여지고 그 해석 또는 관행을 신뢰하는 것이 무리가 아니라고 인정될 정도에 이른 것을 말함.

(대법원 2006.06.29. 선고 2005두2858 판결)

■ 일정기간 동안 과세누락이 있었다는 사실만으로는 국세기본법 제18조 제2항 소정의 일반적으로 납세자들에게 받아들여진 국세관행이 있는 것이라고는 볼 수 없고, 과세관청이 과세할 수 있는 점을 알면서도 납세자에 대하여 불과세를 시사하는 언동이 있었고 또 어떠한 공익상 필요에서 상당기간 이를 부과하지 아니함으로써 납세자가 그것을 신뢰하는 것이 무리가 아니라고 인정할 만한 사정이 있는 때에 비과세관행이 성립되었다고 인정할 여지가 있음.

(대법원 85누1009, 1986.06.10. 판결)

■ 법령의 전부개정은 기존 법령을 폐지하고 새로운 법령을 제정하는 것과 마찬가지로 특별한 사정이 없는 한 새로운 법령이 효력을 발생한 이후의 행위에 대하여는 기존 법령의 본칙은 물론 부칙의 경과규정도 모두 실효되어 더는 적용할 수 없지만, 법령이 일부개정된 경우에는 기존 법령 부칙의 경과규정을 개정 또는 삭제하거나 이를 대체하는 별도의 규정을 두는 등의 특별한 조치가 없는 한 개정 법령에 다시 경과규정을 두지 않았다고 하여 기존 법령 부칙의 경과규정이 당연히 실효되는 것은 아님.

(대법원 2014.04.30. 선고 2011두18229 판결)

제2장 입증책임

제1절 입증책임

<표1> 입증책임(Beweislast)

구 분	입증책임 부담
과세요건 및 절차상의 적법요건	원칙적으로 과세관청
과세처분의 적법성	원칙적으로 과세관청
입증책임의 분배	납세의무자가 주장하는 비용의 용도, 장부와 증빙 등 자료를 제시하기가 용이한 것은 납세의무자 * 예시) 필요경비는 납세자에게 유리한 것이고 납세자의 지배영역 안에 있는 것이므로 납세자가 이를 입증해야함)
입증도의 완화	일응의 입증, 사실상의 추정, 부존재의 추정

제2절 입증책임과 입증필요

입증책임과 입증필요[1]

1. 개설
- 과세관청은 원칙적으로 실체상의 과세요건 및 절차상의 적법요건에 대하여 이를 모두 입증할 책임이 있다. 그러나 조세소송에서는 조세법률관계의 특수성 때문에 입증책임의 소재보다 입증책임을 부담하는 자가 어느 정도 입증을 하면 그 입증책임을 다한 것으로 볼 수 있는가 하는 입증의 필요나 정도의 문제가 더욱 중요한 문제로 대두된다.

- 납세자는 가능한 한 세금을 적게 내려고 하는 반면에 과세관청으로서는 과세자료들이 대부분 납세자의 지배영역 내에 있어 그 입증자료의 수집이 용이하지 않기 때문에 과세관청에게 그 입증의 정도를 강하게 요구하는 경우 조세법률관계의 특수성을 무시하는 불합리하고 부당한 결론이 도출될 위험이 크기 때문이다. 따라서 조세소송에 있어서의 입증책임은 이와 같은 증거와의 거리를 고려하여 구체적인 상황에 따라 수정을 가할 필요가 있다.
- 입증책임의 수정은 상속세및증여세법의 증여추정과 같이 법 자체에 규정을 두어 입증책임의 전환을 도모하는 경우도 있고, 판례에서 구체적 비용 항목에 관환 입증의 난이 또는 당사자간의 형평을 고려하여 <u>입증의 정도가 완화</u>되거나 납세자에게 <u>입증의 필요가 전환</u>되는 경우를 인정하는 경우도 있다(대한변호사협회 변호사연수원, 「행정소송」, 2006.05.20. pp.140~142., 사법연수원, 「조세소송연구」, 2009.02. 성문인쇄사. pp.105~106).

2. 입증책임과 입증의 필요

(1) **입증의 필요**는 입증책임과는 구별되는 개념으로 주관적 입증책임, 형식적 입증책임 혹은 증거제출책임이라고 하는데 이는 어느 사실이 증명되지 않기 때문에 자기에게 불리한 판단을 받을 우려가 있는 당사자가 그 불이익을 면하기 위하여 당해 사실을 증명할 증거를 제출할 부담을 말한다.

(2) **입증책임**은, 법률요건과 관련하여 미리 정하여져 있는데 반하여 입증의 필요는 소송진행과정에서 법관의 심증형성과 관련하여 그때마다 구체적으로 그 부담자가 정하여 지는 동태적인 개념이라 할 수 있다.
입증책임은 직권탐지주의 하에서도 사실판단을 위하여는 불가피한 개념이지만 입증의 필요는 변론주의와 직접 관련이 있는 것으로서 직권탐지주의에서는 불필요한 개념이다. 입증책임과 입증필요는 구별되는 개념이지만 실무상은 결국 최종적인 불이익부담자를 가리키는 것이기 때문에 혼동하여 쓰는 경우가 있다(소순무·윤지현, 「조세소송」, ㈜영화조세통람, 2016.03.30. pp.507~508).

3. 법률상의 의제와 추정

(1) **의제규정**은 상속세 및 증여세법의 제45조의2 명의신탁재산의 증여의제규정을 들 수 있는데 이는 실질적으로 재산의 무상이전 여부를 묻지 아니하고 실제 소유자가 명의자에게 증여한 것으로 보도록 규정하고 있는데 이는 실질과세원칙에도 불구하고 조세정책적으로 과세하도록 한 것이라 할 수 있다.

(2) **추정규정**은 먼저, 상속세 및 증여세법 제15조 제1항 제1호의 피상속인이 상속개시일 전 1년이내에 재산을 처분하여 받거나 그 재산에서 인출한 금액이 재산종류별로 2억원 또는 채무부담의 합계액이 2억원 이상이거나 상속개시일 전 2년 이내에 5억원이상인 경우로서 용도가 객관적으로 명백하지 아니한 경우에는 상속인이 상속받은 것으로 추

하여 상속세과세가액에서 산입하도록 한 **상속추정규정**(§15①1호)을 들 수 있다.
다음으로 상속세및증여세법상 증여추정규정은 배우자 등에 대한 양도시의 증여추정(§44), 재산취득자금 등의 **증여추정**(§45) 규정을 들 수 있다.

4. 입증책임의 분배

[판례의 태도] 원칙적으로 특별한 사정이 없는 한 **과세관청이 그 처분의 적법성에 대한 입증책임**이 있다고 보면서도 **개별세목과 과세방법에 따라 구체적인 타당성을 잃지 아니하도록 납세자 측에 입증책임을 인정하거나 증명도의 완화 또는 입증필요의 전환 등을 태도**를 취하고 있다(대판 1984.7.24. 84누124, 대판 1985.05.14. 84누786).

5. 입증도의 완화와 입증필요의 전환

(1) 일응의 입증

[판례의 태도] 「일응의 입증」은 과세관청이 주장하는 당해 처분의 적법성이 합리적으로 수긍할 수 있을 정도로 일응 입증이 된 경우에는 <u>그 처분은 정당</u>하다고 보고 이와 <u>상반되는 주장과 입증의 부담이 상대방인 원고에게 돌아간다</u>는 것이다.

민사소송법이 준용되는 행정소송에 있어서 입증책임은 원칙적으로 <u>민사소송의 일반원칙에 따라 당사자 사이에 분배되고 항고소송의 경우에는 그 특성에 따라 당해 처분의 적법을 주장하는 피고에게 그 적법사유에 대한 입증책임</u>이 있다 할 것인 바, 피고가 주장하는 당해 처분의 적법성이 합리적으로 수긍 할 수 있는 경우에는 그 처분은 정당하다 할 것이며 <u>이와 상반되는 주장의 입장</u>은 그 상대방인 <u>원고에게 그 책임</u>이 돌아간다고 할 것이다(대판 1967.05.23. 67누22., 1984.7.24. 84누124).

(2) 사실상의 추정

[판례의 태도] 일응의 추정과 유사한 기능을 하는 것이 일정한 경우에 과세요건 사실을 「**사실상의 추정**」하여 **입증도를 완화**하는 것이다. 대법원은 「구체적인 소송과정에서 경험칙에 비추어 과세요건 사실을 추정할 만한 간접적인 사실이 밝혀지면 상대방이 문제된 당해 사실이 경험칙 적용의 대상적격이 되지 못하는 사정을 입증하지 못하는 한 당해 과세처분이 과세요건을 충족시키지 못한 위법한 처분이라고 단정할 수 없다」(대판 1987.12.22. 87누811., 2003두14284, 2008.05.29. 2007두21785). 고 판시하였는 바, 통상적인 경제활동이나 현상과 배치되는 사실이 있었다는 사항은 과세처분의 상대방이 이러한 별도의 사정이 존재한다는 사실을 입증하지 아니하는 한 과세처분의 적법성을 인정할 수 있다는 의미이다.

(3) 부존재의 추정

[판례의 태도] <u>과세표준의 입증책임은 과세관청에 있으나</u>(대판 1984.07.24. 84누8), <u>필요경비는 납세자에게 유리한 것이고 그것을 발생시키는 **사실관계의 대부분은 납세자의 지배영역 안에 있는 것**이어서 납세자가 입증하기에 손쉽다는 것을 감안하면 **납세**

자가 그에 관한 입증활동을 하지 않고 있는 필요경비에 대하여는 그 부존재를 추정하는 것이 마땅함. **대법원은** 대표자의 급료는 특별한 사정이 없는 한 당해 법인의 필요경비(손금산입액)라 할 것인데 소득세나 법인세과세처분 취소소송에 있어서의 과세근거로 되는 과세표준의 입증책임은 과세관청에 있다 할 것이나 필요경비는 납세의무자에게 유리한 것이고 그 필요경비를 발생시키는 사실관계의 대부분은 납세의무자가 지배하는 영역 안에 있는 것이어서 그 입증이 손쉽다는 것을 감안해 보면 납세의무자가 그에 관한 입증활동을 하지 않고 있는 필요경비에 대해서는 부존재의 확정을 하는 것이 마땅하고 이와 같은 부존재의 확정을 용인하여 납세의무자에게 입증의 필요성을 인정하는 것은 공평의 관념에도 부합됨.

(대판 2004.09.23. 2002두1588., 대판 86누121).

이는 일정한 경우에 **부존재의 추정을 적용**하여 필요경비 중 구체적인 항목에 대하여는 입증의 난이나 당사자 사이의 형평을 고려하여 납세자측에 입증책임을 돌리고 있다.

제3절 입증책임 소재 관련 해석사례

■ **차명계좌에 입금된 금액이 매출액으로 추정되고 그 금액이 매출이 아니라는 사실에 대한 입증책임이 납세자에게 있다고 결정한 사례**

일반적으로 세금부과처분 취소소송에 있어서 과세요건 사실에 관한 입증책임은 과세권자에게 있다 할 것이나 구체적인 소송과정에서 경험칙에 비추어 과세요건 사실이 추정되는 사실이 밝혀지면 상대방이 문제로 된 당해 사실이 경험칙 적용의 대상 적격이 되지 못하는 사정을 입증하지 않는 한 당해 과세요건을 충족시키지 못한 위법한 처분이라고 단정할 수는 없는 것(대법원 1998.03.24. 선고 97누9895 판결)이고, 차명계좌를 통하여 매출누락이 발생한 경우 입금된 금액 중 출처가 밝혀지지 아니한 금액은 특별한 사정이 없는 한 매출액으로 추정되고, 차명계좌에 입금된 금액이 매출액이 아니라는 사실을 납세의무자가 입증하지 못하는 이상 매출누락으로 볼 수 있음.

(조심 2020중1312, 2021.04.16.)

---

1) 대한변호사협회 변호사연수원,「행정소송」, 2006.05.20. pp.140~142., 사법연수원,「조세소송연구」, 2009.02. 성문인쇄사. pp.105~106., 소순무·윤지현,「조세소송」㈜영화조세통람, 2016.03.30. pp.507~508)., 대법원, 2004.09.23.선고 2002두1588.판결 외

- 청구법인 대표이사 개인계좌에 입금된 쟁점금액의 자금출처에 대하여 정확한 소명을 하지 못하였다 하여 쟁점금액을 청구법인의 매출누락으로 보았으나 <u>조세부과처분의 입증책임은 원칙적으로 과세관청</u>에 있다할 것인 바, 쟁점금액을 매출누락으로 보기 위해서는 쟁점금액에 상응하여 청구법인이 실제로 판매한 상품의 거래품목이나 수량, 매출상대방에 대한 확인, 매출누락액에 상응하는 매출원가가 있었는지 여부 및 기타계좌의 입출금내역 등을 재조사하여 그 결과에 따라 이 건 부가가치세 등의 과세표준 및 세액을 경정하는 것이 타당함.

  (조심 2014중4720, 2015.06.09. <u>재조사결정</u>).

- 부가가치세 납세의무자가 매입세액 공제의 근거로 제출한 세금계산서가 <u>실물거래 없이 허위로 작성되었다거나 세금계산서의 기재내용이 사실과 다르다는 점이 과세관청에 의하여 상당한 정도로 증명된 경우에는 그 세금계산서가 사실과 다르지 않다는 점에 관하여는 장부와 증빙 등 자료를 제시하기가 용이한 납세의무자가 공급자와 거래를 실제로 하였음을 입증하여야 할 것임.</u>

  (대법원 2014.09.25. 선고 2014두8284 판결, 대법원 2009.08.20. 선고 2007두1439), 조심 (2019중269, 2019.03.14.)

- 평가기간 외의 매매사례가액 적용시 가격변동의 특별한 사정이 없었다는 사실은 그 사실을 주장하는 측에 입증책임이 있음.

  [요지] 비교대상아파트의 매매계약일부터 쟁점아파트의 증여일까지 쟁점아파트의 시세는 상당한 수준으로 상승하였다고 봄이 타당하므로 처분청이 쟁점유사매매사례가액을 쟁점아파트의 시가로 보아 청구인에게 증여세를 부과한 이 건 처분은 잘못이 있음.

「상속세 및 증여세법」제60조 제2항 및 같은 법 시행령 제49조에서 시가로 보는 유사매매사례가액 범위를 엄격히 제한하여 규정하고 있는 이상, 원칙적으로 시가는 법령이 정한 원칙적인 평가기간 내에서만 찾아야 함은 당연하고, 다만 예외적으로 가격변동의 특별한 사정이 없었음을 전제로, 평가기간을 확대하여 찾을 수는 있겠으나, 이 경우라 하더라도 평가기간 확대와 동시에 가격변동의 특별한 사정은 있었다고 추정되어야 하겠고(법령문언 자체에서 보더라도 '시간의 경과'를 '가격변동의 특별한 사정'의 고려요소 중 하나로 정하고 있어, 시간경과에 따른 가격변동도 가격변동의 특별한 사정으로 예정한 것으로 보이고, 가격변동의 특별한 사정을 좁게 인정할 경우 평가기간을 엄격히 제한하여 규정하고 있는 취지를 몰각시키게 된다), 그럼에도 불구하고 가격변동의 특별한 사정이 없었다는 사실은 그 사실을 주장하는 측에서 입증하여야 할 것이며, 입증여부는 그 사실을 판단하는 자로 하여금 평가기준일과 매매계약일 기간 중 가격변동의 상당한 변화가 있어, 평가기간 확대를 허용하는데 상당한 의문을 가지게 하는 정도면 족하고, 그 결과 가격변동의 특별한 사정이 없었다는데 확신을 가지기 어렵게 되었다면, 다시 원칙으로 돌아가 평가기간을 확대하여 시가를 찾을 수 없다고 봄이 타당하다(이러한 판단요소로는 공시·공개된 가격변동률 수치, 해당 재산의 위치·형태·이용 상황·주위 환경변화 등 가격변동에 영향을 줄 수 있는 다양한 여러 요인들을 종합하여 사실 판단하여야 한다) 할 것이다.

또한 증여재산의 평가방법을 규정한 「상속세 및 증여세법」 제60조 제1항에서 증여일 현재의 시가라 함은 원칙적으로 정상적인 거래에 의하여 형성된 객관적인 교환가격을 말하는 것으로 거래가액을 증여 당시의 시가라고 할 수 있기 위하여는 객관적으로 보아 그 거래가액이 일반적이고도 정상적인 교환가치를 적정하게 반영하고 있다고 볼 사정이 있어야 할 것인바(대법원 2007.05.31. 선고 2005두2841 판결 참조), 쟁점아파트의 평가기준일인 증여일과 비교대상 아파트의 매매계약일은 약 1년 10개월(2020.09.04.부터 2022.06.29.까지)의 차이가 있고, 해당 기간 동안 쟁점아파트와 비교대상아파트의 공시된 공동주택가격은 매년 10% 이상 상승한 반면, 공동주택가격 현실화율은 그에 미치지 못하는 것으로 보이는 점, 서울특별시의 공동주택 실거래가 지수는 약 16.9% 상승하였고, 민간의 주요 부동산 지표의 상승률 또한 높은 수준으로 나타나는 점 등에 비추어, 비교대상아파트의 매매계약일부터 쟁점아파트의 증여일까지 쟁점아파트의 시세는 상당한 수준으로 상승하였다고 봄이 타당하고, 유사매매사례가액의 적용가능 여부와 시세 상승 또는 하락으로 인한 납세자의 유·불리는 무관한 것이므로 처분청이 쟁점유사매매사례가액을 쟁점아파트의 시가로 보아 청구인에게 증여세를 부과한 이건 처분은 잘못이 있는 것으로 판단됨.

(조심 2023서1048, 조세심판관합동회의, 2024.03.28.)

- 매출·매입처와 매출·매입대금 지급시기 및 세금계산서 발급시기로 보아 순환거래로서 재화의 공급이 있는 정상거래로 보기 어려운 경우 공모관계의 입증이 없어도 이를 가공거래라고 볼 수 있고, 거래경위·관계 등을 통해 정상거래로 위장한 명목상의 거래로 보이는 경우 공모 또는 묵시적 합의하에 이루어진 가공거래에 해당함.

(조심 2018서1893, 2019.04.12., 조심2019중269, 2019.03.05.)

- 주주가 지급금계정, 받을 어음계정, 미결산금계정에 계상된 금액에 대하여 세무조사 당시 그 근거의 증빙을 제시하지 못하였고 부사장이 사채이자를 변태기장한 것이라는 확인서를 제출한 사실이 피고의 입증에 의하여 인정된 이상 위 금액을 사채이자로 보고 한 과세처

분은 그 적법성이 일응 입증된 것이고 이와 달리 그 금액이 사채이자가 아니라는 사유, 즉 부과처분의 위법사유는 납세자인 원고에게 입증의 필요가 있음.

(대법원 1984.07.24. 선고 84누124 판결)

- 법인의 각 사업연도의 소득금액을 산정함에 있어서 공제하여야 할 손비의 구체적인 항목에 관한 입증은 그 입증의 난이라든가 당사자의 형평 등을 고려하여 납세의무자에게 그 입증의 필요를 돌리는 경우가 있으나 그와 같은 경우란 과세관청에 의하여 납세의무자가 신고한 어느 비용의 용도와 그 지급의 상대방이 허위임이 상당한 정도로 입증된 경우 등을 가리키는 것으로 그에 관한 입증이 전혀 없는 경우에까지 납세의무자에게 곧바로 손비에 대한 입증의 필요를 돌릴 수 없음.

(대법원 1999.01.15. 선고 97누15463 판결)

- 증여이익증여세 부과대상인 '거래의 관행상 정당한 사유'에 있어 정당한 사유가 없다는 점에 대한 증명책임이 과세관청에 있으나 과세관청으로서는 합리적인 경제인이라면 거래 당시의 상황에서 그와 같은 거래조건으로는 거래하지 않았을 것이라는 객관적 정황 등에 관한 자료를 제출하면 됨.

(대법원 2015.2.12. 선고 2013두24495 판결)

- 명의신탁이 조세회피의 목적이 아닌 다른 이유에서 이루어졌음이 인정되고 그 명의신탁에 부수하여 사소한 조세경감이 생기는 것에 불과한 경우, 그와 같은 명의신탁에 조세회피의 목적이 있었다고 단정할 수 없다. 이때 조세회피의 목적이 없었다는 점에 관한 증명책임의 소재와 증명의 정도는 이를 주장하는 명의자에게 있음.
증명책임을 부담하는 명의자로서는 명의신탁에 조세회피의 목적이 없었다고 인정될 정도로 조세회피와 상관없는 뚜렷한 목적이 있었고, 명의신탁 당시에나 장래에 회피될 조세가 없었다는 점을 객관적이고 납득할 만한 증거자료에 의하여 통상인이라면 의심을 가지지 않을 정도의 증명을 하여야 함.

(대법원 2017.12.13. 선고 2017두39419 증여세부과처분취소 판결)

- 과세표준의 입증책임은 과세관청에 있으나(대판 1984.7.24. 84누8), 필요경비는 납세자에게 유리한 것이고 그것을 발생시키는 사실관계의 대부분은 납세자의 지배영역 안에 있는 것이어서 납세자가 입증하기에 손쉽다는 것을 감안하면 납세자가 그에 관한 입증활동을 하지 않고 있는 필요경비에 대하여는 그 부존재를 추정하는 것이 마땅함. 대법원은 대표자의 급료는 특별한 사정이 없는 한 당해 법인의 필요경비(손금산입액)라 할 것인데 소득세나 법인세과세처분 취소소송에 있어서의 과세근거로 되는 과세표준의 입증책임은 과세관청에 있다 할 것이나 필요경비는 납세의무자에게 유리한 것이고 그 필요경비를 발생시키는 사실관계의 대부분은 납세의무자가 지배하는 영역 안에 있는 것이어서 그 입증이 손쉽다는 것을 감안해 보면 납세의무자가 그에 관한 입증활동을 하지 않고 있는 필요경비에 대해서는 부존재의 확정을 하는 것이 마땅하고 이와 같은 부존재의 확정을 용인하여 납세의무자에게 입증의 필요성을 인정하는 것은 공평의 관념에도 부합됨.

(대법원 86누121 판결)

- 납세의무자가 신고한 비용 중 일부 금액에 관한 세금계산서가 허위인 경우 그것이 실지 비용이라는 점에 관한 입증책임이 납세의무자에게 있음.

(대법원1997.9.26. 선고 96누8192. 판결)

- 납세의무자가 별도의 공제를 주장하는 비용의 존재와 액수를 구체적으로 입증하여야 하고 추계에 의한 입증은 허용되지 아니함.

(대법원 2003.11.27. 2002두2673, 대법원 1998.4.10. 98두328., 대법원 1986.11.25. 86누217.)

- 필요경비는 납세의무자에게 유리한 것이고 그 필요경비를 발생시키는 사실관계의 대부분은 납세의무자가 지배하는 영역 안에 있는 것이어서 그 입증이 손쉽다는 것을 감안해 보면 납세의무자가 그에 관한 입증활동을 하지 않고 있는 필요경비에 대해서는 부존재의 확정을 하는 것이 마땅하고 이와 같은 부존재의 확정을 용인하여 납세의무자에게 입증의 필요성을 인정하는 것은 공평의 관념에도 부합됨.

(대판 2004.9.23. 2002두1588., 대판 86누121)

- 부부사이에서 일방배우자 명의의 예금이 인출되어 타방 배우자 명의의 예금계좌로 입금되는 경우에는 증여 외에도 단순히 공동생활의 편의, 일방배우자 자금의 위탁관리, 가족을 위한 생활비 지급 등 여러원인이 있을 수 있으므로 즉, <u>부부 사이에서 일방배우자 명의의 예금이 인출되어 타방배우자 명의의 예금계좌로 입금되는 경우에는 그와 같은 예금의 인출 및 입금 사실이 밝혀졌다는 사정만으로는 경험칙에 비추어 해당 예금이 타방배우자에게 증여되었다는 과세요건 사실이 추정된다고 할 수 없음.</u>

    (대법원 2015.9.10. 선고 2015두41937., 대법원 2016.8.24. 2016두1590 판결)

- 납세의무자의 <u>금융기관계좌가 매출이나 수입에 관한 주된 입금관리계좌로서 그에 입금된 금액이 매출이나 수입에 해당한다고 추정할 수 있는 경우라 하더라도 개별적인 입금이나 일정한 유형의 입금이 일자, 액수, 거래상대방 및 경위 등과 아울러 경험칙에 비추어 이미 신고한 매출이나 수입과 중복되는 거래이거나 매출이나 수입과 무관한 개인적인 거래로 인정될 수 있는 특별한 사정이 있는 경우에는 이를 신고가 누락된 매출이나 수입에 해당한다고 쉽게 단정 할 수 없음.</u>

    (대법원 2015.6.23. 선고 2012두7776 판결)

- 납세자가 소득세법이 정하는 장부를 비치·기장한 바가 없다고 하더라도 계약서 등 다른 증빙서류를 근거로 과세표준을 계산할 수 있다면 과세표준과 세액은 실지조사 방법에 의하여 결정하여야 하고 추계조사방법에 의해서는 아니되고 납세자 스스로 추계의 방법에 의한 조사결정을 원하고 있다는 사유만으로는 추계조사의 요건이 갖추어진 것으로볼 수 없음.
    (대법원 2007.10.26. 선고 2006두16137 판결., 대법원 1999.1.15. 선고 97누20304 판결)

- 소득세법상 추계과세는 실액조사가 불가능하여 추계의 방법에 의할 수 밖에 없는 경우에 한함은 물론 그 추계의 방법과 내용이 가장 진실에 가까운 소득실액을 반영할 수 있도록 합리적이고 타당성이 있는 것이어야 하며 그 추계과세의 적법 여부는 다투어지는 경우 합리성과 타당성에 관한 입증책임은 과세관청에 있음.

    (대법원 1982.9.14. 선고 82누36 판결., 대법원 1987.3.10. 선고 86누721 판결.)

- **자유심증주의의 한계**
- **법률행위에 조건**이 붙어 있는지 여부에 대한 **법적 판단의 성질**(=사실인정) 및 **그 증명책임자**(=조건의 존재를 주장하는 자)
- 법률행위에 정지조건이 붙어 있는지 여부를 사실인정을 통하지 아니하고 의사표시의 해석 내지 법률적 평가를 통하여 인정한 원심판결을 파기한 사례

민사소송법 제202조가 선언하고 있는 <u>자유심증주의</u>는 형식적, 법률적인 증거규칙으로부터의 해방을 뜻할 뿐 법관의 자의적인 판단을 용인한다는 것이 아니므로 <u>적법한 증거조사절차를 거쳐 증거능력 있는 적법한 증거에 의하여 사회정의와 형평의 이념에 입각하여 논리와 경험의 법칙에 따라 사실주장의 진실 여부를 판단</u>하여야 할 것이며 비록 사실의 인정이 사실심의 전권에 속한다고 하더라도 이와 같은 제약에서 벗어날 수 없고(대법원 1982.08.24. 선고 82다카317 판결 등 참조), 조건은 법률행위의 당사자가 그 의사표시에 의하여 그 법률행위와 동시에 그 법률행위의 내용으로서 부가시켜 그 법률행위의 효력을 제한하는 법률행위의 부관이므로 구체적인 사실관계가 어느 법률행위에 붙은 조건의 성취에 해당하는지 여부는 의사표시의 해석에 속하는 경우도 있다고 할 수 있지만, 어느 **법률행위에 어떤 조건이 붙어 있었는지 아닌지는** <u>사실인정의 문제로서</u> <u>그 조건의 존재를 주장하는 자가 이를 입증</u>하여야 한다고 할 것임.

(대법원 2006.11.24. 선고 2006다35766 판결)

제6편

이의신청

| 법적근거 | 국세기본법 제66조, 지방세기본법 제90조 |

이의 신청

Ⅰ. 이의신청의 본질

Ⅱ. 국세 이의신청

1. 구성
2. 심의사항

Ⅲ. 지방세 이의신청

제1장 이의신청의 본질

이의신청이라 함은 국세나 지방세에 관한 <u>위법·부당한 처분</u>을 받거나 필요한 처분을 받지 못함으로써 <u>권리·이익을 침해받은 자</u>가 그 처분의 취소·변경 또는 필요한 처분을 구하기 위하여 세무서장이나 지방국세청장, 지방자치단체장에게 제기하는 <u>불복절차</u>를 말한다.
이의신청인지 여부는 반드시 그 <u>명칭에 구애되는 것은 아니며 실질에 의하여 판단</u>하여야 할 것이다.

강학상의 이의신청은 처분청 또는 부작위청을 재결청으로 하는 심판절차를 의미하기 때문에 직근 상급행정청인 지방국세청장을 재결청으로 하는 이의신청은 강학상의 이의신청이 아니라 행정심판에 해당한다.1) 이의신청은 **선택적인 제1단계의 불복절차**로서 심사청구 또는 심판청구 전에 납세자가 임의로 선택하여 불복할 수 있는 전심절차이다. 이의신청은 **행정내부적 통제**(die Verwaltungsinterne Kontrolle)이므로 재판과는 달리 **공정성에 한계**가 있다. 또한 **처분청에 의한 반복결정**이기 때문에 처분에 불복이 있는 자가 이의신청을 당해 행정청에 제기하여도 **구제를 받는 비율이 낮을 수도** 있다.2) 그러나 이의신청은 **절차가 간편하고 사실인정에 대한 조사를 편하게 할 수 있는 장점**이 있다. 이의신청제도가 가지는 이러한 장점은 행정청의 운용에 따라서는 다른 어떠한 권리구제수단 보다도 **효율적이고 효과적인 권리수단**으로 작용하기도 한다.3)

> ■ 이의신청인지 여부는 그 명칭에 구애됨이 없이 실질에 의하여 **이의신청 취지이면 족함**
> 납세자가 제출한 **양도소득세 해명자료제출서**가 과세관청을 상대로 과세처분의 취소를 구하는 불복의 취지를 담고 있음이 명백하다면 국세기본법시행령 제54조 제1항, 제50조 제1항 소정의 이의신청서와 그 **명칭과 서식을 달리하더라도 그 서면의 제출은 이의신청서로 보아야 함.**
> (대법원 1997.11.28. 선고 97누13627 판결 ; 대법원 1986.10.28. 선고 86누540 판결)

---

1) 김완석, 조세심판에 관한 연구, p.19. ; 한편, 세무서장이 재결청이 되는 이의신청은 처분청 자신의 재고를 요구하는 것으로 이에 대한 결정은 어느 의미에서는 재처분의 성격을 지닌다(이태로·안경봉, 「조세법 강의」, 박영사, 2002.3. p.831).
2) 국세청의 2023년도 이의신청 처리건수는 2,912건으로서 인용율은 건수기준으로 .16.0%이다(국세청 통계포털 Tax Statistics Information Service).
3) 이종영, 이의신청의 사물관할, 중앙법학, 제5집 제2호, 2003.8. p.57.; Huxholl, Die Erledigung eines Verwaltungsakts im Widerspruchsverfahren, 1995, S.35 ff.; Brühl, Sachbericht, Gutachten und Bescheid im widerspruchverfahren, JuS 1994, 330 ff.; Günther, Vorverfahren als Prozeßvoraussetzung deamtenrechtlicher Fortsetzungsfeststellungsklagen, DÖD 1991, S.78 ff.

제2장 국세 이의신청

1. 이의신청 〔국세〕

〈표1〉 국세 이의신청 제도 (요약)

절 차	내 용
법적성격	■ 납세자의 <u>선택적4)</u>인 (과세처분 후) 제1단계 불복절차 ■ 행정내부적 통제(die Verwaltungsinterne Kontrolle)
장·단점	■ 단점 : 행정내부적 통제이므로 공정성에 한계 ■ 장점 : 절차가 신속·간편, 사실인정에 대한 조사가 편함 → 과세관청이 운용만 잘 하게 되면 어떤 불복수단 보다도 효율적·효과적인 불복수단이 될 수 있음.
신청자 및 신청대상 (국기법§55)	■ 국기법, 세법에 따른 처분으로서 위법 또는 부당한 처분을 받거나 필요한 처분을 받지 못함으로 인하여 권리나 이익을 침해당한 당한 자
신청기간	■ 처분통지를 받은 날부터 90일 이내
신청제외 대상 (국기법§55 단서, §55 ③)	■ 국세청장이 조사·결정 또는 처리하거나 하였어야 할 것인 경우 (§55 ③, 영§44의2) · 국세청의 감사결과로서의 시정지시에 따른 처분 · 세법에 따라 국세청장이 하여야 할 처분 * <u>위 제외대상을 이의신청한 경우는 국세청 심사청구</u> 한 것으로 봄(통칙 56-44의2…2) ■ 조세범처벌절차법 에 따른 통고처분 ■ 감사원법에 따라 심사청구를 한 처분이나 그 심사청구에 대한 처분 ■ 이 법 및 세법에 따른 과태료 부과처분
금융증빙 등 조회신청 (국세심사사무 처리규정§25)	■ 신청인이 이의신청과 관련하여 <u>직접 조회할 수 없는 자료를 세무서장 또는 지방국세청장에게 조회신청</u> 1. 이의신청과 관련된 <u>금융증빙</u> 2. 거래상대방 등 이의신청과 <u>관련된 사람의 장부 등</u> 3. 관공서 보관 증빙

절 차	내 용
	* 심사청구 때에도 국세청장에게 신청 가능
사건조사서 작성 (규정§26)	■ 심리담당이 사건조사를 완료한 때에는[별지 제10호 서식]을 작성, 다만, 경미한 사건이나 심사위원회에서 일괄하여 심리할 사건에 대해서는 결정서(안)을 작성 ■ <u>사건조사서</u> : 사실관계 및 처분내용, 청구주장 및 처분청 의견, 관련 법령 판례 등 선결정례, 사실관계 조사내용, 심리담당 의견(판단) 등이 포함되어야 함.
재결청	■ **세무서장 또는 지방국세청장** (선택적) ■ **지방국세청장에게 이의신청할 사건** (국기법 §66, 단서) · 지방국세청장의 조사에 따라 과세처분을 한 경우 · 세무서장에게 과세전적부심사를 청구한 경우 · 지방국세청장에게 이의신청을 할 사건을 세무서장에게 신청한 경우라 하더라도 지방국세청장에게 신청한 것으로 봄(§66①단서).
국세심사위원회 (국기법§66-2) (국기령§53)	■ **세무서에 두는 국세심사위원회** (국기령 §53) · 위원장 : 세무서장 · 위 원 : <u>지방국세청장이 임명·위촉</u> - 내부위원 : 해당세무서 소속공무원 중에서 4명 이내 - 민간위원 : 자격소지자 중 20명 이내 ■ **지방국세청에 두는 국세심사위원회** · 위원장 : 지방국세청장 · 위 원 : <u>국세청장이 임명·위촉</u> - 내부위원 : 해당 지방국세청 소속공무원 중에서 6명 이내 - 민간위원 : 자격소지자 중 25명 이내 ■ 위원회 구성 : 회의마다 위원장과 위원장이 지명하는 6명(지방국세청은 8명)으로서 민간위원이 과반수 이상 포함되어야함.
결정기간 (§66⑦)	■ 신청일부터 30일 이내 (신청인이 항변하는 경우 60일 이내)

---

4) '이의신청'은 납세자가 제기 후 심사청구나 심판청구를 할 수도 있고, 제기하지 아니하고 심사청구나 심판청구를 제기할 수 있다는 의미에서 '강학상으로 선택적'이란 용어를 쓰고 있다. 즉 행정소송으로 가기 위한 필요적 전심절차가 아니라 임의적 전심절차라는 의미이다.

국세기본법

제66조【이의신청】 ① 이의신청은 대통령령으로 정하는 바에 따라 불복의 사유를 갖추어 해당 처분을 하였거나 하였어야 할 <u>세무서장에게 하거나 세무서장을 거쳐 관할 지방국세청장에게</u> 하여야 한다. 다만, <u>다음 각 호의 경우</u>에는 관할 <u>지방국세청장에게</u> 하여야 하며, 세무서장에게 한 이의신청은 관할 지방국세청장에게 한 것으로 본다.
<u>1. 지방국세청장의 조사에 따라 과세처분을 한 경우</u>
<u>2. 세무서장에게 제81조의15에 따른 과세전적부심사를 청구한 경우</u>
② 세무서장은 이의신청의 대상이 된 처분이 지방국세청장이 조사·결정 또는 처리하였거나 하였어야 할 것인 경우에는 이의신청을 받은 날부터 7일 이내에 해당 신청서에 의견서를 첨부하여 해당 지방국세청장에게 송부하고 그 사실을 이의신청인에게 통지하여야 한다. 〈개정 2010.01.01.〉
③ 제1항에 따라 지방국세청장에게 하는 이의신청을 받은 세무서장은 이의신청을 받은 날부터 7일 이내에 해당 신청서에 의견서를 첨부하여 지방국세청장에게 송부하여야 한다.
④ 제1항 및 제2항에 따라 이의신청을 받은 세무서장과 지방국세청장은 각각 <u>국세심사위원회의 심의를 거쳐 결정하여야</u> 한다.
⑥ 이의신청에 관하여는 제61조 제1항·제3항 및 제4항, 제62조 제2항, 제63조, 제63조의2, 제64조 제1항 단서 및 같은 조 제3항, 제65조 제1항 및 제3항부터 제7항까지, 제65조의2 및 제65조의3을 준용한다.
⑦ 제6항에서 준용하는 제65조 제1항의 <u>결정</u>은 이의신청을 받은 날부터 <u>30일 이내</u>에 하여야 한다. 다만, 이의신청인이 제8항에 따라 송부받은 의견서에 대하여 이 항 본문에 따른 <u>결정기간 내</u>에 <u>항변하는 경우</u>에는 이의신청을 받은 날부터 <u>60일 이내</u>에 하여야 한다.〈신설 2016.12.20.〉
⑧ 제1항의 신청서를 받은 세무서장 또는 제1항부터 제3항까지의 신청서 또는 의견서를 받은 지방국세청장은 지체 없이 이의신청의 대상이 된 처분에 대한 <u>의견서를 이의신청인에게 송부하여야</u> 한다. 이 경우 <u>의견서에는 처분의 근거·이유, 처분의 이유가 된 사실</u> 등이 <u>구체적으로 기재되어야</u> 한다.

	이의신청시 「금융증빙 등의 조회 신청」 제도를 적극 활용필요
근거훈령	■ 국세심사사무처리규정 (국세청 훈령) 제25조
조회신청처	■ 세무서장 또는 지방국세청장
조회신청 대상	■ 청구인(대리인)이 이의신청과 관련하여 다음 각 호의 어느 하나에 해당하는 증빙을 직접 조회할 수 없는 경우 1. 이의신청과 관련된 본인에 대한 금융증빙 2. 거래상대방 등 이의신청과 관련된 사람의 장부 등 3. 관공서 보관 증빙
조회신청 서식	■ 신청서식 : 「금융증빙 등 조회신청서」〔별지 제8호 서식〕 • 조회가 필요한 이유 • 조회대상 및 범위
조회신청 검토	■ 심리담당은 '금융증빙 등 조회신청 검토서(별지 제9호 서식)'에 의하여 조회가 필요한지를 검토하여 심사담당관의 결재
조회여부 통지	■ 심리담당은 조회결정 또는 조회수용불가 여부를 3일 이내 청구인에게 통지
금융조회	■ 심리담당 공무원은 서면조회, 직접 출장수집

국세심사사무처리규정	제25조(금융증빙 등의 조회) ① 이의신청인 또는 대리인은 이의신청과 관련하여 다음 각 호의 어느 하나에 해당하는 증빙(이하 '금융증빙 등')을 직접 조회할 수 없는 경우에는 이를 세무서장이나 지방국세청장이 대신 조회해 줄 것을 신청할 수 있다. 1. 이의신청과 관련된 본인에 대한 금융증빙 2. 거래상대방 등 이의신청과 관련된 사람의 장부 등 3. 관공서 보관 증빙 ② 금융증빙 등의 조회를 신청하고자 하는 경우 '금융증빙 등 조회 신청서(별지 제8호 서식)'에 조회가 필요한 이유, 대상, 범위 등을 기록하여 세무서장이나 지방국세청장에게 제출하여야 한다. ③ 금융증빙 등 조회 신청이 있는 경우 심리담당은 '금융증빙 등 조회신청 검토서(별지 제9호 서식)'에 의하여 금융증빙 등의 조회가 필요한지를 검토하여 납세자보호담당관의 결재를 받아야 한다. ④ 납세자보호담당관은 금융증빙 등을 조회하기로 결정한 때에는 즉시 조회

이의신청시 「금융증빙 등의 조회 신청」 제도를 적극 활용필요

대상 및 범위 등을 전화 등으로 통지하고, 조회를 하지 않기로 결정한 때에는 그 사유를 접수일부터 3일 이내에 서면으로 통지하여야 한다.
⑤ 금융증빙 등의 조회는 공문으로 조회하는 것을 원칙으로 하되, 납세자보호담당관의 결재를 받아 직접 출장하여 수집할 수 있다.
⑥ 출장 수집의 경우 해당 심리담당을 포함하여 심리업무 담당 공무원 2명 이상이 출장하여 수집하는 것을 원칙으로 하되, 부득이한 경우 심리담당이 단독 출장하여 수집할 수 있다.

【핵심 POINT】
국세청 이의신청

- 선택적 불복단계
  · 이의신청은 납세자가 제기여부를 선택할 수 있는 선택적 불복단계임
    (심사청구나 심판청구 전의 임의적 전심절차라는 의미)
- 신청기간 : 부과처분일부터 90일 이내 신청
- 신청기관 : 세무서장이나 지방국세청장에게 선택적으로 제기할 수 있음.
  단, 지방국세청장의 조사에 따라 과세처분을 한 경우, 세무서장에게 과세전적부심사를 청구한 경우에는 지방국세청장에게 신청해야 함.
  그러나 지방국세청장에게 이의신청 할 사건을 세무서장에게 신청한 경우라 하더라도 지방국세청에게 신청한 것으로 봄(국기법 §66①단서).
- 이의신청 제외 대상 : 국세청장이 조사·결정 또는 처리하거나 하였어야 할 것인 경우는 이의신청 제외대상임(§55 ③, 영§44-2).
  · 국세청의 감사결과로서의 시정지시에 따른 처분
  · 세법에 따라 국세청장이 하여야 할 처분
    그러나 위 제외대상을 이의신청한 경우라도 국세청 심사청구 한 것으로 봄(통칙56-44의2…2)
- 결정기간 : 30일 이내
- 장점 : 신속한 처리가 장점임(국기법 §66⑦)
- 「금융증빙 등의 조회 신청」 : 신청인이 증빙을 직접 조회할 수 없는 다음 증빙은 이 제도를 적극 활용·자료수집(국세심사사무처리규정 §25, 별지 제8호 서식)
  · 이의신청과 관련된 금융증빙
  · 거래상대방 등 이의신청과 관련된 사람의 장부 등
  · 관공서 보관 증빙

■ 국세심사사무처리규정 [별지 제10호 서식] <개정 2020. 10. 5.>

사 건 조 사 서

(과세전적부심사, **이의신청**, 심사청구의 재결청 내부심리자료)

결재	담 당	팀 장	담 당 관	보 호 관

청 구 번 호			처 분 일	
			청 구 일	

청구인	상 호 (법인명)		연도·기분	
	성 명 (대표자)		세 목	
	주 소 (사업장)		처 분 세 액	
처 분 청			청 구 세 액	
본안전 검토 사항	청구기간 도과여부		처 리 기 한	
	위원제척 사유유무		대 리 인	

쟁점	

1. 사실관계 및 처분내용

2. 청구주장

3. 처분청 의견

4. 관계법령, 예규, 판례 등

5. 조사내용

6. **사전열람 결과**

7. 검토의견

사건조사서 작성요령

1. 청구번호 : 심사청구 등 사건번호 기재
2. 처분일 : 당초 고지 또는 처분일 등을 기재
3. 연도·기분, 세목, 세액 : 주된 세목을 기준으로 기재

    예) 법인세 : 20××사업연도 법인세(등)

    　　소득세 : 20××년 과세연도 종합소득세(등)

    　　상속세 : 20××.××.××. 상속분 상속세(등)

    　　부가가치세 : 20××년 제1기 부가가치세(등)

4. 세액은 백만원 또는 천원 단위로 기재 가능
5. 대리인 : 각 위원에게 심의자료 배부 시 대리인 유무만 기재
6. **쟁점** : **심리할 내용이 쉽게 파악되도록 요약 기재**

    예) A : 포괄양도양수에 해당하는지 여부 (×)

    　　B : 사업장 일부를 일시 임대한 경우, 포괄양도양수에 해당하는지 여부 (○)

7. 사실관계 및 처분내용 : 사건의 발단에서 과세처분에 이르기까지의 과정을 이해하기 쉽도록 **날짜순, 개조식**으로 기재하고 관련증빙을 첨부

    예)　'20.1.1.　'20.1.15.　'20.1.31.　'20.2.10.　'20.3.1.　'20.4.30.

    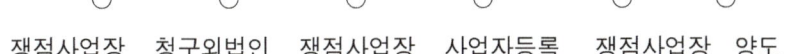

    　쟁점사업장　청구외법인　쟁점사업장　사업자등록　쟁점사업장　양도
    　취득　　　　설립　　　　임대차계약　(청구외법인)　양수도계약

8. 관계법령, 예규, 판례 등 : 관계되는 법률, 대법원 판례, 심판례, 심사결정례, 통칙, 예규 기재. 특히, 판례 등은 긍정적인 것과 부정적인 것이 있을 경우 모두 기재
9. **조사내용** : 청구인과 처분청이 제출한 증빙에 의하여 **조사한 사실관계 등을 명확히 기재**하고, 심리담당이 **직접 수집한 자료 등의 내용을 기재**
10. **검토의견** : 조사내용을 종합한 결과 **처리의견**을 기재

■ 국세심사사무처리규정 [별지 제8호 서식] <개정 2020. 10. 5.>

금융증빙 등 조회 신청서

① 사 건 번 호			
② 상 호 (성 명)		③ 사업자등록번호 (생 년 월 일)	
④ 사 업 장 (주 소)		⑤ 전 화 번 호	
⑥ 조회할 증빙			

⑦ 증빙조회가 필요한 이유(신청인이 증빙을 제출할 수 없는 이유 등)

위와 같이 금융증빙 등 조회를 신청합니다.

년 월 일

신청인   ㊞

귀하

※ 이 용지는 무료로 배부합니다.

210mm×297mm(백상지 80g/㎡)

제3장 지방세 이의신청

제1절 이의신청 〔지방세〕

1. 이의신청(지방세) 요약

<표3> 지방세 이의신청 제도 (요약)

절 차	내 용
법적성격	■ 납세자의 선택적5)인 (과세처분후) 제1단계 불복절차 ■ 행정내부적 통제(die Verwaltungsinterne Kontrolle)
장·단점	■ 단점 : 행정내부적 통제이므로 공정성에 한계 ■ 장점 : 절차가 신속·간편, 사실인정에 대한 조사가 편함. → 과세관청이 운용만 잘 하게 되면 어떤 불복수단 보다도 효율적·효과적인 불복수단이 될 수 있음.
신청자 및 신청대상 (지기법 §89)	■ 지기법 또는 지방세관계법에 따른 처분으로서 위법·부당한 처분을 받거나 필요한 처분을 받지 못함으로 인하여 권리나 이익을 침해당한 당한 자
신청제외 (지기법 §89②)	■「조세범 처벌절차법」에 따른 통고처분 ■「감사원법」에 따라 심사청구를 한 처분이나 그 심사청구에 대한 처분 ■「지방세기본법에 따른 과태료 부과처분
신청기간	■ 처분통지를 받은 날부터 90일 이내 (불변기간)
재결청 (접수관청) (지기법 §90)	■ 지방자치단체장 ■ 시·도세 : 시·도지사 ■ 시군구세 : 시장·군수·구청장 지방세 세목분류 (지방세기본법 §8)

절 차	내 용		
	특별시 광역시	서울특별시세 광역시세	취득세, 주민세, 지방소득세, 주민세 등
		자치구세	등록면허세, 재산세
	도	도세	취득세, 등록면허세, 지방소비세 등
		시·군세	재산세, 주민세, 지방소득세, 자동차세 등
	특별자치시 특별자치도	취득세, 재산세, 지방소득세, 주민세, 지방소비세 등	
	주) 1. 광역시의 군지역 : 도세를 광역시세로 함 2. 광역단체 지방세와 기초단체 지방세의 구분 실익 : **불복청구시**(과세전적부심사·이의신청) 그 **귀속기관에 청구**해야 하고 **재결청도 그 기관**이 됨.		
결정기간 (지기법 §96)	■ 신청일부터 90일 이내		

2. 지방세기본법

> **지방세기본법**
>
> **제89조(청구대상)** ① 이 법 또는 지방세관계법에 따른 처분으로서 위법·부당한 처분을 받았거나 필요한 처분을 받지 못하여 권리 또는 이익을 침해당한 자는 이 장에 따른 <u>의의신청</u> 또는 <u>심판청구</u>를 할 수 있다.
>
> ② 다음 각 호의 처분은 제1항의 처분에 포함되지 아니한다.
> 1. 이 장에 따른 이의신청 또는 심판청구에 대한 처분. 다만, 이의신청에 대한 처분에 대하여 심판청구를 하는 경우는 제외한다.
> 2. 제121조 제1항에 따른 <u>통고처분</u>
> 3. 「감사원법」에 따라 <u>심사청구</u>를 한 처분이나 그 심사청구에 대한 처분

---

5) '이의신청'은 납세자가 제기 후 조세심판청구나 감사원 심사청구를 할 수도 있고, 제기하지 아니하고 심판청구나 감사원 심사청구를 바로 제기할 수 있다는 의미에서 '강학상으로 선택적'이란 용어를 쓰고 있다. 즉 행정소송으로 가기 위한 필요적 전심절차가 아니라 임의적 전심절차라는 의미이다.

4. 과세전적부심사의 청구에 대한 처분
5. 이 법에 따른 과태료의 부과

제90조(이의신청) 이의신청을 하려면 그 처분이 있은 것을 안 날(처분의 통지를 받았을 때에는 그 통지를 받은 날)부터 90일 이내에 대통령령으로 정하는 바에 따라 불복의 사유를 적어 **특별시세·광역시세·도세**[도세 중 소방분 지역자원시설세 및 시·군세에 부가하여 징수하는 지방교육세와 특별시세·광역시세 중 특별시분 재산세, 소방분 지역자원시설세 및 구세(군세 및 특별시분 재산세를 포함한다)에 부가하여 징수하는 지방교육세는 제외한다]의 경우에는 시·도지사에게, **특별자치시세·특별자치도세**의 경우에는 **특별자치시장·특별자치도지사**에게, **시·군·구세**[도세 중 소방분 지역자원시설세 및 시·군세에 부가하여 징수하는 지방교육세와 특별시세·광역시세 중 특별시분 재산세, 소방분 지역자원시설세 및 구세(군세 및 특별시분 재산세를 포함한다)에 부가하여 징수하는 지방교육세를 포함한다]의 경우에는 **시장·군수·구청장에게 이의신청**을 하여야 한다.

■ 지방자치단체 과세권의 적용범위는 대한민국의 영해와 배타적 경제수역도 자치권이 미치고 그 기준은 육지접속선이 되므로 지방세 과세물건인 이설배관이 위치한 바다는 육지접속선을 기준으로한 당해 지방자치단체에게 과세권이 있음.
우리 법 체계에서는 공유수면의 행정구역 경계에 관한 명시적인 법령상의 규정이 존재한 바 없으므로 공유수면에 대한 행정구역 경계가 불문법상으로 존재한다면 그에 따라야 한다. 그리고 만약 해상경계에 관한 불문법도 존재하지 않으면, 주민, 구역과 자치권을 요소로 하는 지방자치단체의 본질에 비추어 지방자치단체의 관할구역에 경계가 없는 부분이 있다는 것을 상정할 수 없으므로, 헌법재판소가 지리상의 자연적 조건, 관련 법령의 현황, 연혁적인 상황, 행정권한 행사 내용, 사무처리의 실상, 주민의 사회·경제적 편익 등을 종합하여 형평의 원칙에 따라 합리적이고 공평하게 해상경계선을 획정할 수밖에 없음.

(헌법재판소 2015.7.30. 선고 2010헌라2 결정)

대한민국의 영해와 배타적 경제수역에도 지방자치단체의 자치권이 미치고 (지방세 과세물건인) 이설배관이 위치한 바다는 대한민국의 영해이므로 이설배관이 위치한 바다에는 지방자치단체의 과세권이 미친다고 할 것임.

(대법원 2020.4.29. 선고 2020두30832, 판결)

【핵심 POINT】

지방세 이의신청

- <u>이의신청</u>은 납세자가 제기여부를 선택할 수 있는 <u>**선택적 불복단계**</u>임.
 (심판청구나 감사원 심사청구 또는 행정소송의 임의적 전심절차라는 의미)
- 지방자치단체에 청구하는 <u>심사청구제도</u>는 <u>**없음**</u>(감사원 심사청구는 가능)
- 지방세에 관한 <u>행정소송</u>은 다음 방법 중 선택
  - **이의신청 → 심판청구 → 행정소송**
  - **이의신청 → 감사원 심사청구 → 행정소송**
  - (이의신청 없이) **심판청구 → 행정소송**
  - (이의신청 없이) **감사원 심사청구 → 행정소송**
- <u>행정소송</u>은 <u>조세심판청구</u>와 <u>감사원 심사청구</u> 중 하나를 <u>반드시 거쳐서 제기</u>해야 함 (필요적 전치주의)
- <u>신청기간</u>은 부과처분일부터 <u>90일 이내</u>
- <u>시·도세</u>는 시·도지사에게, <u>시·군·구세</u>는 시장·군수·구청장에게 신청
- <u>결정기간</u>은 <u>90일</u>(국세는 <u>30일</u>) 이내임 (지기법 §96)

제7편

심사청구

법적근거	국세기본법 제66조, 지방세기본법 제61조
	감사원법 제43조 제1항

제1장 총설

제1절 심사청구의 본질

1. 국세청 심사청구라 함은
   국세에 관한 위법·부당한 처분을 받거나 필요한 처분을 받지 못함으로써 권리·이익을 침해받은 자가 그 처분의 취소·변경 또는 필요한 처분을 구하기 위하여 국세의 최고 집행기관인 국세청장에게 제기하는 불복절차를 말한다(국기법 55①, 62①). 행정심판법상 일반 행정심판의 재결청이 원칙적으로 당해 처분청의 직근 상급행정청인데 비하여 국세청 심사청구는 처분청 또는 부작위청의 직근상급행정청인 지방국세청장을 재결청으로 하지 않고 행정조직의 계열상 제2차적 감독청인 국세청장을 재결청으로 하고 있다는 점이 특

의하다.1) 심사청구는 심판청구와 함께 납세자가 택일 할 수 있는 원칙적인 제1단계의 불복절차이고, 청구인의 선택에 의하여 이의신청을 거친 경우에는 제2단계의 불복절차로서 **국세행정소송의 필요적인 전심절차**이다. 심사청구를 둔 목적은 국세처분이 전국적이고도 정기적·대량적이며, 전문적·기술적이면서 복잡하므로 **국세의 최고 집행기관인 국세청장으로 하여금 그 감독권에 기하여 이를 종합 심사하도록 함**으로써 세법해석의 적정과 국세행정을 통일적으로 운용하기 위한 것으로 볼 수 있다. 그렇기에 심사청구는 납세자의 권리구제의 기능보다는 오히려 처분청의 상급행정청이 **감독권의 행사로서 당해 처분을 재고하여 그 위법·부당성을 시정하는 기능에 중점을 둔 불복절차**라고 할 것이다. 심사청구는 그 성질상 청원과 유사하다고 할 수 있다. 그러나 심사청구 역시 납세자의 권리구제의 기능에 있어서도 이의신청에 비해서는 상대적으로 실효적인 쟁송절차임을 부인할 수 없다. **심사청구의 대상, 절차의 구조 등은** 조세심판과 비슷하므로 **제5편 조심판제도 편을 참조**하기로 한다.

2. 감사원 심사청구라 함은

감사원법 제43조에 따른 **심사청구**를 말한다. 감사원의 감사를 받는 자의 직무에 관한 처분이나 그밖에 감사원규칙으로 정하는 행위에 관하여 이해관계가 있는 자는 감사원 심사청구를 제기 할 수 있다(감법 43①). 세무서장, 지방자치단체 등 과세관청의 직무에 관한 처분 기타 행위도 감사원의 감사대상이다. 따라서 과세관청으로부터 위법·부당한 조세처분으로 인하여 권리·이익의 침해를 받은 자2)는 감사원법에 의한 심사청구를 제기하여 권리구제를 받을 수 있다. 감사원 심사청구는 감사원이 **감사원법상 직무감찰 대상 행정기관 등에 대한 감사권을 행사하여 행정운영의 향상개선을 기하려는데**3) 그 목적 있는 것으로서 납세자의 권리구제의 기능보다는 **감사권에 기한 위법·부당한 처분의 시정기능에 그 중점을 둔 불복절차**라고 할 수 있다. 감사원 심사청구의 **재결청은 감사원장**이다. 감사원 심사청구를 한 처분은 국세기본법상의 불복절차의 대상에서 제외된다(국기법 55⑤). 그렇기에 감사원 심사청구를 제기한 납세자가 그 결정에 불복하는 경우에는 국세기본법상 불복절차를 거치지 아니하고 바로 행정소송을 제기하여야 한다(국기법 55⑦). 즉 감사원 심사청구를 거친 경우에는 당해 국세처분에 대한 행정심판을 거친 것으로 보게 된다.4)

---

1) 김완석, 조세심판에 관한 연구, p.21.
2) 감사원 심사청구에 있어서 그 대리인의 자격은 국세기본법상의 불복대리인 보다 그 범위가 넓다. 즉 국세기본법에서 정한 대리인(세무사, 공인회계사, 변호사) 이외에 청구인의 배우자, 직계존·비속 또는 형제·자매와 청구법인의 임원 또는 직원에게도 대리인의 자격을 부여하고 있다(감심규칙 §4①).
3) 헌법 및 감사원법상 감사원의 권한과 임무는, 국가의 세입·세출의 결산검사와 감사원법 및 다른 법률이 정하는 회계를 상시 검사·감독하여 그 적정을 기하고 행정기관 및 공무원의 직무를 감찰하여 행정운영의 개선향상을 기하는데 있다(헌법 §97, 100, 감법 §20).
4) 대법원 1991.2.26. 선고 90누7944 판결.

제2절 이의신청과 차이점

국세청 심사청구의 재결기간은 그 심사청구를 받은 날부터 90일이다. 이 재결기간은 이의신청 재결기간이 30일인데 비해 세배 길다. 이의신청은 당해 처분청 또는 지방국세청장 관할이 상대적으로 적고 심사청구는 전국적인 관할에 기인하여 그 청구수요가 많을 것이므로 상대적으로 긴 기간이 필요한 것으로 이해된다. 또한 국세청장은 심사청구를 받으면 국세심사위원회의 의결에 따라 결정을 하여야 한다(국기법 §64①). 국세청장은 국세심사위원회의 의결이 법령에 명백히 위반된다고 판단하는 경우 구체적인 사유를 적어 서면으로 국세심사위원회로 하여금 한 차례에 한정하여 다시 심의할 것을 요청할 수 있다(국기법 §64②, 2019.12.31. 신설).

이의신청이 국세심사위원회의 심의를 거치도록 한 것에 비해 심사청구를 결정함에 있어서는 국세청장은 그 국세심사위원회의 의결에 따라야 하는 것은 국세심사청구가 행정소송의 필요적 전심절차인 점에서 준사법적인 절차를 갖춘 것으로 이해된다.

제2장 국세청 심사청구

제1절 국세청 심사청구

법적근거	국세기본법 제61조

〈표1〉 국세청 심사청구 제도 (요약)

절 차	내 용
법적성격	■ 국세소송을 위한 필요적 불복절차 ■ 행정내부적 통제(die Verwaltungsinterne Kontrolle)
청구기간 (국기법 §61)	■ 처분통지를 받은 날부터 90일 이내 ■ 이의신청을 거친 경우에는 그 결정서를 받은 날부터 90일 이내
청구대상 (국기법 §55)	■ 국기법, 세법에 따른 처분으로서 위법 또는 부당한 처분을 받거나 필요한 처분을 받지 못함으로 인하여 권리나 이익을 침해 당한 자
청구제외 (국기법 §55① 단서)	■ 조세범처벌절차법에 따른 통고처분 ■ 감사원법에 따라 심사청구를 한 처분이나 그 심사청구에 대한 처분 ■ 국세기본법 및 세법에 따른 과태료 부과처분
금융증빙 등 조회신청 (규정 §52)	■ 청구인이 심사청구와 관련하여 직접 조회할 수 없는 자료를 국세청장에게 조회신청 · 심사청구와 관련된 금융증빙 · 거래상대방 등 심사청구와 관련된 사람의 장부 등 · 관공서 보관 증빙 * 이의신청 때에도 세무서장 또는 지방국세청장에게 신청 가능
사건조사서 작성 (규정 §53)	■ 심사청구를 받은 날부터 90일 이내 사건조사서(별지 제10호 서식) 작성 * 경미한 사건이나 심사위원회에서 일괄하여 심의할 사건에 대해서는 결정서(안)를 작성 ■ 사건조사서 : 사실관계 및 처분내용, 청구주장 및 처분청 의견, 관련 법령 판례 등 선결정례, 사실관계 조사내용, 심리담당 의견(판단) 등이 포함되어야 함.
결정절차 (국기법 §64)	■ 국세청장은 국세심사위원회의 의결에 따라 결정 ■ 국세청장은 국세심사위원회 의결이 법령에 명백히 위반된다고 판단하는 경우 구체적인 사유를 적어 서면으로 한 차례에 한정하여 다시 심의요청
국세심사위원회 (국기법§66-2)	■ 국세청에 두는 국세심사위원회(국기령 §53) · 위원장 : 국세청 차장 · 위　원 : 국세청장이 임명·위촉

절차	내용
	-내부위원 : 소속공무원 중에서 10명 이내 -민간위원 : 자격소지자 중 24명 이내 ■ 위원회 구성 : 회의마다 위원장과 위원장이 지명하는 10명(민간위원이 과반수이상 포함되어야함)
결정기간 (국기법§65②)	■ 심사청구를 받은 날부터 90일 이내

국세심사청구시 「금융증빙 등의 조회 신청」 제도를 적극 활용 필요	
근거훈령	■ 국세심사사무처리규정(국세청 훈령) 제52조
조회신청처	■ 국세청장
조회신청 대상	■ 청구인(대리인)이 심사청구와 관련하여 다음 각 호의 어느 하나에 해당하는 증빙을 직접 조회할 수 없는 경우 1. 심사청구와 관련된 본인에 대한 금융증빙 2. 거래상대방 등 심사청구와 관련된 사람의 장부 등 3. 관공서 보관 증빙
조회신청 방법	■ 신청서식 : 금융증빙 등 조회신청서 〔별지 제8호 서식〕 • 조회가 필요한 이유 • 조회대상 및 범위
조회신청 검토	■ 심리담당은 '금융증빙 등 조회신청 검토서(별지 제9호 서식)'에 의하여 조회가 필요한지를 검토하여 심사담당관의 결재
조회여부 통지	■ 심리담당은 조회결정 또는 조회수용불가 여부를 3일이내 청구인에게 통지
금융조회 등	■ 심리담당은 서면조회, 직접 출장수집

국세심사사 무처리규정	제52조(금융증빙 등의 조회) 제25조를 준용함 ① 심사청구인 또는 대리인은 심사청구와 관련하여 다음 각 호의 어느 하나에 해당하는 증빙(이하 '금융증빙 등')을 직접 조회할 수 없는 경우에는 이를 국세청장이 대신 조회해 줄 것을 신청할 수 있다.

국세심사청구시 「금융증빙 등의 조회 신청」 제도를 적극 활용 필요
1. 심사청구와 관련된 본인에 대한 <u>금융증빙</u> 2. 거래상대방 등 심사청구와 관련된 사람의 장부 등 3. 관공서 보관 증빙 ② 금융증빙 등의 조회를 신청하고자 하는 경우 '금융증빙 등 조회 신청서(별지 제8호 서식)'에 조회가 필요한 이유, 대상, 범위 등을 기록하여 국세청장에게 제출하여야 한다. ③ 금융증빙 등 조회 신청이 있는 경우 심리담당은 '금융증빙 등 조회신청 검토서(별지 제9호 서식)'에 의하여 금융증빙 등의 조회가 필요한지를 검토하여 심사담당관의 결재를 받아야 한다. ④ 심사담당관은 금융증빙 등을 조회하기로 결정한 때에는 즉시 조회대상 및 범위 등을 전화 등으로 통지하고, 조회를 하지 않기로 결정한 때에는 그 사유를 접수일부터 3일 이내에 서면으로 통지하여야 한다. ⑤ 금융증빙 등의 조회는 공문으로 조회하는 것을 원칙으로 하되, 심사담당관의 결재를 받아 직접 출장하여 수집할 수 있다. ⑥ 출장 수집의 경우 해당 심리담당을 포함하여 심리업무 담당 공무원 2명 이상이 출장하여 수집하는 것을 원칙으로 하되, 부득이한 경우 심리담당이 단독 출장하여 수집할 수 있다.

■ 국세심사사무처리규정 [별지 제8호 서식] <개정 2020. 10. 5.>

금융증빙 등 조회 신청서

① 사 건 번 호			
② 상 호 (성 명)		③ 사업자등록번호 (생 년 월 일)	
④ 사 업 장 (주 소)		⑤ 전 화 번 호	
⑥ 조회할 증빙			
⑦ 증빙조회가 필요한 이유(신청인이 증빙을 제출할 수 없는 이유 등)			

위와 같이 금융증빙 등 조회를 신청합니다.

년   월   일

신청인   ㊞

국세청장 귀하

※ 이 용지는 무료로 배부합니다.

210㎜×297㎜(백상지 80g/㎡)

국세기본법

제61조(청구기간) ① 심사청구는 <u>해당 처분이 있음을 안 날(처분의 통지를 받은 때에는 그 받은 날)부터 90일 이내에</u> 제기하여야 한다.

② 이의신청을 거친 후 심사청구를 하려면 이의신청에 대한 결정의 통지를 받은 날부터 90일 이내에 제기하여야 한다.

제62조(청구 절차) ① 심사청구는 대통령령으로 정하는 바에 따라 불복의 사유를 갖추어 해당 처분을 하였거나 하였어야 할 세무서장을 거쳐 국세청장에게 하여야 한다.

② 제61조에 따른 심사청구기간을 계산할 때에는 제1항에 따라 세무서장에게 해당 청구서가 제출된 때에 심사청구를 한 것으로 한다. 해당 청구서가 제1항의 세무서장 외의 세무서장, 지방국세청장 또는 국세청장에게 제출된 때에도 또한 같다.

③ 제1항에 따라 해당 청구서를 받은 세무서장은 이를 받은 날부터 7일 이내에 그 청구서에 처분의 근거·이유, 처분의 이유가 된 사실 등이 구체적으로 기재된 의견서를 첨부하여 국세청장에게 송부하여야 한다. 다만, 다음 각 호의 어느 하나에 해당하는 심사 청구의 경우에는 그 지방국세청장의 의견서를 첨부하여야 한다.

1. 해당 심사청구의 대상이 된 처분이 지방국세청장이 조사·결정 또는 처리하였거나 하였어야 할 것인 경우
2. 지방국세청장에게 이의신청을 한 자가 이의신청에 대한 결정에 이의가 있거나 그 결정을 받지 못한 경우

④ 제3항의 의견서가 제출되면 국세청장은 지체 없이 해당 의견서를 심사청구인에게 송부하여야 한다.

제64조(결정 절차) ① <u>국세청장은</u> 심사청구를 받으면 <u>국세심사위원회의 의결에 따라 결정을</u> 하여야 한다. 다만, 심사청구기간이 지난 후에 제기된 심사청구 등 <u>대통령령</u>으로 정하는 사유에 해당하는 경우에는 그러하지 아니하다.

② 국세청장은 제1항에 따른 국세심사위원회 의결이 법령에 명백히 위반된다고 판단하는 경우 구체적인 사유를 적어 서면으로 국세심사위원회로 하여금 한 차례에 한정하여 다시 심의할 것을 요청할 수 있다.

⑤ 제1항 제3호 단서에 따른 **재조사 결정이 있는 경우** 처분청은 재조사 결정일로부터 <u>60일 이내에 결정서 주문에 기재된 범위에 한정하여 조사하고, 그 결과에 따라 취소·경정하거나 필요한 처분</u>을 하여야 한다. 이 경우 처분청은 <u>제81조의7 및 제81조의8</u>에 따라 조사를 연기하거나 조사기간을 연장하거나 조사를 중지할 수 있다.〈신설 2016.12.20.〉

⑥ **처분청**은 제1항 제3호 단서 및 제5항 전단에도 불구하고 **재조사 결과 심사청구인의 주장과 재조사 과정에서 확인한 사실관계가 다른 경우** 등 대통령령으로 정하는 경우에는 해당 **심사청구의 대상이 된 당초의 처분을 취소·경정하지 아니할 수 있다.** 〈신설 2022.12.31.〉

⑦ 제1항 제3호 단서, 제5항 및 제6항에서 규정한 사항 외에 재조사 결정에 필요한 사항은 대통령령으로 정한다.

제65조의2(결정의 경정) ① 심사청구에 대한 결정에 잘못된 기재, 계산착오, 그 밖에 이와 비슷한 잘못이 있는 것이 명백할 때에는 국세청장은 직권으로 또는 심사청구인의 신청에 의하여 경정할 수 있다.

② 제1항에 따른 경정의 세부적인 절차는 대통령령으로 정한다.

제65조의3(불고불리·불이익변경 금지) ① 국세청장은 제65조에 따른 결정을 할 때 심사청구를 한 처분 외의 처분에 대해서는 그 처분의 전부 또는 일부를 취소 또는 변경하거나 새로운 처분의 결정을 하지 못한다.

② 국세청장은 제65조에 따른 결정을 할 때 심사청구를 한 처분보다 청구인에게 불리한 결정을 하지 못한다.

국세심사사무처리규정 (국세청 훈령)

제51조(현장확인 신청) ① 심사청구인 또는 그 대리인은 심사청구와 관련하여 현장확인을 청구할 수 있다.

② 제1항에 따른 현장확인 청구를 하고자 하는 사람은 '현장확인신청서(별지 제6호 서식)'에 현장확인이 필요한 이유, 장소, 일시 등을 기록하여 국세청장에게 신청하여야 한다.

③ 제2항에 따른 신청이 있는 경우 심리담당은 '현장확인신청검토서(별지 제7호 서식)'에 의하여 현장확인을 할 필요가 있는지를 검토하여 심사담당관의 결재를 받아야 한다.

④ 심리담당은 현장확인을 하기로 결정한 때에는 즉시 현장확인 장소와 일시 등을 전화 등으로 청구인에게 통지하고, 현장확인을 하지 않는 것으로 결정한 때에는 그 사유를 접수일부터 3일 이내에 서면으로 통지하여야 한다.

⑤ 현장확인은 해당 심리담당을 포함하여 심리업무 담당 공무원 2명 이상이 확인하는 것을 원칙으로 하되, 부득이한 경우 심리담당이 단독 확인할 수 있다.

제52조(금융증빙 등의 조회 신청) 제25조를 준용 ① 심사청구인 또는 그 대리인은 심사청구와 관련하여 다음 각 호의 어느 하나에 해당하는 증빙을 직접 조회할 수 없는 경우에는 이를 국세청장이 대신 조회해 줄 것을 청구할 수 있다.

1. 심사청구와 관련된 본인에 대한 금융증빙
2. 거래상대방 등 심사청구와 관련된 사람의 장부 등
3. 관공서 보관 증빙

② 제1항에 따른 금융증빙 등의 조회를 청구하고자 하는 사람은 '금융증빙 등 조회 신청서(별지 제8호 서식)'에 금융증빙 등의 조회가 필요한 이유, 조회대상 및 범위 등을 기록하여 국세청장에게 신청하여야 한다.

③ 제1항과 제2항에 따른 신청이 있는 경우 심리담당은 '금융증빙 등 조회신청 검토서(별지 제9호 서식)'에 의하여 금융증빙 등의 조회가 필요한지를 검토하여 심사담당관의 결재를 받아야 한다.

④ 심리담당은 금융증빙 등을 <u>조회하기로 결정한 때에는</u> 즉시 조회대상 및 범위 등을 전화 등으로 통지하고, <u>조회를 하지 않기로 결정한 때에는</u> 접수일부터 3일 이내에 서면으로 그 사유를 통지하여야 한다.

⑤ 금융증빙 등의 조회는 공문으로 조회하는 것을 원칙으로 하되, 심사담당관의 결재를 받은 경우 직접 출장하여 수집할 수 있다.

⑥ 출장 수집의 경우 해당 심리담당을 포함하여 심리업무 수행 공무원 2명 이상이 출장하여 수집하는 것을 원칙으로 하되, 부득이한 경우 심리담당이 단독 출장하여 수집할 수 있다.

<u>제53조(사건조사서 작성)</u> ① 심리담당이 사건조사를 완료한 때에는 '<u>사건조사서</u>(별지 제10호 서식)'를 <u>작성</u>하여야 한다. 다만, <u>경미한 사건</u>이나 <u>국세심사위원회에서 일괄하여 심의할 사건</u>에 대해서는 <u>결정서(안)</u>을 작성한다.

② <u>사건조사서에는 사실관계 및 처분내용, 청구주장 및 처분청 의견, 관련법령·판례 등 선결정례, 사실관계 조사내용, 심리담당 의견(판단) 등이 포함되어야 한다.</u>

<u>제54조(심리자료 사전열람 및 의견진술신청 안내)</u>
① 심리담당은 국세심사위원회에서 사건을 심의하기 전에 사건조사서나 결정서(안)에서 <u>심리의견 또는 판단을 제외한 '심리자료'를 '심리자료 사전열람 및 의견진술 안내(별지 제11호 서식)'에 첨부하여 국세심사위원회 개최일 7일 전까지 심사청구인(대리인이 있는 경우 대리인)과 처분청(의견서를 작성한 세무서장 또는 지방국세청장)의 소관팀장에게 송부하여야 한다.</u>

② <u>심사청구인(대리인이 있는 경우 대리인) 또는 처분청이 심리자료를 열람한 후 추가로 주장이나 증거자료를 제출하는 경우에는 이를 사건조사서에 기록하는 등 심리자료에 반영하여야 한다.</u>

③ 제1항의 <u>심리자료는 심사청구인(대리인이 있는 경우 대리인)</u>에게는 국세청 대내포털시스템의 전산자료를 활용하거나 국세청 메일 또는 국세청 전자팩스 시스템을 이용하여 <u>송부하고, 처분청</u>에는 국세청 대내포털시스템의 전산자료를 활용하거나 내부 메일을 이용하여 <u>송부하여야</u> 한다.

④ 심사청구인(대리인이 있는 경우 대리인)의 메일이 확인되지 아니할 경우에는, 심리담당은 처분을 한 세무서(납세자보호담당관실) 또는 국세청(심사담당관실)에서 심리자료를 열람할 수 있다는 내용의 안내문을 심사청구인(대리인이 있는 경우 대리인)에게 팩스로 송부하거나 전화 등으로 안내하고, 심사청구인(대리인이 있는 경우 대리인)이 세무서에서 심리자료를 열람할 수 있도록 처분을 한 세무서의 납세자보호실장에게 심리자료를 내부 메일로

송부하여야 한다.

제55조(부심리담당과 세목별 심리전문관) ① 심사담당관은 심사청구에 대한 심리를 공정하고 충실하게 하기 위하여 심사청구의 심리담당 외에 부심리담당과 세목별 심리전문관을 정하여 운영할 수 있다.

② 세목별 심리전문관은 심사1담당관실과 심사2담당관실에 1명 이상 둘 수 있다.

③ 심리담당은 합동심사실무위원회를 거치지 않는 경미한 사건 및 일괄상정 안건에 대해서는 '심리의견 적정여부 검토표(별지 제12호 서식)'에 의하여 부심리담당과 세목별 심리전문관의 검토를 받아야 한다.

④ 제3항의 경우 심사1담당관실의 심리담당은 심사2담당관실의 세목별 심리전문관의 검토를 받아야 하고, 심사2담당관실의 심리담당은 심사1담당관실 세목별 심리전문관의 검토를 받아야 한다.

⑤ 심리전문관은 심리내용이 선결정내용에 배치되는지, 논리적 모순은 없는지 등을 검토한 후 인계를 받은 날부터 3일 이내에 검토 결과를 통보하여야 한다.

■ 불복청구기간의 기산일인 국세기본법 제61조 제1항의 「해당 처분이 있음을 안 날」의 의미
과세처분에 대한 심사청구기간을 정한 국세기본법 제61조 제1항에서 소정의 당해 처분이 있은 것을 안 날이라 함은 통지, 공고, 기타의 방법에 의하여 당해 처분이 있었다는 사실을 현실적으로 안 날을 의미하나, 이는 처분의 상대방이나 법령에 의하여 처분의 통지를 받도록 규정된 자 이외의 자가 이의신청 또는 심사청구를 하는 경우의 그 기간에 관한 규정이고 과세처분의 상대방인 경우에는 처분의 통지를 받은 날을 심사청구의 초일로 삼아야 함.
(대법원 1999.02.12. 선고 98두16828 판결).

제3장 감사원 심사청구

제1절 감사원 심사청구

| 법적근거 | 감사원법 제43조, 감사원심사규칙(감사원규칙) |

〈표2〉 감사원 심사청구 제도 (요약)

절 차	내 용
법적성격 (헌법 §97, 감사원법 §20,43, 46-2)	■ 헌법기관인 감사원이 감사권에 기한 위법·부당한 처분의 시정기능에 그 중점을 둔 불복절차 ■ 조세소송을 위한 필요적 전심절차 중의 하나(국세, 지방세) ＊ 감사원심사청구는 행정심판을 거친 것으로 보는 것이므로 이 심사청구를 거친 경우 행정소송을 제기해야 함(감사원법 §46-2, 대법원 1991.2.26. 선고 90누7944)
제척기간 (감사원법 §44)	■ 심사청구의 원인이 되는 행위가 있음을 안 날부터 90일 이내에,(예: 부과처분통지 수령일) ■ 그 행위가 있은 날부터 180일 이내 ■ 위 기간은 불변기간(不變期間) ■ 【유의사항】 이의신청을 거친 경우라도 이의신청결정서를 받은 날이 아니라, 당초 부과처분통지일부터 90일 이내)
청구대상 (감사원법 §43) (감사원심사규칙 §2-2)	■ 감사원의 감사를 받는 자의 직무에 관한 처분이나 ■ 감사원규칙으로 정하는 행위[감사원의 감사를 받는 자의 직무에 관한 처분 외의 행위 또는 부작위(직무상 행위를 해야 할 법률상 의무가 있는 경우에 한함)로서 상대방의 구체적 권리·의무에 직접적인 변동을 초래하는 것]에 관하여 이해관계가 있는 자
청구제외 (감사원심사규칙 §2-2 단서)	■ 사법상의 법률관계로 인한 경우
심 리 (감사원법 §45)	■ 심사청구서와 그밖에 관계기관이 제출한 문서(변명서 등)에 의하고, 필요시 심사청구자나 관계자에게 자료의 제출·의견진술요구·필요한 조사를 할 수 있음.
결 정 (감사원법 §46)	■ 청구서 접수일부터 3개월 ■ 심사청구의 이유가 있다고 인정하는 경우에는 관계기관의 장에게 시정이나 그밖에 필요한 조치를 요구
관계기관 시정조치 (감사원법 §47, 규칙 §9)	■ 관계기관장은 시정조치를 요구하는 결정통지를 받으면 2개월이내 그 결정에 따른 조치를 하고 감사원에 통보의무

절 차	내 용
불이익변경금지 (규칙 §12)	▪ 처분 기타 행위보다 청구인에게 불이익한 결정은 하지 못함.

감사원법

제3장 심사청구

제43조(심사의 청구) ① 감사원의 감사를 받는 자의 직무에 관한 처분이나 그 밖에 감사원규칙으로 정하는 행위에 관하여 이해관계가 있는 자는 감사원에 그 심사의 청구를 할 수 있다.

② 제1항의 심사청구는 감사원규칙으로 정하는 바에 따라 청구의 취지와 이유를 적은 심사청구서로 하되 청구의 원인이 되는 처분이나 그 밖의 행위를 한 기관
(이하 "관계기관"이라 한다)의 장을 거쳐 이를 제출하여야 한다.

③ 제2항의 경우에 청구서를 접수한 관계기관의 장이 이를 1개월 이내에 감사원에 송부하지 아니한 경우에는 그 관계기관을 거치지 아니하고 감사원에 직접 심사를 청구할 수 있다.

제44조(제척기간) ① 이해관계인은 심사청구의 원인이 되는 행위가 있음을 안 날부터 90일 이내에, 그 행위가 있은 날부터 180일 이내에 심사의 청구를 하여야 한다.

② 제1항의 기간은 불변기간(不變期間)으로 한다.

제45조(심사청구의 심리) 심사청구의 심리는 심사청구서와 그밖에 관계기관이 제출한 문서에 의하여 한다. 다만, 감사원은 필요하다고 인정하면 심사청구자나 관계자에 대하여 자료의 제출 또는 의견의 진술을 요구하거나 필요한 조사를 할 수 있다.

제46조(심사청구에 대한 결정) ① 감사원은 심사의 청구가 제43조 및 제44조와 감사원규칙으로 정하는 요건과 절차를 갖추지 못한 경우에는 이를 각하한다. 이해관계인이 아닌 자가 제출한 경우에도 또한 같다.

② 감사원은 심리 결과 심사청구의 이유가 있다고 인정하는 경우에는 관계기관의 장에게 시정이나 그 밖에 필요한 조치를 요구하고, 심사청구의 이유가 없다고 인정한 경우에는 이를 기각한다.

③ 제1항 및 제2항의 결정은 특별한 사유가 없으면 그 청구를 접수한 날부터 3개월 이내에 하여야 한다.

④ 제2항의 결정을 하였을 때에는 7일 이내에 심사청구자와 관계기관의 장에게 심사결정서 등본을 첨부하여 통지하여야 한다.

제46조의2(행정소송과의 관계) 청구인은 제43조 및 제46조에 따른 심사청구 및 결정을 거

친 행정기관의 장의 처분에 대하여는 해당 처분청을 당사자로 하여 해당 결정의 통지를 받은 날부터 90일 이내에 행정소송을 제기할 수 있다.

제47조(관계기관의 조치) 관계기관의 장은 제46조에 따른 시정이나 그밖에 필요한 조치를 요구하는 결정의 통지를 받으면 그 결정에 따른 조치를 하여야 한다.

제48조(일사부재리) 제46조에 따른 심사결정이 있은 사항에 대하여는 다시 심사를 청구할 수 없다. 다만, 각하한 사항에 대하여는 그러하지 아니하다.

감사원 심사규칙

제1조(목적) 이 규칙은 「감사원법」(이하 "법"이라 한다) 제43조부터 제48조까지의 규정에 따른 심사청구의 심리와 처리에 필요한 사항을 정함을 목적으로 한다.

제2조(적용범위) 심사청구에 관하여는 법의 규정에 의하는 외에 이 규칙이 정하는 바에 의한다.

제2조의2(심사청구의 대상) 법 제43조의 "그밖에 감사원 규칙으로 정하는 행위"란 감사원의 감사를 받는 자의 직무에 관한 처분 외의 행위 또는 부작위(직무상 행위를 해야 할 법률상 의무가 있는 경우에 한한다)로서 상대방의 구체적 권리·의무에 직접적인 변동을 초래하는 것을 말하며, 다만 사법상의 법률관계로 인한 경우는 제외한다.

제3조(심사청구서의 작성·제출) ① 법 제43조 제1항의 규정에 의한 심사의 청구는 「개인정보보호법 시행령」 제19조에 따른 주민등록번호 등 고유식별정보를 기재한 별지서식1의 감사원 심사청구서(이하 "심사청구서"라 한다)에 의한다.

② 청구인은 제1항의 심사청구서에 기명날인하고 청구이유를 입증할 수 있는 관계증거서류를 첨부하여 그 처분 기타 행위를 한 기관(이하 "관계기관"이라 한다)의 장을 거쳐 제출하여야 한다.

③ 법 제43조 제3항의 규정에 의하여 관계기관을 거치지 아니하고 감사원에 직접 심사의 청구를 할 때에는 심사청구서를 관계기관에 제출한 후 1월이 경과하였다는 사실을 서면으로 입증하여야 한다.

제3조의2(청구변경 및 보충서면 제출) ① 청구인은 청구의 기초에 변경이 없는 범위에서 청구의 취지나 이유를 변경할 수 있다.

② 제1항의 청구변경은 별지서식2의 소정사항을 기재한 청구변경신청서에 의한다.

③ 청구인은 심사청구서 등에서 주장한 사실을 보충하기 위해 보충서면을 제출할 수 있다.

제4조(대리인의 선임등) ① 청구인은 다음에 해당하는 자를 대리인으로 선임할 수 있다.

1. 청구인의 배우자, 직계존·비속 또는 형제·자매
2. 청구인인 법인(법인아닌 사단 또는 재단을 포함한다)의 임원 또는 직원

3. 다른 법률의 규정에 의하여 이의신청, 심판청구등 불복에 관한 신청을 대리할 수 있는 자

제5조(관계기관의 접수·처리) ① 제2조 제2항에 규정된 관계기관의 장이 심사청구서를 접수한 때에는 청구인에게 접수일자가 명시된 접수증을 교부하여야 하고, 접수한 날로부터 1개월이내에 다음의 구분에 따라 처리하여야 한다.

1. 심사청구가 이유있다고 인정할 때에는 이에 대한 시정조치를 취하고 심사청구서에 시정조치한 내용과 기타 의견서를 첨부하여 이를 감사원에 송부하는 동시에 청구인에게 그 조치결과를 통지하여야 한다.
2. 심사청구가 이유없다고 인정할 때에는 심사청구서에 청구에 대한 변명서와 관계증거서류를 첨부하여 이를 감사원에 송부하여야 한다. 다만, 내국세에 관한 심사청구서로서 그 처분이 국세청장 또는 지방국세청장이 조사·결정한 것인 경우에는 국세청장 또는 지방국세청장의 변명서와 관계증거서류를 첨부하여야 한다.
3. 제2호의 규정에 의하여 심사청구서를 감사원에 송부한 후 감사원의 심사결정이 있을 때까지 심사청구가 이유있다고 인정하여 이에 대한 시정조치를 한 때에는 그 조치결과를 지체없이 감사원과 청구인에게 통보하여야 한다.
4. 감사원의 처분요구에 의하여 관계기관에서 취한 조치에 대한 심사청구는 제1호의 규정에 불구하고 의견서를 첨부하여 감사원에 송부하여야 한다.

② 관계기관의 장이 제1항의 규정에 의하여 심사청구서를 감사원에 송부함에 있어서는 그 소속 중앙행정기관의 장 또는 감독기관의 장 (국가기관 이외의 경우에 한하여 그 기관을 감독하는 중앙행정기관의 장을 말한다)을 거쳐야 하며, 중앙행정기관의 장 또는 감독기관의 장은 심사청구에 대한 의견서를 첨부하여 이를 감사원에 송부하여야 한다.

제5조의2(변명서의 송부) ① 감사원은 제5조 제3항의 규정에 따라 관계기관의 장으로부터 변명서를 송부 받으면 지체 없이 그 부본을 청구인에게 송달하여야 한다.

② 청구인은 변명서를 송달받은 후 그 변명서에 대하여 보충서면을 제출할 수 있다.

③ 감사원은 필요하다고 인정하면 보충서면 제출의 기한을 정할 수 있다.

제9조(심사청구의 결정에 따른 조치) 관계기관의 장은 법 제46조에 따른 시정 그 밖에 필요한 조치를 요구하는 결정의 통지를 받은 때에는 특별한 사유가 없으면 2개월 이내에 그 결정에 따른 조치를 취하고 그 결과를 지체없이 감사원에 통보(「정보통신망 및 정보보호 등에 관한 법률」에 따른 정보통신망을 이용한 통보를 포함한다)하여야 한다.

제11조(재심의청구 처리절차의 준용) 감사원의 감사결과 처분요구사항과 관련된 심사청구는 「감사원 감사사무 처리규칙」에서 정하는 재심의청구 처리절차를 준용한다.

제12조(심리 및 심사결정의 범위) ① 감사원은 청구인이 주장하는 사항에 대해서 심리한다. 다만, 필요하다고 인정할 때에는 청구인이 주장하지 아니한 사실에 대하여도 심리할 수 있다.

② 감사원은 심사청구의 대상인 처분 기타 행위외의 사항에 대하여는 결정할 수 없으며 그 처분 기타 행위보다 청구인에게 불이익한 결정은 하지 못한다.
③ 감사원은 제1항에 따른 심리를 위하여 「개인정보 보호법」 제23조에 따른 민감정보, 같은 법 시행령 제19조에 따른 주민등록번호, 여권번호, 운전면허의 면허번호 또는 외국인등록번호가 포함된 원본 자료 등을 제출받아 처리할 수 있다.

【핵심 POINT】

감사원 심사청구

- 권리구제기능보다는 감사권에 기한 위법·부당한 처분의 시정기능에 중점을 둔 불복절차
- 조세행정소송을 위한 필요적 전심절차 중의 하나(국세, 지방세)
- 청구기간은 부과처분을 받은 날부터 90일 이내(감사원법 §44)
  이의신청을 거친 경우라 하더라도 이의신청결정통지서를 받은 날이 아닌 부과처분을 받은 날부터 90일임에 유념해야 함.
- 처분청은 접수일부터 1개월 이내 심사청구가 이유 있다고 인정될 때는 시정조치하고, 이유 없다고 인정시 변명서와 중앙행정기관의 장 의견서를 첨부하여 감사원에 송부 (감사원 심사규칙 §5)
- 처분청은 시정조치 결정을 받은 날부터 2개월 이내 감사원에 결과통보의무
  (감사원법 §47, 규칙 §9)
- 결정기간은 청구서 접수일부터 3개월 이내 ((감사원법 §46)

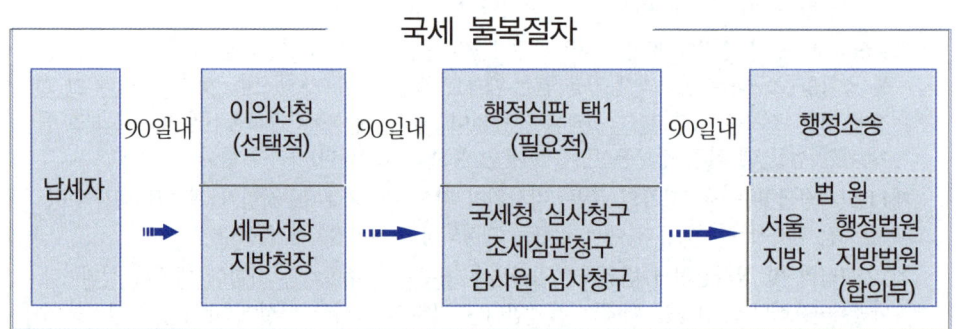

제7편 심사청구

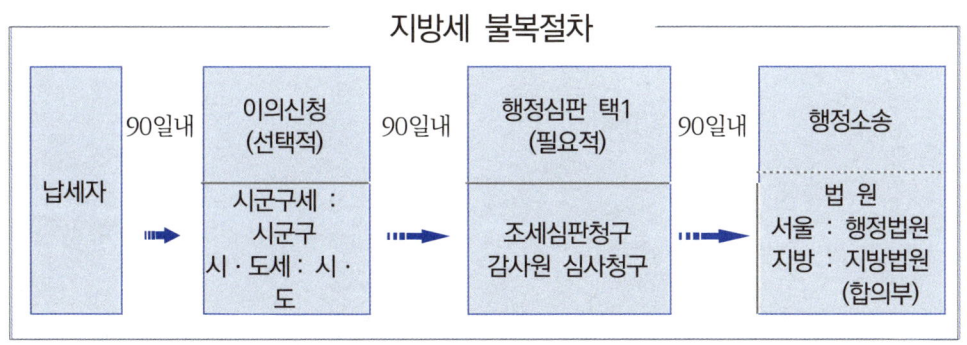

주) 1. 지방세 이의신청은 시도세는 시도지사에게, 시군구세는 시장군수구청장에게 신청
 2. 감사원 심사청구'는 당초 처분통지를 받은 날부터 90일이내 청구(이의신청 결정서 수령일부터 90일이 아님)

제8편

조세심판청구

제1장 개 설

1. 조세심판청구

(1) 법적근거

국세기본법 제3절(제67조), 지방세기본법 제91조, 제96조 제6항

제1절 조세심판청구 제도 개관

1. 조세심판청구 제도 일람

<표1> 조세심판청구 제도 일람

절 차	내 용
조세심판원 (국기법 §67)	■ 국무총리 소속으로 조세주무부처(기획재정부, 행정안전부)의 상급지위에 있고 독립적으로 심판하는 최고의 행정재결청 ■ 준사법기관으로서의 조세에 관한 특별행정심판 재결청
법적성격	■ 국세소송을 위한 필요적 불복절차 ■ 국세는 심판청구·국세청 심사청구·감사원 심사청구 중 하나를 거쳐서 국세행정소송을 제기해야 함 ■ 지방세는 심판청구·감사원 심사청구 중 하나를 거쳐서 지방세행정소송을 제기해야 함.
청구기간 (국기법 §68) (지기법 §91)	■ 처분통지를 받은 날부터 90일이내 ■ 이의신청을 거친 경우에는 그 결정서를 받은 날부터 90일이내
청구기관 (국기법§69)	■ 세무서장(국세), 지방자치단체장(지방세) 또는 조세심판원장
청구대상 (국기법§55)	■ 국기법, 지기법, 관계세법에 따른 처분으로서 위법 또는 부당한 처분을 받거나 필요한 처분을 받지 못함으로 인하여 권리나 이익을 침해당한 당한 자
청구제외 (국기법§55① 단서 §80-2)	■「조세범 처벌절차법」에 따른 통고처분 ■「감사원법」에 따라 심사청구를 한 처분이나 그 심사청구에 대한 처분 ■ 세법에 따른 과태료 처분 ■ 국세청 심사청구에 대한 처분
심판주체	■ 조세심판관회의(주심조세심판관 + 배석심판관 2명이상)

절차	내 용
국기법 (§78)	+ · **주심조세심판관** 단독심판 : 소액심판(영 §62) 　- 국세 5천만원 미만, 지방세 2천만원 미만 ■ **조세심판관 합동회의**(법 §78②) : 12~20명 　· 세법의 해석이 쟁점이 되는 경우로서 이에 관하여 종전의 조세심판원 결정이 없는 경우 　· 종전에 조세심판원에서 한 세법의 해석·적용을 변경하는 경우 　· 조세심판관회의 간에 결정의 일관성을 유지하기 위한 경우 　· 국세행정이나 납세자의 권리·의무에 중대한 영향을 미칠 것으로 예상되는 경우
조세심판관 임명·위촉 (법 §67) (영 §55-2)	■ 조세심판관의 자격 : 조세·법률·회계분야 전문가 ■ 원장인 조세심판관 : 고위직일반공무원(가급)으로서 대통령이 임명 ■ 상임조세심판관 : 고위직일반공무원(나급)으로서 대통령이 임명 ■ 비상임조세심판관 : 원장의 제청으로 국무총리가 위촉 　· 조세에 관한 사무에 4급 이상의 국가공무원·지방공무원 또는 고위공무원단에 속하는 일반직공무원으로서 3년 이상 근무한 사람 또는 5급 이상의 국가공무원·지방공무원으로서 5년 이상 근무한 사람 　· 판사·검사, 군법무관, 변호사·공인회계사·세무사, 관세사, <u>조세관련 조교수 이상</u> 중 <u>10년 이상 재직한 사람</u> ■ 임기보장 : 3년 (상임:1회 중임, 비상임 :1회연임 가능)
자유심증주의 (§77)	■ 조세심판관은 <u>자유심증(自由心證)</u>으로 <u>사실을 판단</u>
정족수 (§72③)	■ 의사정족수 : 담당심판관 2/3 이상 출석 ■ 의결정족수 : 출석심판관 과반수이상 찬성 　→ <u>4명의 구성심판관 중 3명이상 찬성</u>으로 의결
불고불리·불이 익변경금지 (§79)	■ 심판청구를 한 처분 외의 처분에 대해서는 그 처분의 전부 또는 일부를 취소 또는 변경하거나 새로운 처분의 결정을 하지 못함. ■ 심판청구를 한 처분보다 청구인에게 불리한 결정을 하지 못함.
결정기간 (§65②)	■ 심판청구를 받은 날부터 90일 이내

절차	내용
기속력 (§80)	■ 조세심판결정은 관계 행정청을 기속(羈束) ■ 행정청은 결정의 취지에 따라 즉시 필요한 처분을 해야 함
행정심판법 준용 (§56)	■ 15조(선정대표자) ■ 16조(청구인지위승계) ■ 20조(심판참가) ■ 21조(심판참가의 요구) ■ 22조(참가인의 지위) ■ 29조(청구의 변경) ■ 36조(증거조사) ■ 39조(직권심리) ■ 40조(심리방식)

【핵심 POINT】

조세심판청구 대상

- 원칙 : 개괄주의 … 부작위도 포함
- 제외 : 열거주의 … 국기법 §55⑤단서, §65①, §80-2
  - 통고처분, 감사원 심사청구에 대한 처분, 세법에 따른 과태료부과처분
  - 국세청 심사청구에 대한 처분

2. 심판청구 전 준비사항

■ 과세관청으로부터 세금을 부과처분 받게 되면 먼저 과세관청의 담당공무원과 연락하여 처분의 이유와 근거에 대한 설명을 듣고 필요한 경우 관련 과세자료를 수집한 후 심판청구를 준비하는 것이 유리
- 심판청구는 위법·부당한 처분으로 인해 납세자가 권리·이익을 침해당하였는지를 확인하는 권리구제절차이므로 납세자는 처분의 이유, 근거법령을 등을 정확히 이해하고 과세관청의 관련 관련 행정자료를 확인할 필요
- 납세자는 국세기본법 제81조의 14 및 「공공기관의 정보공개에 관한 법률」의 규정에 따라 본인의 납세와 관련된 결정결의서, 조사내용 등을 과세관청에 요청하여 제공받을 수 있음
  - 심판청구의 이유가 정리되고 근거자료가 수집되면 조세심판청구서를 작성하여 조세심판원에 접수

- 심판청구 당사자는 혼자 심판청구를 준비하기 어려운 경우 세무사·공인회계사·변호사를 대리인으로 선임할 수 있고,
- 소액사건(청구금액이 국세 5천만원 미만, 지방세 2천만원 미만)의 경우 그 배우자, 4촌이내의 혈족 또는 배우자의 4촌 이내의 혈족을 대리인으로 선임가능
■ 영세납세자는 무료로 국선대리인을 지원받을 수 있음 (국기법 §59-2)
〔영세납세자는 다음 각호의 요건을 모두 충족해야 함〕
1. 불복청구인(이의신청, 심사청구, 심판청구, 과세전적부심사청구인)이 다음 각 목의 어느 하나일 것
    가. 개인인 경우 : 종합소득금액 5천만원 이하, 소유재산가액 5억원이하(부동산, 승용자동차, 전세금, 골프 및 콘도미니엄회원권, 주식 또는 출자지분의 합계액)
    나. 법인인 경우 : 수입금액 3억원, 자산가액 5억원 이하
2. 청구금액이 5천만원 이하일 것
3. 상속세·증여세·종합부동산세·지방세·관세는 제외
    * 절차 : 국선대리인 신청 → 지원요건 확인 → 신청결과 통지

3. 조세심판청구 업무 흐름도

■ 조세심판원에 사건이 접수되면 처분청의 답변서를 제출받아 심판부에 배정
■ 심판부의 사건담당사무관은 당사자가 제출한 자료 등을 토대로 사건조사서를 작성
■ 4명의 조세심판관(고위공무원 2명, 민간심판관 2명)으로 구성된 심판부는 법률과 사실에 따라 공정하고 객관적으로 사건을 심리·의결

사건 접수	(행정실) 우편접수·방문접수·전자접수
⇩	
사건 배정	(행정실) 처분청의 답변서 받은 후 심판부 배정 ■ 사건배정 직후 「사건배정 및 심리개시 통지서」를 청구인에게 통지하여 조세심판관 및 사건담당사무관 안내 ■ 처분청의 답변서 회신이 지연되는 경우 답변서 없이 배정 후 심리가능

| 사건 접수 | (행정실) 우편접수 · 방문접수 · 전자접수 |

⇩

| 사건 조사 | (심판부) 조세심판관회의 심리자료(사건조사서) 작성
■ 처분청 답변에 대해 항변기회 보장
■ 심판조사관이 청구서, 답변서, 항변서 등을 토대로 조사
■ 심판청구 당사자는 사건담당사무관에게 직접 설명할 수 있음.
■ 심판조사관이 작성한 사건조사서를 조세심판관회의 전에 열람할 수 있음
■ 현장확인신청을 할 수 있음 |

⇩

| 조세심판관 회의 | (심판부) 사건조사서를 주요 심리자료로 하여 심리 · 의결
■ 소액사건 등은 주심심판관 단독 심리 · 의결 가능
■ 심판청구 당사자는 직접 작성한 「요약서면자료」를 제출할 수 있고, 회의에 직접 참석하여 진술을 할 수 있음 |

⇩

| 의결내용 검토 | (행정실) 조세심판관회의 의결내용이 선결정례와 부합하는지 여부, 심판부간 의결내용이 일치하는지 여부 등을 검토
■ 심리재개를 할 수 있음
■ 중요사건의 경우 조세심판관합동회의를 거쳐 결정될 수 있음 |

⇩

| 심판결정서 송달 | (행정실) 심판결정서를 처분청과 청구인에게 특별우편 송달 |

4. 심판업무 단계별 납세자의 권리 및 이용방법

- 조세심판청구서를 접수한 후 절차 단계별 납세자의 권리와 이용방법을 숙지 후
- 당사자는 능동적으로 대응함으로써 객관적이고 합리적인 심리가 이루어 지도록 할 필요가 있음.

제8편 조세심판청구

업무흐름	납세자(청구인) 권리	이용 방법
심판청구 (사건접수)	■ 청구기간 준수 : 90일 이내 ■ 영세납세자는 국선대리인 지원 ■ 우선처리제도(Fast Track)	■ 전자접수 ■ 우선처리신청(조세심판원운영규정 §4-2〔별지 제14호 서식〕)
사건 배정	■ 지정된 조세심판관 등에게 공정한 심판을 기대하기 어려운 경우 기피신청	■ 심판관, 심판조사관 지정 확인 ■ 기피신청
사건 조사	■ 충분한 주장 기회 보장 ■ 심리자료 <u>사전열람권</u> 보장	■ 처분청의 답변서에 대한 2주내 항변 (국기령 §56, 국기칙 별지37-2서식) ■ 사건담당에게 사건설명 ■ 현장확인조사 신청 ■ 심리자료 사전열람
조세심판관 회의	■ 본인이 직접 작성·정리한 <u>요약서면</u>제도 이용 ■ 조세심판관회의에 의견진술	■ 회의일정 통지(2주전 통지) ■ <u>요약서면</u> 제출(회의1주전) ■ 의견진술 신청
의결내용 검 토	■ 본인사건 <u>진행상황</u> 확인	■ 심판청구사건 진행상황 확인 (홈페이지 : <u>나의 사건 확인</u>)
심판결정서 전자열람	■ 「결정서 전자열람」 홈페이지에 발송일전 전자열람 신청	■ 「결정서 전자열람」신청 (홈페이지에 발송일전 전자열람신청)
심판결정서 송달	■ 본인사건의 <u>비공개 요청</u>	■ 본인사건의 비공개 신청

239

[심층STUDY]

자유심증주의 적용

- **법적근거 : 「국세기본법」**

제77조(사실판단) 조세심판관은 심판청구에 관한 조사 및 심리의 결과와 과세의 형평을 참작하여 「자유심증(自由心證)」으로 「사실을 판단」한다.

- **법관과 조세심판관에게만 법적권한이 부여된 자유심증주의**
  - 조세심판관에게 사실판단에 있어 자유심증주의를 부여한 입법취지는 법관에게만 부여(민사소송법 제202조, 형사소송법 제303조)한 법적권한을 조세심판관에게도 부여함으로써
  - 조세심판관의 독립성을 보장하고 권리구제의 범위를 확대시켜 심판청구사건의 실체적 진실을 발견하려는데 그 취지가 있음.
  - 따라서 조세심판의 심리에 있어서도 민사 또는 형사소송절차에 준하여야 할 것이고 이는 조세심판관의 사실인정의 합리적 판단이 전제되어야 할 것임.

- **자유심증주의의 한계**
  - 자유심증주의 하에서의 증거의 가치판단은 조세심판관의 자유재량에 맡겨져 있기는 하나 자의적인 재량 또는 판단이 허용되는 것은 아님.
  - 즉, 합리성과 객관성을 결여한 증거가치의 판단은 위법하고(대법원 1984.5.29. 선고 84도554 판결), 논리칙과 경험칙에 위배되지 않는 범위내에서만 허용되는 것(대법원 1985.11.26. 선고 85도2109 판결)이라 할 수 있음.

- **법률적 의미**
  - '자유심증주의'는 근거과세원칙에 대응되는 개념으로서 사실판단에 있어 근거자료가 부족하더라도 논리칙과 경험칙에 위배되지 않는 범위내에서
  - 유능한 조세심판관은 자유심증주의를 적용할 수 있어 중요한 법적 의미를 갖고 있고, 납세자도 이를 적용해 달라고 적극 요청할 필요가 있음.

제2절 관련 법령

국세기본법

제55조(불복) ① 이 법 또는 세법에 따른 처분으로서 위법 또는 부당한 처분을 받거나 필요한 처분을 받지 못함으로 인하여 권리나 이익을 침해당한 자는 이 장의 규정에 따라 그 처분의 취소 또는 변경을 청구하거나 필요한 처분을 청구할 수 있다. 다만, 다음 각 호의 처분에 대해서는 그러하지 아니하다.
1. 「조세범 처벌절차법」에 따른 통고처분
2. 「감사원법」에 따라 심사청구를 한 처분이나 그 심사청구에 대한 처분
3. 이 법 및 세법에 따른 과태료 부과처분

제67조(조세심판원) ① 심판청구에 대한 결정을 하기 위하여 국무총리 소속으로 조세심판원을 둔다.
② 조세심판원은 그 권한에 속하는 사무를 독립적으로 수행한다.

제68조(청구기간) ① 심판청구는 해당 처분이 있음을 안 날(처분의 통지를 받은 때에는 그 받은 날)부터 90일 이내에 제기하여야 한다.
② 이의신청을 거친 후 심판청구를 하는 경우의 청구기간에 관하여는 제61조 제2항을 준용한다.

제69조(청구절차) ① 심판청구를 하려는 자는 대통령령으로 정하는 바에 따라 불복의 사유 등이 기재된 심판청구서를 그 처분을 하였거나 하였어야 할 세무서장이나 조세심판원장에게 제출하여야 한다. 이 경우 심판청구서를 받은 세무서장은 이를 지체 없이 조세심판원장에게 송부하여야 한다.
② 제68조에 따른 심판청구기간을 계산할 때에는 심판청구서가 제1항 전단에 따른 세무서장 외의 세무서장, 지방국세청장 또는 국세청장에게 제출된 경우에도 심판청구를 한 것으로 본다.
③ 조세심판원장은 제1항 전단 또는 제2항 후단에 따라 심판청구서를 받은 경우에는 지체 없이 그 부본을 그 처분을 하였거나 하였어야 할 세무서장에게 송부하여야 한다.
④ 제1항 전단에 따라 심판청구서를 받거나 제3항에 따라 심판청구서의 부본을 받은 세무서장은 이를 받은 날부터 10일 이내에 그 심판청구서에 대한 답변서를 조세심판원장에게 제출하여야 한다. 다만, 제55조 제3항 및 제62조 제3항 단서에 해당하는 처분의 경우에는 국세청장 또는 지방국세청장의 답변서를 첨부하여야 한다.
⑤ 제4항의 답변서에는 이의신청에 대한 결정서(이의신청에 대한 결정을 한 경우에만 해당한다), 처분의 근거·이유 및 처분의 이유가 된 사실을 증명할 서류, 청구인이 제출한

증거서류 및 증거물, 그 밖의 심리자료 전부를 첨부하여야 한다.
⑥ 제4항의 답변서가 제출되면 조세심판원장은 지체 없이 그 부본(副本)을 해당 심판청구인에게 송부하여야 한다.
⑦ 조세심판원장은 제4항 본문에 따른 기한까지 세무서장이 답변서를 제출하지 아니하는 경우에는 기한을 정하여 답변서 제출을 촉구할 수 있다.
⑧ 조세심판원장은 세무서장이 제7항에 따른 기한까지 답변서를 제출하지 아니하는 경우에는 제56조 제1항 단서에 따른 증거조사 등을 통하여 심리절차를 진행하도록 할 수 있다.

제71조(증거서류 또는 증거물) ① 심판청구인은 제69조 제6항에 따라 송부받은 답변서에 대하여 항변하기 위하여 조세심판원장에게 증거서류나 증거물을 제출할 수 있다.
② 조세심판원장이 심판청구인에게 제1항의 증거서류나 증거물을 기한을 정하여 제출할 것을 요구하면 심판청구인은 그 기한까지 제출하여야 한다.
③ 제1항에 따라 증거서류가 제출되면 조세심판원장은 증거서류의 부본을 지체 없이 피청구인에게 송부하여야 한다.

제72조(조세심판관회의) ① 조세심판원장은 심판청구를 받으면 이에 관한 조사와 심리(審理)를 담당할 주심조세심판관 1명과 배석조세심판관 2명 이상을 지정하여 조세심판관회의를 구성하게 한다.
③ 조세심판관회의는 담당 조세심판관 3분의 2 이상의 출석으로 개의(開議)하고, 출석조세심판관 과반수의 찬성으로 의결한다.

제76조(질문검사권) ① 담당 조세심판관은 심판청구에 관한 조사와 심리를 위하여 필요하면 직권으로 또는 심판청구인의 신청에 의하여 다음 각 호의 행위를 할 수 있다.
1. 심판청구인, 처분청(심판청구사건의 쟁점 거래사실과 직접 관계있는 자를 관할하는 세무서장 또는 지방국세청장을 포함한다), 관계인 또는 참고인에 대한 질문
2. 제1호에 열거한 자의 장부, 서류, 그 밖의 물건의 제출 요구
3. 제1호에 열거한 자의 장부, 서류, 그 밖의 물건의 검사 또는 감정기관에 대한 감정 의뢰

② 담당 조세심판관 외의 조세심판원 소속 공무원은 조세심판원장의 명에 따라 제1항 제1호 및 제3호의 행위를 할 수 있다.

제77조(사실 판단) 조세심판관은 심판청구에 관한 조사 및 심리의 결과와 과세의 형평을 고려하여 자유심증(自由心證)으로 사실을 판단한다.

제78조(결정 절차) ① 조세심판원장이 심판청구를 받았을 때에는 조세심판관회의가 심리를 거쳐 결정한다.
② 조세심판원장과 상임조세심판관 모두로 구성된 회의가 대통령령으로 정하는 방법에 따라 제1항에 따른 조세심판관회의의 의결이 다음 각 호의 어느 하나에 해당한다고 의결하

는 경우에는 조세심판관합동회의가 심리를 거쳐 결정한다.
1. 해당 심판청구사건에 관하여 세법의 해석이 쟁점이 되는 경우로서 이에 관하여 종전의 조세심판원 결정이 없는 경우
2. 종전에 조세심판원에서 한 세법의 해석·적용을 변경하는 경우
3. 조세심판관회의 간에 결정의 일관성을 유지하기 위한 경우
4. 그밖에 국세행정이나 납세자의 권리·의무에 중대한 영향을 미칠 것으로 예상되는 등 대통령령으로 정하는 경우

③ 제2항의 조세심판관합동회의는 조세심판원장과 조세심판원장이 회의마다 지정하는 12명 이상 20명 이내의 상임조세심판관 및 비상임조세심판관으로 구성하되, 상임조세심판관과 같은 수 이상의 비상임조세심판관이 포함되어야 한다.

⑤ 심판결정은 문서로 하여야 하고, 그 결정서에는 주문(主文)과 이유를 적고 심리에 참석한 조세심판관의 성명을 밝혀 해당 심판청구인과 세무서장에게 송달하여야 한다.

⑥ 조세심판관합동회의의 운영, 결정서의 송달 등에 필요한 사항은 대통령령으로 정한다.

제79조(불고불리, 불이익변경금지) ① 조세심판관회의 또는 조세심판관합동회의는 제80조의2에서 준용하는 제65조에 따른 결정을 할 때 심판청구를 한 처분 외의 처분에 대해서는 그 처분의 전부 또는 일부를 취소 또는 변경하거나 새로운 처분의 결정을 하지 못한다. 〈개정 2022. 12. 31.〉

② 조세심판관회의 또는 조세심판관합동회의는 제80조의2에서 준용하는 제65조에 따른 결정을 할 때 심판청구를 한 처분보다 청구인에게 불리한 결정을 하지 못한다

제80조(결정의 효력) ① 제80조의2에서 준용하는 제65조에 따른 결정은 관계 행정청을 기속(羈束)한다.

② 심판청구에 대한 결정이 있으면 해당 행정청은 결정의 취지에 따라 즉시 필요한 처분을 하여야 한다.

조세심판원운영규정
(국무조정실 훈령 제190호, 2023.4.24. 개정)

제4조의2(우선처리제도) ① 다음 각 호의 요건을 모두 갖춘 청구인이 심판청구의 대상이 되는 과세처분으로 인하여 압류, 출국금지, 관허사업의 제한, 「국세징수법」제13조(재난 등으로 인한 납부기한의 연장) 또는 제14조(납부고지의 유예)에 따른 승인을 받은 경우 등 직접적이고 급박한 어려움이 예상되는 경우로서 신속한 결정을 받고자 하는 경우에는 별지 제14호 서식의 심판청구사건 우선처리 신청서에 신청이유를 증명할 수 있는 서류를 첨부하여 심판원장에게 제출하여야 한다.

1. 심판청구금액이 5억원 미만일 것
2. 청구인이 사업자가 아닌 개인 또는 비영리법인이거나, 사업자인 개인 또는 영리법인인 경우에는 「조세특례제한법 시행령」 제2조의 규정에 의한 중소기업일 것

② 담당심판관이 지정되기 전 청구사건의 우선처리를 신청한 경우에는 심판원장이, 담당심판관이 지정된 후 신청한 경우에는 주심조세심판관이 해당 청구사건을 우선처리 할 필요성이 있는지 여부를 심사하고 10일 이내에 그 결과를 청구인에게 통지하여야 한다.

③ 제2항에 따른 심사결과 우선처리 대상으로 선정된 청구사건은 담당심판관이 지정되기 전 청구인이 신청한 경우에는 심판청구일로부터 80일 이내에, 담당심판관이 지정된 후 신청한 경우에는 주심조세심판관이 심사결과 통지를 한 날로부터 45일 이내에 해당 청구사건을 심리·결정한다.

제6조(청구번호 부여) 심판원장은 제4조 제2항 또는 제3항에 따라 처분청으로부터 답변서등이 제출되면 전산망을 통하여 청구번호를 부여한다. 다만, 청구번호를 부여하기 전에 제12조에 따라 심판청구의 전부가 취하된 경우에는 그러하지 아니하다.

제7조(심판관 지정 및 지정통지) ① 심판원장은 청구사건을 모아서 2주에 1회 이상 담당심판관을 지정한다. 다만 조세심판관회의에 참석할 비상임조세심판관은 조세심판관회의 개최 전에 심판원장이 별도로 지정한다.

② 심판원장은 전산망에 의해 **사건배정표를 작성하여 해당 청구사건의 담당심판관을 무작위로 지정**한다. 다만, 조세행정에 중대한 영향을 미치는 사건, 사회적으로 관심이 집중된 사건 등은 담당심판관의 업무 형편을 감안하여 심판원장이 직접 지정할 수 있다.

③ 심판원장은 담당심판관을 지정한 후 사건배정표와 심판청구서 및 답변서등의 관련서류를 주심조세심판관에게 인계하고, 규칙 별지 제37호서식의 사건배정 및 심리개시 통지서에 처분청의 답변서를 첨부하여 청구인에게 담당심판관이 지정되었음을 통지하여야 한다.

제8조(항변서 등의 제출) ① 청구인은 제7조에 따라 송부받은 답변서에 대하여 항변하기 위하여 법 제71조에 따라 주심조세심판관에게 항변서, 증거서류 또는 증거물을 제출할 수 있다.

제9조(심판조사관 배정) 주심조세심판관은 심판원장으로부터 지정받은 청구사건을 심판조사관에게 배정한다.

제13조(조사 및 사실인정) ① 조사 및 사실인정은 형식적 증거 의존에서 벗어나 진실발견에 주안점이 주어져야 한다.

② 담당조사관은 제9조에 따라 청구사건을 배정받고, 제8조에 따른 청구인의 최종 항변, 처분청의 최종 추가답변 제출기한이 경과한 후 40일 이내에 조사를 마쳐 조세심판관회의에 안건을 상정할 수 있도록 노력하여야 한다.

제15조(사건조사서 등의 작성) ① 주심조세심판관은 담당조사관에게 처분개요, 청구인 주장

및 처분청 의견, 사실관계 조사내용 등을 포함하여 **사건조사서를 작성**하게 하여야 한다.

② 제1항에 따른 사건조사서 작성시 제8조에 따른 항변서 등의 내용을 반영하여 사건조사서를 작성하여야 한다.

③ 담당조사관은 사건조사서를 작성한 때에는 지체없이 주심조세심판관에게 보고하여야 한다.

제16조(사건조사서 사전열람) ① 담당조사관은 청구사건에 대한 최초의 조세심판관회의가 개최되기 전에 영 제58조 제2항에 따른 청구인 또는 처분청의 신청이 있는 경우에는 제15조에 따라 작성된 사건조사서의 처분개요, 청구인 주장 및 처분청 의견과 사실관계 조사내용을 사전열람하게 하여야 한다.

② 담당조사관은 제1항의 사전열람자료를 신청인에게 전자우편 또는 모사전송 등의 방법으로 송부하여야 한다.

③ **담당조사관**은 사전열람을 한 신청인이 사전열람 개시일부터 5일 이내에 추가증빙 또는 보충의견 등을 제시한 경우 이를 반영하여 사건조사서를 작성하여야 한다.

제17조(현장확인조사) 담당조사관은 청구인의 요청이 있거나 조사과정에서 필요하다고 인정하는 경우 청구인 또는 과세물건이 소재하는 지역을 방문하여 조사할 수 있다.

제4장 조세심판관회의의 운영 등

제20조(의견진술) ① 청구인 또는 처분청은 법 제58조, 「관세법」 제130조 또는 「지방세기본법」 제92조에 따라 조세심판관회의에서 의견을 진술할 수 있다.

② 제1항에 따라 의견을 진술하려는 자는 규칙 별지 제26호 서식 또는 지방세규칙 별지 제60호서식의 의견진술 신청서를 작성하여 조세심판관회의를 개최하기 전까지 제출하여야 한다.

제20조의3(요약서면 제출) ① 청구인 또는 처분청은 조세심판관회의 개최일 7일 전까지 주심조세심판관에게 주장과 그 이유를 정리한 요약서면을 제출할 수 있다. 이 경우 요약서면은 사건조사서에 첨부하여 담당심판관에게 심리자료로 제공한다.

제21조(이해관계인 등에 대한 질문검사 및 심판참가) ① 주심조세심판관은 심판청구에 대한 조사와 심리를 위하여 필요하다고 인정하는 경우에는 직권으로 또는 청구인의 신청에 의하여 법 제76조 제1항에 따라 심판청구 결과에 대하여 이해관계가 있는 제3자, 관계인 또는 참고인에게 질문하거나 자료제출 요구 등을 할 수 있다.

제22조(조세심판관회의의 의결) ① 법 제78조 제1항의 단서 및 영 제62조에 규정한 소액심판 청구사건 이외에는 조세심판관회의의 의결을 거쳐야 한다.

③ 제20조 제1항 본문에 따라 청구인 또는 처분청 소속 공무원이 조세심판관회의에서 의견을 진술하는 경우, 조세심판관은 간사의 의안에 대한 개요설명이 있은 후 의견진술을 듣거나 질문하며, **의장은 청구인 또는 처분청 소속 공무원을 퇴장시킨 후 조세심판관의 의견개진 및 토의를 개시**하여야 한다. 이 경우 영 제47조 제5항 또는 지방세령 제62조 제5항에 따라 진술인이 **문서로 의견진술을 갈음하는 경우에는 간사가 진술서를 낭독**한다.

④ 의장은 필요하다고 인정하는 경우에는 조세심판관회의의 의결을 보류할 수 있다.

⑧ **의장**은 조세심판관회의를 방해하는 사람에게 **퇴정(退廷)**을 명하거나 그 밖에 **심판정의 질서를 유지하기 위하여 필요한 조치**를 할 수 있다.

제23조(조정검토) 제22조 제6항에 따라 조세심판관회의의 의결내용을 통보받은 **심판원장은** 「국무조정실과 그 소속기관 직제」 제19조 제1항에 규정된 실장(이하 "**행정실장**"이라 한다)**에게** 조세심판관회의의 의결내용에 대하여 같은 조 제4항 제7호, 제8호의 사항 및 법 제78조 제2항 각 호, 영 제62조의2 제2항 각 호, 같은 조 제5항에 따른 사유에 해당하는지 여부를 검토(이하 "**조정검토**"라 한다)하게 **할 수 있다.**

제23조의2(합동회의상정심의위원회) ① 행정실장으로부터 제23조에 따른 보고를 받은 심판원장은 조세심판관회의의 의결이 법 제78조 제2항 각 호 및 영 제62조의2 제2항 각 호에 해당하여 **조세심판관합동회의에서 심리할 필요가 있다고 인정되는 경우** 법 제78조 제2항에 따라 심판원장과 **상임조세심판관 모두로 구성된 합동회의상정심의위원회에 안건을 상정**하여 해당 청구사건의 **조세심판관합동회의의 상정 여부를 결정**한다.

② 합동회의상정심의위원회는 심판원장과 상임조세심판관 3분의 2 이상 출석으로 개의하고, **출석위원 과반수의 찬성으로 의결**한다. 이 경우 합동회의상정심의위원회의 **의장은 심판원장**이 되고, 합동회의상정심의위원회에 관한 서무를 처리하기 위하여 **행정실장을 간사**로 본다.

③ 심판원장은 제22조 제6항에 따라 의결내용을 통보받은 날로부터 20일 이내에 합동회의상정심의위원회 회의를 개최하여 해당 청구사건의 조세심판관합동회의 상정 여부를 결정하여야 한다. 다만, 심판원장은 필요하다고 인정하는 경우 조정검토 기간을 연장할 수 있다.

제23조의3(심리재개) 행정실장으로부터 제23조에 따른 보고를 받은 **심판원장**은 조세심판관회의의 심리내용에 **중요 사실관계의 누락, 명백한 법령해석 오류가 있는 경우**에는 제22조 제6항에 따라 의결내용을 통보받은 날로부터 **20일 이내에 심리재개 사유**를 구체적으로 명시하여 **주심조세심판관에게 다시 심리할 것을 요청**할 수 있다. 다만, 심판원장은 필요하다고 인정하는 경우 조정검토 기간을 연장할 수 있다.

제27조(결정서의 작성) ① 주심조세심판관은 심판청구에 대한 결정이 있는 때에는 청구인이 쉽게 이해할 수 있도록 간단하고 명료하게 규칙 별지 제41호서식, 별지 제41호의2 서식 또는 별지 제41호의3 서식에 의하여 결정서를 작성하여야 한다.

제28조의2(결정서의 전자열람) ① 심판원장은 청구인(대리인이 있는 경우에는 그 대리인)의

신청이 있는 경우에는 제28조에 따른 결정서를 전자적인 방법에 따라 열람하게 할 수 있다.

② 제1항에 따라 청구인(대리인이 있는 경우에는 그 대리인)이 결정서를 전자열람 하고자 할 때에는 제28조에 따른 결정서 정본 발송일 이전까지 조세심판원 홈페이지를 통해 이를 신청하여야 한다.

■ 심판청구인의 「집행정지 신청」을 기각한 사례

【국세기본법】
제57조(심사청구 등이 집행에 미치는 효력) ① 이의신청, 심사청구 또는 심판청구는 세법에 특별한 규정이 있는 것을 제외하고는 해당 처분의 집행에 효력을 미치지 아니한다. 다만, 해당 재결청(裁決廳)이 처분의 집행 또는 절차의 속행 때문에 이의신청인, 심사청구인 또는 심판청구인에게 중대한 손해가 생기는 것을 예방할 필요성이 긴급하다고 인정할 때에는 처분의 집행 또는 절차 속행의 전부 또는 일부의 정지(이하 "집행정지"라 한다)를 결정할 수 있다.

② 재결청은 집행정지 또는 집행정지의 취소에 관하여 심리·결정하면 지체 없이 당사자에게 통지하여야 한다.

【결 정】
청구법인은 유치권에 관한 처분청의 현황조사가 미비하여 공매절차에 중대한 하자가 있으므로 청구법인을 매수인으로 한 매각결정을 취소하여야 하고, 심판결정이 있기 전까지 공매절차의 집행을 정지하여야 한다고 주장한다. 그러나 공매대상 물건의 공고된 내용과 실제 현황이 다를 경우에 그에 대한 확인책임은 입찰자에게 있다할 것인 바, 청구법인이 쟁점부동산에 대한 현장조사를 소홀히 한 것으로 보이는 이상 국세기본법 제57조 제1항 단서에 따른 중대한 손해가 생기는 것을 예방할 필요성이 긴급하다고 인정하기 어려운 점 등에 비추어 볼 때, 쟁점부동산의 공매절차에 중대한 하자가 있다거나 공매절차의 집행을 정지하여야 한다는 청구법인의 주장을 받아들이기 어렵다고 판단됨.

(조심 2023구10793, 2024.02.07.)

제2장 조세심판청구제도의 개관 및 절차의 구조

제1절 조세심판원

1. 조세심판원

1) 재결청으로서의 조세심판원과 그 현상

법적지위	국무총리 소속으로서 조세주무부처(기획재정부 및 행정안전부)로부터 독립된 재결청
조 직	■ 정원 : 122명 - 원장, 조세심판관 8, 조사관 18, 서기관·사무관 65, 주무관 30 　＊ **사건담당 조사관의 55% 이상이 전문자격소지**(변호사 12, 세무사 23, 공인회계사 8, 관세사 5명) ■ 비상임조세심판관 : 35명 (교수, 변호사 등) - 내국세 24, 관세 3, 지방세 8
심판청구사건 접수 및 처리	■ 2023년 접수 : 14,814건 - <u>내국세 10,887</u>, 관세 143, 지방세 5,751 　(국세청 심사청구 396건 → <u>심판 96.5%, 심사 3.5%</u>) ■ <u>2023년 처리 : 16,485건</u> - 내국세 10,793, 관세 193, 지방세 5,499 ■ 평균처리기간 　· 2023년 : 172일, 2022년: 234일, 2021년: 196일 ■ 1인당 처리건수(2023년) 　· 심판관 : 2,061건 (주당 41건) 　· 조사관 : 868건 (주당 17건) 　· 서기관/사무관 : 275 (주당 5.5건)
인 용 률	· <u>2023년 20.9%</u>, 2022년 14.4%, 2021년 27.1%, 2020년 32.6%
현장확인조사	· <u>2023년 20건</u>,　2022년 18건, 2021년 5건, 2020년 30건
우선처리제운영 (Fast-Track)	· <u>2023년 23건(71일)</u>, 2022년 29건(91일), 2021년 5건(84일), 　2020년 8건(111일), 2019년 8건(82일)

조세심판의 주체	• 주심조세심판관(소액)	국세 5천만원, 자방세 2천만원 이하
	• 조세심판관회의	4명 (상임 및 비상임 각2명)
	• 조세심판관합동회의	12~20명 (상임 + 비상임)

출처 1. 국세기본법 §78 시행령 §62, 「조세심판원 통계연보 2023」 (www.tt.go.kr)

2. 2023년 제기한 심판청구건수는 14,814건으로 이월건수 포함시 처음으로 20,030건을 넘었으며 전년 대비 35.2% 급증. 2008년 심판청구 통계작성 이후 역대 최대치. 지방세를 비롯해 종합소득세, 양도소득세, 법인세, 상속·증여세 등 모든 세목에서 골고루 증가했음, 2023년도 인용율은 21.0%로 헌법재판소가 관장하는 종부세법 위헌 주장(3,764건) 사건을 제외하면 인용율은 28%에 달한다.(한국경제신문 2024.3.18.자 「과도한 세금 못참아 조세불복 역대 최다」기사)

2. 준사법 기관으로서의 특별행정심판 … 헌법적 정당성

헌법 §107 ③	: 행정심판절차에 준사법절차 요구 …필요적 전치

- **조세심판관회의 결정 : 준사법적 절차에 따라 결정**
  - 사법절차 준용의 의미 : 사법절차의 본질적 요소를 준용
    - 판단기관의 독립성과 공정성, 대심적[1] 심리구조, 당사자의 절차적 권리보장
      (조세주무부처 소속이 아닌 국무총리 소속기관으로, 최종적이고 독립적으로 결정, 심판관 신분보장, 기피·회피, 사실인정의 자유심증주의 적용 등)
  - 임의적 전치제도로 규정함에 그치고 있다면 헌법 107조 3항에 위반이라 할 수 없음.
    (헌재 2001.6.28. 2000헌바30 결정 : 헌재 2000.6.1. 98헌바8 결정)

---

[1] 대심주의(당사자주의적 구조)란 심리에 있어서 당사자 쌍방에게 공격·방어 방법을 제출할 수 있는 대등한 기회를 보장하는 제도로서 일방심리주의에 대립되는 개념이다. 이를 쌍방심리주의라 하고 武器平等의 原則(Grundsatz der Waffengleichheit)이라고도 한다.

제2절 조세심판 청구 및 결정 절차의 구조(도해)

2. 조세심판 청구 및 결정 절차의 구조 (도해)

심판청구서 접수	■ **접수처** · 국세 : **세무서장 또는 조세심판원장** · 지방세 : **지방자치단체장 또는 조세심판원장** ■ **접수방법** : 청구서 2부 제출 · 방문접수 : 세종시 본원 또는 서울사무소 · 우편접수 : 세종특별자치시 갈매로 477 정부세종청사 4동 3층 조세심판원 · 전자접수 : 조세심판원 홈페이지(www.tt.go.kr)→접수 및 신청 →조세심판청구서 제출 ※ 처분일부터 <u>90일이 임박하여 청구이유서를 작성하지 못한 경우</u> 우선 청구서만 제출하고 상세이유서는 <u>보정절차에 따라 추후 제출</u>
	■ 「**문자알리미 서비스**」 … 휴대폰번호 등록 - 심판관회의 예정일, 결정문 발송일(SMS) 안내 서비스
	■ 「**우선처리제 신청**(Fast-Track)」 ※ 조세심판운영규정 (국무조정실 훈령 제190호)

⇩

사건번호 부여	■ 예) 조심 2024서1071, 조심2024지1255 ※ 과세관청이 서울청 관할: "서", 부산청 관할: "부", 대구청 관할 : "구", 광주청 관할 : "광", 대전청 관할 : "전", 지방세는 : "지", 소액이면 : "소"가 부여되며 ※ 사건번호는 관할청과 관계없이 접수순으로 부여됨.

⇩

처분청 답변서	■ 심판원에 접수시 …국기법 §69④, 지기령§60 - 처분청은 심판원으로부터 심판청구서 부본을 받은 날부터 10일이내 심

(처분청 → 심판원)	판원에 답변서 송부 ■ **처분청에 접수시** - 처분청은 심판청구서를 답변서 첨부하여 10일이내→심판원에 송부
사건 배정 (원장 → 심판부)	■ 주심심판관 지정 후 심판청구서(처분청의 답변서 첨부)를 당해 심판부에 배정 ■ 내국세 6개심판부(12개조사관실), 지방세 2개 심판부(4개조사관실), 관세1개 심판부(1개 조사관실) ■ 원장 →주심심판관 →조사관(과장) →사무관
사건배정 통지 (원장 → 청구인)	■ 「사건배정 및 심리개시 통지서」를 사건배정 직후 <u>청구인에게 통지</u> (처분청의 답변서 첨부) · 공문 또는 sns · 주심조세심판관, 상임심판관, 비상임심판관(4명) 성명 · 담당사무관·서기관 성명 , 전화번호, e-mail 안내
항변서 제출 (청구인 → 심판부)	■ 처분청 답변에 대한 <u>재반론의 기회</u> 부여 ■ 답변서 내용에 반박할 사항, 당초 주장하지 못한 사항, 증거자료 등을 송부일부터 2주내 항변서 제출… 국기령 §56, 국기칙〔별지 37호의 2 서식〕 - 사건조사서에 충분히 반영될 수 있도록 **적극적인 대응** 필요 ■ (당초 청구서에서 주장하지 않은 사항이나 제시하지 않은 증거자료가 있을 경우) → 원장이 <u>처분청에 송부하면 처분청은 추가답변 제출가능</u>…국기칙〔별지 37호의 3 서식〕
사건조사 착수 (심판부 조사관실)	■ 조사관이 「사건조사서」(심판관회의 심리자료) **작성** …(운영규정 §15) • 심판청구서, 답변서, 항변서 등을 토대로 조사 • 처분개요, 쟁점, 당사자 주장, 사실관계조사내용, 관련 법령, 해석사례, 검토의견 등

사건조사 단계에서 효과적으로 소명 (청구인 → 조사관)	■ **담당 조사관에게 직접 설명** • 사건개요, 주장요지, 사실관계, 해석사례, 증거자료 등을 제시하며 처분의 위법·부당성에 관하여 적극적·논리적으로 설득력 있게 설명 필요 • <u>조사관과 사전 시간약속 필요</u> • 유선 또는 민원실 방문 적극 설명 ■ **「현장확인조사」신청** 〔조세심판운영규정 §17〕 • 필요시 사건특성을 감안하여 청구인의 신청 또는 직권으로 <u>현장확인 절차 활용</u> 　* 현장확인신청서 : 운영규정〔별지 7호 서식〕 (예시) 비사업용 토지 여부, 농지인지 여부, 자경 여부, 주택으로 사용 여부, 직계존속과 별도세대 여부, 고급주택 여부 골프장의 조경지 여부, 유흥주점해당 여부 • 조사관은 현장확인조사 일정을 사전통지, 현장조사 결과 그 내용을 사건조사서에 반영함 ■ **「우선처리제 신청※」**(FAST-TRACK) 조세심판운영규정 (국무조정실 훈령 제190호) ■ **「요약서면자료」** … (국기령 §58③, 운영규정 §20-3) • <u>회의개최 7일전까지</u> 제출(주장, 이유 등을 요약정리) • 주심심판관은 <u>원문그대로 심리자료의 일부로 포함</u>
⇩	
조세심판관 회의 개최 통지 (주심심판관 → 청구인, 처분청)	■ <u>심판관 개최일 14일 전</u>까지 일시, 장소 등을 <u>청구인과 처분청</u>에 각각 통지 (국기령§58①) • 서면, 전화, SNS, email 등으로 통지(국기령§58⑤) • 회의개최통지서 …운영규정〔별지 19호 서식〕
⇩	

제8편 조세심판청구

심리자료 사전열람 신청

(청구인·처분청 → 조사관)

- 「심리자료 사전열람」
  - 청구인 및 처분청은 심판관회의 개최 전에 가능
    (국기령 §58②, 운영규정 §16②) …신청서식: 운영규정[별지6호서식]
  - 사전열람 결과 중요사항이 누락되거나 강조할 부분이 있을시 사건조사서에 추가로 기재요청 할 수 있으므로 최소 회의 7일 전까지는 요청 필요

⇩

조세심판관 회의

- 구성 : 4명 (상임심판관 2명, 비상임심판관 2명)
- 의장 : 주심조세심판관
- 정족수 … (국기법 §72③)
  · 의사정족수 : 2/3이상 참석(3명이상 참석)
  · 의결정족수 : 과반수이상 찬성(3명이상 찬성)
- 조세심판관 : 질문·검사권(신청 또는 직권)
- 사실판단 : 조세심판관은 자유심증으로 사실판단함(自由心證主義) … (국기법 §77)

⇩

우선처리 제도 신청* (FAST-TRACK)

(청구인 → 원장 또는 주심심판관)

- 법적근거 : 조세심판원운영규정 §4-2,
  · 대상 : 다음 각 호의 요건을 모두 갖춘 청구인이 압류, 출국금지, 관허사업의 제한, 국세징수법 제13조(재난 등으로 인한 납부기한의 연장) 또는 제14조(납부고지의 유예)에 따른 승인을 받은 경우 등 직접적이고 급박한 어려움이 예상되는 경우로서 신속한 결정을 받고자 하는 경우
  1. 심판청구 금액이 5억원 미만일 것
  2. 청구인이 사업자가 아닌 개인 또는 비영리사업자이거나 사업자인 개인 또는 영리법인인 경우에는 조세특례제한법 시행령 제2조의 규정에 의한 중소기업일 것
- 승인 여부 결과통지 : 10일 이내 심사 후 승인 여부 서면결과통지
- 우선처리(심리·결정) 기한
  · 주심심판관 지정 전 신청시 : 청구일부터 80일 이내
  · 주심심판관 지정 후 신청시 : 주심심판관이 심사결과통지를 한 날부터 45일 이내 심리·결정
- 신청서식 : 운영규정 §[별지 14호 서식]
  · 증명서류 첨부 : 납기한 연장통지서 등

조세심판관
회의
참석하기
	■ <u>의견진술권</u> ·· 협의의 청문권 (개인적 공권)
	· 행정절차의 참가자가 <u>자기 자신을 표현 할 수 있는</u> 기회이지 <u>특정한 행위를 요구할 수 있는 권리는 아님.</u>
	· 직권심리가 원칙이나 당사자가 <u>조세심판관에게 직접 진술할 기회</u>
	· 수단 : 출석진술, 전화진술, 서면진술, 영상진술
	   * 재결청이 직무상의 과실로 인해 의견진술기회를 부여하지 아니하고 기각 결정을 내린 경우 절차상 하자로 인해 취소사유가 되는지 여부에 대해 <u>대법원은 법령상 요구되는 절차가 아니므로 부정적 입장 즉 경미한 하자이므로 취소사유 아님.</u>
	                         (대법원 1993.9.28. 선고 92누10180 판결)

의 결 의결서 (결정서 첨부) 이송 및 조정검토 (주심심판관 ➡ 행정실 조정팀)	■ 의결구분 : 각하, 기각, <u>인용</u>*, <u>재조사</u>* · [인용결정]* : <u>취소, 경정, 필요한 처분</u>(이행결정) · [재조사 결정] : 처분청은 60일 이내 결정서 <u>주문에 기재된 범위에 한정</u>하여 <u>조사 후 조치</u>, 재조사 <u>결과</u> 원처분 유지처분에 대한 불복은 재조사결정을 내린 재결청에 불복(국기법§55⑤ 단서) ■ 심판부 : 의결서와 함께 <u>결정서 작성 후</u>(主文 과 <u>이유</u>, <u>심판관 성명</u> 명시) 원장(행정실 조정팀)에게 <u>통보</u> ■ 조정팀 : 의결내용 검토 (국기령§62-2) · 선결정례와 부합여부, 심판부간 의결내용의 일치여부, 조세행정 또는 납세자 권리·의무에 중대한 영향이 미칠 것으로 예상되는 경우 등 검토 · 원장은 30일 이내 <u>합동회의 심리사건</u>인지 여부, 주심심판관에게 <u>심리재개</u> 사건인지 여부를 결정 - <u>심리재개 요청시</u> 심판부는 다시 심리 (국기령 § 62-2⑤) ■ <u>중요사건</u>은 합동회의상정심의위원회의 의결(과반수 찬성)을 거쳐 조세심판관 합동회의가 결정 할 수 있음. … (국기법 § 78②, 국기령 § 62-2)
결정의 통지 (원장 ➡ 청구인·처분청)	■ 심판결정서 정본 송달(국기법 § 78⑤, 국기령 §62-3, 국기칙 §31③), · 송달방법 : <u>특별송달</u> (우편법시행규칙 §25①6호) · 송달처 : <u>청구인</u>(대리인이 선임된 경우 대리인) 처분청 ■ 효력발생 : 불복청구인에게 <u>도달한 때</u>(도달주의)

	■ **결정사례의 공개** · 투명성 제고, 당사자들을 익명화 하여 조세심판원 홈페이지에 공개 ■ 소액사건이나, 청구인이 비공개를 요청하는 경우 등은 공개하지 아니할 수 있음 * 결정서 비공개 요청서 서식 : 운영규정[별지 제13호 서식]

⇩

결정서
전자열람신청
 	
(청구인
➡
심판원)
	■「결정서 전자열람」신청
	 · **결정서를 우편 또는 방문 수령일 전에 전자열람**
	 · **신청시기** : 결정전에 신청
	 · **신청방법**
	  조세심판원 홈페이지 →「접수및신청」→「결정서전자열람신청」→ 신청인 구분(대리인, 청구인) → 본인인증 → 사건번호 입력
	   * 대리인이 선임된 경우 대리인만 신청가능

⇩

결정의 효력	■ **공 정 력** : 행정처분인 결정이 내려지면 당연무효가 아닌 한 적법한 것으로 추정되어 유효하게 통용되는 효력
	■ **기 속 력** : 처분청 및 관계 행정청을 羈束(국기법 §80 ②)
	■ **불가쟁력** : 심판결정이나 행정처분은 불복기간을 경과하면 더 이상 다툴 수 없음,
	(→심판결정에 불복하는 청구인은 결정서 받은 날부터 90일 이내 행정소송을 제기해야 함)
	■ **불가변력** : 결정을 조세심판원 스스로도 이를 취소·변경 할 수 없음
	  * 오기·기타 이와 비슷한 잘못이 명백한 때에는 직권 또는 신청에 의해 바로 잡을 수 있음
	■ **형 성 력** : 원처분을 취소 또는 변경하는 심판결정이 있으면 특단의 사정이 없는 한 그 결정의 효력에 의하여 원처분은 당연히 취소 또는 변경됨(대법원 1982.7.27. 선고 82누91 판결)
	즉 처분청이 심판결정에 따른 처분을 함으로써 비로소 원처분이 취소 또는 변경되는 것이 아님. 즉, 형성재결의 확정에 의하여 기존의 법률관계에 변동을 가져오는 효력
	  * 당해 **행정청은** 결정의 취지에 따라 **즉시 필요한 처분을** 해야 함 (국기법 §80②)

제9편

불복실무 절차별 착안사항

◇ 과세전적부심사청구·이의신청·심사청구·심판청구 등의 불복절차가 모두 비슷하므로
◇ 대표적 불복제도인 조세심판청구를 중심으로 작성함.

제1장 개관

제1절 조세심판과 그 현상

조세심판관회의 1회 평균 심리건수

- 1회 상정건수 : 약 20건
- 심리자료 분량 : 1건당 사건조사서 30~100면 → 600면~2,000면
- 상임심판관은 다른 심판부에 배석심판관으로도 참석
  - 1주일에 2회 심판관회의 참석, 40건, 1,200면~4,000면의 과중한 분량
    ▶ 조세심판관들 입장에서는 과중한 분량이므로 제출자료는 **최대한 핵심위주로 축약**해서 <u>이해가 빠르도록 작성</u>하는 것이 청구인(대리인)의 탁월한 능력

- **연간처리건수(2023년)** …조세심판원 통계연보(2024.3.)
  - 심판관(2,061건, 주당 41건), 사무관(275건, 주당 5.5건)

제2절 불복청구 관련자료 작성시 중점 착안사항 정리

불복청구 자료 작성시 착안사항

- 청구인이 재결청에 위법·부당한 처분임을 청구하여 그 판단을 구하는 절차이므로 <u>청구인이 주장하는 사항</u>에 대하여 재결청의 <u>조사관이 신속하게 이해 및 조사</u>하여 심리자료인 「사건조사서」에 별도로 편집할 필요가 없을 정도로 작성하여 <u>바로 반영하거나 신도록</u> 하여
- 그 충실히 반영된 「사건조사서」를 조세심판관이 청구인과 처분청간의 중립적인 입장에서 신속·정확하게 숙지하여 공정하고 객관적이며 합리적인 심판을 내리도록 작성하는 것이 핵심 착안사항
- 복잡하고 엉켜있는 사안의 경우 쟁점과 관련된 <u>사실관계나 법리사항을 간추려 비교·정리</u>하여 심판관들로 하여금 <u>한눈에 들어오도록 작성하는 것</u>이 중요
- <u>문장은 가급적 단문</u>으로 기술, 문장이 길면 읽는 사람이 주어를 찾거나 이해하는데 많은 시간이 소요

제2장 절차별 착안사항

제1절 불복 절차의 구조 및 단계별 자료작성

1. 조세심판청구서 작성 (예시)

(1) 법정서식

국세기본법시행규칙〔별지 제35호 서식〕, 지방세기본법〔별지 제39호 서식〕

■ 국세기본법 시행규칙 [별지 제35호서식] <개정 2024. 3. 22.>

조세심판청구서

| 접수번호 | | 접수일 | | 처리기간 | 90일 |

청구인	성 명		주민등록번호 (사업자등록번호)	
	상 호		전화번호	
	주소 또는 사업장 소재지	(우) - 전자우편(e-mail) : 　　　　　전송(Fax) :		

| 처 분 청 | | 조 사 기 관 | |

처분통지를 받은 날(또는 처분이 있은 것을 처음으로 안 날) : 　　년 월 일
  ※ 결정 또는 경정의 청구에 대해 아무런 통지를 받지 못한 경우에는 결정 또는 경정 기간이
    경과한 날

처분의 내용 또는 통지된 사항
  ※ _____년도_____기분_____세_____원

조세심판청구 취지 및 이유　(별지에 적어 주십시오)

| 이의신청을 한 날 | 년 월 일 | 이의신청의 결정통지를 받은 날 | 년 월 일 |

심리자료 사전열람 신청 여부: 여 [ ] 부 [ ]

의견진술 신청 여부: 여 [ ] 부 [ ]
[신청 시 의견진술신청서(「국세기본법 시행규칙」 별지 제26호서식)를 첨부하여 주십시오]

국선대리인 선정 신청 여부 : 여 [ ] 부 [ ]
[신청 시 국선대리인 선정 신청서(「국세기본법 시행규칙」 별지 제28호의2서식)를 첨부하여
주십시오]

「국세기본법」 제69조에 따라 위와 같이 조세심판청구를 합니다.
　　　　　　　　　　　　　　　　　　　　　　　　　　　년 월 일
　　　　　　　　　　　　　　청구인　　　　　　　　　(서명 또는 인)

조세심판원장　귀하

위임장	「국세기본법」 제59조제1항(관세에 관한 사항인 경우에는 「관세법」 제126조제1항)에 따라 아래 사람에게 위 조세심판청구에 관한 사항을 위임합니다. (조세심판청구의 취하는 이에 대한 별도의 위임이 있어야만 합니다)				
	위임자 (청구인)				(서명 또는 인)
	대리인	사업장	상호	사업자등록번호	소재지	전자우편
			(서명 또는 인)			
		수행자	구분	성명	생년월일	(휴대)전화번호
			세 무 사 [✔] 공인회계사 [　] 변 호 사 [　]	조 세 인 (세무법인 형평)		

| 첨부서류 | 1. 조세심판청구 이유서 2부
2. 조세심판청구 이유에 대한 증거자료 2부
3. 2번 자료에 대한 증거목록(「국세기본법 시행규칙」 별지 제36호의2서식) 2부 | 수수료
없 음 |

210mm×297mm(백상지 80g/㎡(재활용품))

불복이유서 (예시)

Ⅰ. 청구취지

Ⅱ. 청구이유
   1. 청구인 신고 사항
   2. 처분개요
   3. 사실관계
   4. 쟁 점

Ⅲ. 관련 법령
   1. 법인세법, 법인세법시행령
   2. 해석사례

Ⅳ. 청구주장(처분의 위법・부당성)

Ⅴ. 결 론

(2) 착안 사항

2. 조세심판청구서 표지 작성시 유념할 사항

1. 대리인 기재

  (1) 대리인 적격
  - 세무사, 공인회계사(세무사법 §20-2①에 따라 등록), 변호사(국기법 §59 ①[1])
  - 대리인은 심판청구에 관한 모든 행위를 할 수 있으나 청구의 취하는 특별수임 받은 경우에 한함[2](국기법 §59②)

  (2) 대리인 기재시 유의사항
  - 세무(회계, 법무)법인인 경우 반드시 세무사·공인회계사·변호사 를 대리인으로 하고 법인명은 소속으로 함
  - 대리인 성명란에 세무법인 등 법인명만을 기재하는 사례있음: 각하대상임[3]

2. 표지 작성
  - 불복기한이 임박했을 경우 선접수 후 보충자료 제출
  - 불복이유서를 쓰지 않을 경우, 표지의 청구취지 및 이유란에 단 한 줄이라도 기재
      예) 처분청이 매출누락으로 본 3억원 상당액의 물품을 실제 매입하였는데도 가공매입으로보아 손금불산입 하는 것은 부당함
  - 불복기한을 정확히 계산할 수 있도록 함
      * 의뢰인으로부터 정확한 객관적 서류를 통해 확인 필요
  - 심리자료 사전열람 란의 여, 부에 ☑표시
  - 의견진술 란의 여에 ☑표시의 경우 의견진술신청서 첨부

---

1) 국세기본법 제59조(대리인) ① 이의신청인··심사청구인 또는 심판청구인과 처분청은 변호사, 세무사 또는 세무사법 제20조의 2 제1항의 규정에 의하여 등록한 공인회계사를 대리인으로 선임할 수 있다.
② 대리인의 권한은 서면으로 증명하여야 한다.
③ 대리인은 본인을 위하여 그 신청 또는 청구에 관한 모든 행위를 할 수 있다. 다만, 그 신청 또는 청구의 취하는 특별한 위임을 받은 경우에 한한다.
④ 대리인을 해임한 때에는 그 뜻을 서면으로 당해 재결청에 신고하여야 한다.
2) 복대리인의 선임도 특별수권을 받아야 하는 것으로 해석한다.
3) 임의적인 청구인의 변경은 원칙적으로 허용되지 아니하며, 행정청이나 재결청이 청구인 적격이 있는 자

불복 이유서

I. 청구 취지

- 인용될 경우, 심판결정서의 '주문"이 될 내용으로서, 세목, 귀속연도, 세액 등을 원단위까지 정확하게 기재 (천원단위 기재 ×)
- 결정범위(특히 경정결정의 경우)와 관련하여 청구인과 처분청간 다툼이 있을 경우 「주문」의 기재가 효력이 있고, 결정이유는 주문에 대한 이유설시에 불과함 (대법원 판례)

II. 청구이유

1. 청구인의 신고사항
- 신고일자, 귀속연도, 세목, 세액을 정확히 기재
  (많을 경우 총액만 기재하고 별지에 표로 작성도 고려)

2. 처분개요
- 세목, 귀속연도, 세액, 결정·경정고지일을 정확히 기재 (2023년 5월납기로 ×)
- 처분이유 및 그 근거를 간명하게 기재

3. 사실관계
- 문장은 단문 형식으로 기술
  - 문장이 길 경우 읽는 사람이 주어를 찾거나 이해하는데 많은 시간 소요
- 사실관계는 가급적 〈표〉로 작성하고 설명 기재
  - 발생 순서대로 설시, 필요시 Time Line Table(시계열표) 작성
    (담당사무관이 심리자료인 사건조사서에 그대로 복사해서 싣도록)
- 사안이 복잡할 경우 **도표화** 필요
  → 도표 밑에 간명하게 해설 또는 설명 필요

4. 쟁 점
- 쟁점의 가지치기 → 쟁점의 단순화 → 핵심쟁점에 집중화
- 간단·명료하게 가급적 한 줄로 기재, (길어질 경우 부제로 표기)

로 변경할 것을 명할 의무도 없다(대법원 1999.10.8. 선고 98두10073 판결).
청구인적격이 없는 자가 제기한 심판청구는 부적법한 것으로서 흠결이 보정될 수 없다(대법원 1990.2.9. 선고 89누4420 판결).

('사실판단' 사항 또는 '법리문제' 인지도 표기하면 효과적)
예) 1. 8년이상 자경농지 양도소득세 감면대상 여부
→ 8년이상 '<u>직접 경작</u>' 여부, 양도당시 '<u>농지</u>'여부, <u>농지소재지 거주여부</u>
2. 조세특례제한법 60조(<u>공장의 지방이전 감면</u>)의 <u>적용대상인지</u>

III. 관련 법령 및 해석사례

1. 관련 법령
- 핵심적용 법률규정에 Under Line 또는 굵게 표시
- 처분청과 청구인의 법률규정(조문) 적용이 상이할 때는 각 적용규정이나 조문에 당사자 주장조문임을 표시 필요
  예) 처분청 : 89조 ②, 청구인 : 89조 ③
- 개정법률인 경우 : 확인적 규정인가 창설적 규정인가를 국회나 주무부처의 제개정 이유자료 등을 첨부하여 간명하게 해설, 기술

2. 해석 사례
- 사법적 해석사례 (대법원, 헌법재판소 판례) 및 행적적 해석사례(조세심판결정, 기획재정부 해석, 국세청 심사결정, 예규)를 가급적 많이 찾아서 제시하는 것이 유리한 심리 영향에 으뜸 요소
- 쟁점이 명확한 것은 요약해서 제시하면 효율적
- 많을 경우 모두 사건조사서에 실도록 조사관에 요청
- 사안이 청구사건과 조금 상이하나 본질이 같을 경우 주석이나 해설필요
- 처분청의 제시사례에 대해 청구사건과 단순 비교가 적절하지 않은지를 분석필요, 적절치 않을 시 그 이유를 대비표로 분석제시
- 사건조사서에는 담당조사관이 가급적 기각사례와 인용사례를 균형있게 실도록 노력하고 있는데 필요시 <u>청구인이 제시한 사례들을</u> 모두 <u>실도록 요청</u>
  (사건조사서에 "<u>청구인이 제시한 사례</u>"로 표기하도록 요청)

IV. 처분의 위법·부당성 및 청구주장
- 처분에 대한 반박이 논리적이고 설득력 있게 전개되어야 좋은 결과기대

- 연역법 보다는 귀납법으로 기술하는 것이 효과적
- 주장사안별로 소제목을 부여하는 것이 효과적
  - 조사관이나 심판관들이 소제목만 보아도 신속하게 이해
  ① 쟁점거래처는 paper company가 아닙니다.
  ② 실제거래 관련 금융거래 증빙이 명확히 존재합니다. (은행명 계좌번호, 계좌명의인 일자별, 이체금액 등의 구체적 이력을 도표화)
- 쟁점이 많을 경우 각 쟁점마다 소결론

V. 결 론
- 5줄 이내로 축약해서 기재

♣ 사안이 복잡하고 쟁점이 많을 때에는 : 불복이유서 첫 페이지에 **쟁점별** 「**요약서**」 첨부 고려

청구 취지 (예시)

[예시1] "종로세무서장이 2024.4.22. 청구인에게 한 2023사업연도 법인세 202,400,000원의 부과처분은 이를 취소한다" 라는 결정을 구합니다.

[예시2] "종로세무서장이 2024.7.7. 청구인에게 한 2024사업연도 법인세 300,000,000원의 경정청구 거부처분은 이를 취소한다"라는 결정을 구합니다.

[예시3] "종로구청장이 2024.7.9. 청구인에게 한 2023년 귀속 취득세 500,000,000원의 부과처분은 이를 취소한다" 라는 결정을 구합니다.

[예시4] "강남세무서장이 2024.9.9. 청구인에게 한 종합소득세 2020년 귀속분 150,000,000원, 2021년 귀속분 500,780원, 2022년 귀속분 357,009,980원, 2023년 귀속분

532,975,000원 합계 1,040,485,760원의 부과처분은 이를 취소한다" 라는 결정을 구합니다.
→ 2020년 귀속 종합소득세 150,000원, 2021년 귀속 종합소득세 500,780원 … 각 연도를 계속 기재하는 것이 번거로워 세목은 한번만 쓴 다음 귀속분과 세액을 쓰는 것이 간명함

[예시5] 서초세무서장이 2024.9.9. 청구인에게 한 증여세 2019.7.7. 증여분 200,000,000원, 2019.12.5. 증여분 100,000,000원, 2020.3.5. 증여분 200,000,000원, 2020.5.7. 증여분 250,000,000원 합계 750,000,000원의 부과처분은 이를 취소한다" 라는 결정을 구합니다.

[예시6] "종로구청장이 2024.5.7. 서울특별시 종로구 서린동 107 대 509㎡에 한 압류처분은 이를 취소한다" 라는 결정을 구합니다.

[예시7] "해운대세무서장이 2024.7.7. 청구법인에게 한 법인세 2018사업연도분 334,550,900원, 2019사업연도분 793,798,300원 및 부가가치세 2018년 제1기분 325,770,000원, 2018년 제2기분 345,123,300원, 2019년 제1기분 342,325,500원, 2019년 제2기분 521,980,770원의 부과처분은 위법한 세무조사(중복세무조사)에 터잡아 부과처분이므로 이를 취소한다" 라는 결정을 구합니다.

[예시8] "서대문세무서장이 2024.5.7. 청구인에게 한 양도소득세 234,550,000원의 부과처분은 중대한 절차적 하자가 존재한 처분에 해당되므로 이를 취소한다"라는 결정을 구합니다.
→ 처분청이 합리적 이유없이 장기간 과세권을 행사하지 아니하다가 부과제척기간 만료일을 불과 40일 앞두고 과세예고통지와 동시에 이 건 양도소득세를 부과고지하여 청구하는 경우

[예시9] "대전세무서장이 2024.5.7. 청구인에게 한 2024년 귀속 종합소득세 234,550,000원의 부과처분은, 2024.1.15.부터 2024.7.7.까지의 청구인 계좌인출액 합계 35,000,000원을 필요경비에 산입하여 그 과세표준 및 세액을 경정한다" 라는 결정을 구합니다.

[예시10] "서초구청장이 2024.1.9. 청구인에게 한 취득세 305,000,000원, 지방교육세 30,500,000원, 농어촌특별세 6,500,000원의 부과처분은 이를 취소한다"라는 결정을 구합니다.

[예시11] "부산진세무서장이 2024.5.7. 청구인에게 한 부가가치세 2023년 제2기분 35,000,000원, 2024년 제1기분 75,000,000원, 2024년 제2기분 350,000,000원의 부과처분은 원·부자재 공급거래의 공급시기를 검수완료 된 시점으로 보아 그 과세표준과 세액을 경정한다" 라는 결정을 구합니다.

불복이유서 (예시)

I. 청구취지

"○○세무서장이 20××.××.××. 청구인에게 한 20××년 제1기 부가가치세 3,×××,×××원의 부과처분은 원·부자재 공급거래의 공급시기를 검수완료된 시점으로 하여 그 과세표준과 세액을 경정한다."라는 결정을 구합니다.

II. 청구이유

1. 처분개요
   (1) 청구인은 20××.××.××.부터 현재까지 서울특별시 ○○구 ○○로 ×××-××에서 '○○○○'이라는 상호로 제조업을 영위하고 있다.
   (2) 청구인은 (주)○○○에 원·부자재를 공급(이하 "쟁점거래"라 한다)하면서 세금계산서는 원·부자재를 인도하는 날이 아닌 검수완료되어 실제 생산에 사용된 날을 기준으로 발급하였다.
   (3) 처분청은 쟁점거래에 대하여 인도하는 때를 그 공급시기로 보고 청구인에게 공급시기 차이에 따른 매출누락과 세금계산서 지연발행에 대한 20××년 제2기 부가가치세 3,×××,×××원(가산세 포함)을 과세하였다.

2. 쟁점
   공급시기가 재화의 인도일인지 검수완료일인지

Ⅲ. 관련 법령 및 해석사례 : 생략

Ⅳ. 부과처분의 위법·부당성(청구주장)

(1) 「부가가치세법」 제16조는 사업자가 재화의 공급시기에 세금계산서를 발급하도록 규정하였고, 같은 법 제9조 및 같은 법 시행령 제21조 제1항에서 재화의 이동이 필요한 경우의 공급시기는 재화가 인도되는 때로 하되, 반환조건부판매·동의조건부판매 기타 조건부 및 기한부 판매의 경우에는 그 조건이 성취되거나 기한이 경과되어 판매가 확정되는 때를 공급시기로 규정하였다.
(2) 청구인과 (주)○○○의 쟁점거래는 검수조건부 거래로서 재화가 인도되는 때가 아닌 검수가 완료되어 거래조건이 성취된 때를 「부가가치세법」상 공급시기로 보아야 한다.
  (가) 청구인은 (주)○○○의 제품생산에 필요한 원·부자재를 납품하는 하청업체로서 계약관계상 상대적으로 약자에 해당하여 (주)○○○이 요청하는 검수조건부 계약을 받아들일 수밖에 없는 입장이었다.
  (나) 이에 청구인과 (주)○○○는 20××.××.××. 원·부자재의 인도시점과 상관없이 원·부자재의 검수가 완료되어 공정에 투입되는 시점을 기준으로 익월 10일에 대금을 지급받은 계약을 체결하였고(청구인 제3호증 제품 공급계약서), 이후 현재까지 원·부자재를 납품하고 있으며, 공급계약서를 최초 작성한 이후 변경한 사실이 없다.
  (다) 이 같은 계약은 (주)○○○의 하청업체들의 공통적인 사항이고, 청구인은 「부가가치세법」상 공급시기를 검수가 완료되는 시점으로 보아 세금계산서를 적법하게 발행하였다(청구인 제5호증 세금계산서 발행내역).
(3) 처분청은 공급계약서상 검수조건에 대한 언급이 없고, 검수시기를 임의로 정하였으므로 검수조건부 계약으로 볼 수 없다고 하였으나, 청구인의 납품이 확정되기 위해서는 검수 절차가 필수조건이며 이를 위해 공급계약서 제7조에 '납품검품' 규정을 분명히 두고 있다.
  (가) 청구인과 (주)○○○이 작성한 공급계약서 제7조에는 총 5개항에 걸쳐 '납품검품'에 대한 절차를 규정하고 있으며, 품질관리를 철저히 하는 제조업에는 당연히 선행하는 일반적인 절차이다.

(주)○○○과 작성한 공급계약서 제7조

제7조【납품검품】

1. "갑"은 상품납품시 상품에 대한 검사 및 검수를 실시하고 품질기준에 대한 적합 여부를 "을"에게 구두 또는 서면으로 통지해야 한다.
2. "갑"은 정당한 이유 없이 납품된 제품에 대한 검사를 지연해서는 안 된다.
3. 검사결과 수량 또는 품질이 계약사항과 상이한 경우 "갑"은 곧바로 그 사실을 "을"에게 통보하고, 그 처리 방안에 대하여 협의하여야 한다.
4. "을"은 전항의 협의결과에 따라 즉시 사후처리를 해야 하며 "을"이 정당한 사유도 없이 사후처리를 하지 않는 경우에는 "갑"의 판단에 따라 임의로 처리할 수 있으며 처리과정에서 소요된 비용은 전액 "을"이 부담한다.
5. 계약사항과의 차이로 인하여 "갑"이 손해를 입은 경우에는 본 계약에서 정한 바에 따라 손해를 배상하여야 한다.

〈표1〉 거래처원장 기재 및 송금자료(발췌)

(거래처 : 한국섬유)

날 짜	품 목	송금액
2017.2.6.	입금, 농협 강감찬	20,000,000원
2017.5.11.	입금, 농협 강감찬	10,000,000원
2017.5.15	입금, 농협 강감찬	40,000,000원
⋮	⋮	⋮
2017.8.26.	입금, 농협 감감찬	30,000,000원
2017.9.10.	입금, 농협 강감찬	50,000,000원
2017.11.1	입금, 농협 강감찬	30,000,000원
2017.11.14.	입금, 농협 강감찬	30,000,000원
2017.11.19.	입금, 농협 강감찬	10,000,000원

☞ **거래처원장에도 법인대표 강감찬 개인계좌에 입금된 사실이 나타나는데도 그 금융계좌를 조사하지 않았다는 처분청의 주장은 납득할 수 없음**

(나) 공급계약서상 검수시기에 대해서는 구체적으로 특정되어 있지 않으나, 일반적으로 '검수시기'는 입고시점과 생산투입시점 사이에 적절한 때를 상호합의하는 것이 상관행이며, 쟁점거래의 경우 (주)○○○의 임가공하청업체가 생산공정 투입을 위해 원·부자재를 검수하는 시점이 검수시기가 되는 것이다(청구인 증 제6호증 납품 검수내역).

(다) 또한 검수가 완료되기 전에는 그 소유권이 청구인에게 있는 점, 무재고 원칙의 경영을

하는 (주)○○○이 검수가 완료된 익월 10일에 대금을 모두 지급하는 점, (주)○○○ 판매 및 생산관리가 아웃소싱 형태로 이루어지는 점 등에 비추어 보면 쟁점거래가 검수조건부 거래임을 쉽게 알 수 있음에도 처분청은 검수가 완료되는 때가 아닌 인도하는 때를 공급시기로 보아 이 건 부과처분을 하였다.

〈표2〉 업무노트(祕帳) 기록 (예시)

일 자	거래처	거래금액		(페이지)
농협 12345-67-89102345 (한라산)				
2013.10.2	한국산업	3,430,000	임꺽정	(15)
2013.10.6	연합산업	50,000,000	임꺽정	(15)
2014.6.9.	제일조경	3,000,000	임꺽정	(35)
		-중략-		
2014.9.3.	한국중기	10,000,000	임꺽정	(56)
2014.9.4.	연합산업	10,000,000	손정화(처)	(72)
2014.11.1	동양철강	현금 3,000,000	임꺽정	(115)

☞ 경리여직원 김숙자(2015년부터 현재까지 근무중)가 수기로 작성한 업무노트로써 법인대표 임꺽정의 개인계좌(농협)로 입금 받은 기록이 나타남

(4) 이와 같이 청구인은 「부가가치세법」 제9조 및 같은 법 시행령 제21조 제1항에 따라 검수가 완료되는 때에 적법하게 세금계산서를 발급하였으므로 청구인이 원·부자재를 (주)○○○에게 인도한 때를 공급시기로 보아 부가가치세를 과세한 처분청의 처분은 취소되어야 한다.

V. 결론

쟁점거래는 검수조건부 거래에 해당하고 청구인이 검수가 완료된 때에 ㈜○○○에게 발급한 세금계산서는 적법한 공급시기에 발급된 세금계산서이므로 청구인에게 한 이 건 부가가치세 부과처분은 취소하여야 한다.

유권해석 사례 찾기

1. 조세심판결정사례
조세심판원 → 심판결정례 → 검색어(키워드) → (또는 사건번호)

2. 대법원 판례
대법원 → 대국민서비스 → 종합법률정보 → 판례 → 사건번호 검색 → 대법원 판결서

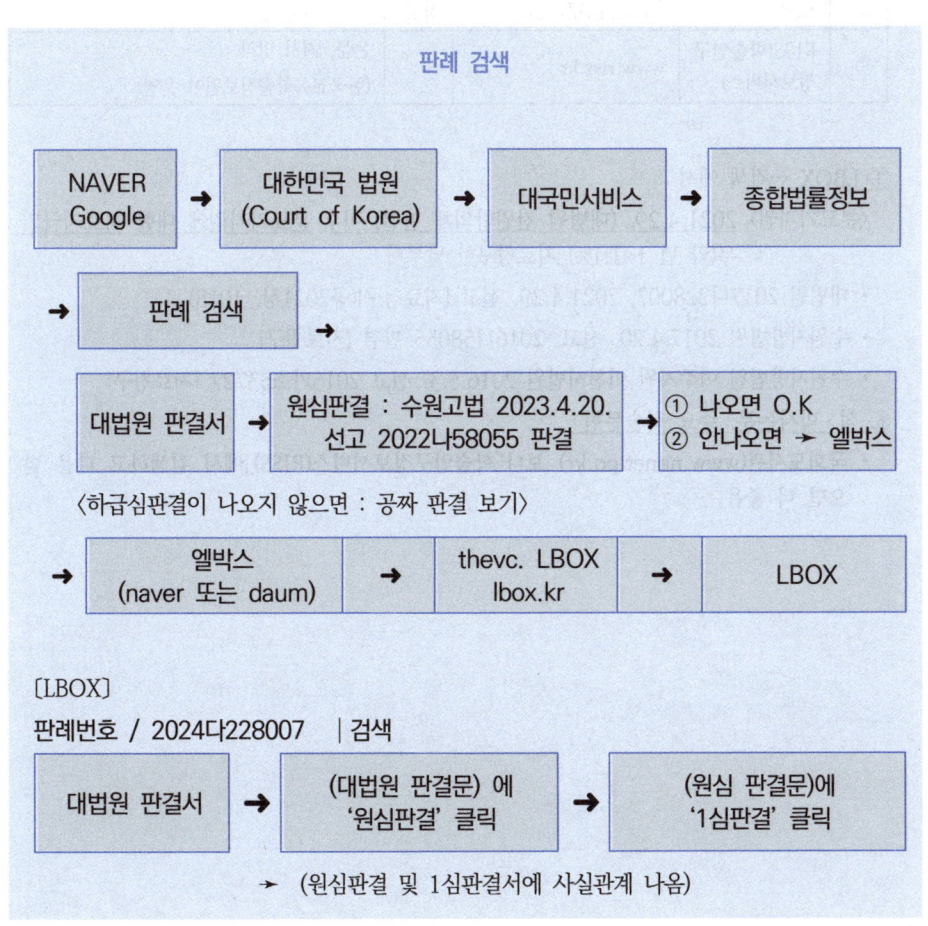

유·무료 판례 검색

①	법률신문	www.lawtimes.co.kr	무료	판례기사
②	대법원 종합 법률정보	www.glaw.scort.go.kr	무료	대법원판례만(하급심판례×)
④	삼일아이닷컴	www.samili..com	유료	월 50,000원
③	엘박스	www.lbox.kr	무료	전국 각급법원 판결문부터 뉴스, 참고문헌에 이르기까지 분쟁해결에 필요한 법률데이터를 일괄적으로 검색할 수 있는 법률데이터 플랫폼
④	빅케이스	bigcase	무료	무료(일부 : 유료)
⑤	로앤비	www.lawnb.com	유료	월 89,000원
⑥	RISS(학술연구정보서비스)	www.riss.kr		논문, 저서 망라 (한국교육학술정보원이 운영)

③ LBOX ⋯검색 예시

〈분묘기지권〉 2021.4.29. (대법원 전원합의체 판결) 이후 분묘기지권에 대한 지료지급의무(약 년 1~1.1%) 지료청구한 날부터

- 대법원 2017다228007, 2021.4.29. 선고 [지료청구](공2021상, 1018)
- 수원지방법원 2017.4.20. 선고, 2016나58055 판결 [지료청구]
- 수원지방법원 여주지원 이천시법원 2016.5.3. 선고 2015가소53727 [지료청구]

⑥ 석·박사논문, 주요 학술문헌

- 국회도서관(www.nanet.go.kr) 보다「학술연구정보서비스(RISS)」에서 검색하고 다운 받으면 더 좋음

제9편 불복실무 절차별 착안사항

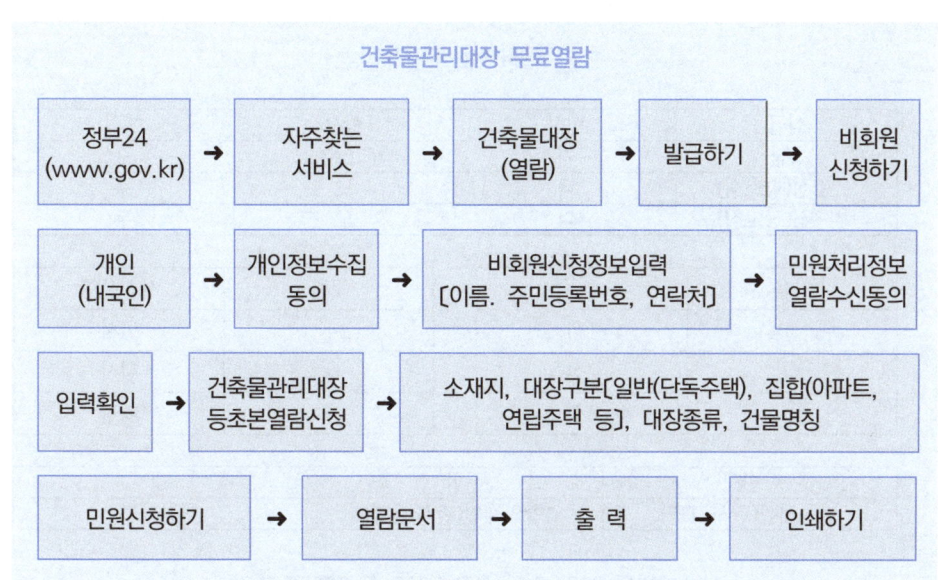

주) 건축물관리대장의 법적근거 : 건축법§38, 건축법시행령 §25. 건축물대장의기재및관리등에관한 규칙(국토교통부령 제1235호, 2023.8.1.)

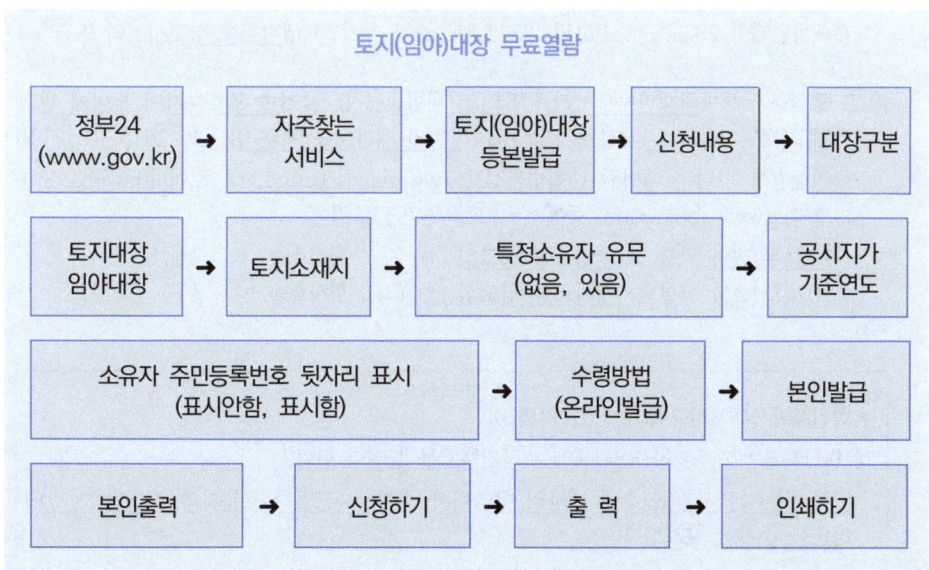

주) 토지(임야)대장의 법적근거 : 공간정보의 구축 및 관리 등에 관한 법률 §71, 시행규칙 §68

소송 사건부호 [판례번호]

심급	민사	형사	행정
1심	가	고	구
2심(항소심)	나	노	누
3심(상고심)	다	도	두

자음	심급
ㄱ	1심
ㄴ	2심
ㄷ	3심

모음	사건유형
ㅏ	민사
ㅗ	형사
ㅜ	행정

단	합	재
단독재판(판사 1명)	합의재판(판사 3명)	재심사건

<u>대법원 2024.9.5. 선고 2022 두 37533 판결</u>
　　　①　　　　　②　　　　③　④　⑤　　　⑥

[①재판법원] [②선고날짜] [③소를 제기한 해] [④<u>사건부호</u>] [⑤사건번호] [⑥판결종류]

→ 대법원에서 2024.9.5. 선고된 (2022년도 소가 제기된) <u>행정소송 상고</u>사건의 판결

주) 1. 법적근거 : <u>법원재판사무처리규칙 §19</u> (대법원규칙), 사건별 부호문자의 부여에 관한 예규(재일 2003-1, 개정 2015.11.6. <u>대법원 재판예규 제1548-1호</u>, 2016.3.1. 시행)
2. 판례검색 방법 : 대법원 종합법률정보(www.glaw.scort.go.kr), 로앤비(lawnb.com), 엘박스(www.lbox.com), 등에서 「2022두37533」 검색
3. <u>2024두1234</u> 판결 → <u>행정소송 상고심</u> ☞ (ㅜ : 행정소송, ㄷ : 3심)
　<u>2024도1234</u> 판결 → <u>형사소송 상고심</u> ☞ (ㅗ : 형사소송, ㄷ : 3심)

■ **법원재판사무처리규칙**(대법원규칙 §19)
제19조(사건번호 등) ①사건기록에는 사건번호를 붙여야 한다.
　②사건번호는 서기 연수에 네자리 아라비아 숫자, 사건별 부호문자와 진행번호인 아라비아 숫자로 표시한다.

> ③사건에 관하여 최초에 붙인 사건번호와 사건명은 그 사건이 종국에 이르기까지 사용한다. 다만, 사건명은 잘못이 있음이 분명한 때에는 제1심 종국에 이르기까지 재판장의 허가를 받아 정정할 수 있다.
> 제20조(사건별 부호문자) 사건별 부호문자는 사건의 성격, 사건수 등을 고려하여 대법원예규로 정한다.

대법원의 「심리불속행 기각」

1. **법적 근거** : 「**상고심절차에 관한 특례법**」〔약칭 : 상고심법, 1994.9.1. 제정시행〕
2. **법률 목적**
    - 대법원이 법률심(法律審)으로서의 기능을 효율적으로 수행하고 **법률관계를 신속하게 확정**4)(법 §1)
3. **적용범위** : **민사소송 · 가사소송 · 행정소송 · 특허소송**의 상고사건에 적용(법§2)
    (형사소송 사건은 적용되지 않음.)
4. **「심리불속행기각」**(법 §4)
    - 원심판결(항소심)이 **헌법 · 법률 · 대법원 판례에 반하지 않거나**
    - **중대한 법령위반 사유가 없으면** 더 이상 **심리하지 않고 판결로 상고를 기각함.**
5. **원심판결**이 **다음 사유에 해당**하면 **심리불속행기각 하지 못함** (법 §4①각호)
    - 헌법 · 법률 · 대법원 판례에 반하지 않거나 중대한 법령위반 사유가 있을 때
    - 위 사유가 있는 경우에도 그 주장 자체로 보아 이유가 없는 때, 원심판결과 관계가 없거나 원심판결에 영향을 미치지 아니하는 때, 대법원 판례가 없거나 대법원판례를 변경할 필요가 있는 때
6. **판결의 특례** : **기각이유**나 **선고를 하지 않으며 상고인에게 송달**됨으로써 그 **효력**이 **발생**(법§5)
    → 재판기일도 잡지 않고 선고도 하지 않으며 기각이유도 설시하지 아니함.
7. **대법원에 상고시 유념할 사항**
    - **대법원**은 사실심이 아니라 법률심이므로 **사실증거채택여부** 등 사실관계에 대하여는 조사 · 판단하지 않으므로
    - **헌법 · 법률 · 대법원 판례에 반하거나 대법원 판례가 없거나, 중대한 법령위반** 사유가 있다는 것을 잘 써서 심리불속행기각 당하지 않고 **재판부에 상정**되어 **심사를 받도록** 하는 것이 **중요함**.

【상고기각 판결서 예시】

주 문

상고를 기각한다.
상고비용은 피고(상고인)가 부담한다.

이 유

이 사건 기록과 원심판결 및 상고이유를 모두 살펴보았으나, <u>상고인의 상고이유에 관한 주장</u>은 「상고심 절차에 관한 특례법」 제4조에 해당하여 <u>이유없음이 명백</u>하므로, 위 법 제5조에 의하여 상고를 기각하기로 하여, 관여 대법관의 일치된 의견으로 주문과 같이 판결한다.

2024. 9. 9.
재판장 대법관 OOO, 대법관 OOO, 대법관 OOO, 주심 대법관 OOO

* 선고를 하지 않으므로 판결선고 일자가 없고, 기각이유 설시가 없음, 재판연구관 선에서 심리?

---

4) **대법원**이 2024년 1월~5월에 **심리불속행기각** 처리한 **민사본안상고심사건**은 **72.3%**(5,687건 중 4,112건) , **행정본안상고심** 사건은 **73.1%**, **가사본안상고심사건**은 **82.3%**의 **심리불속행 기각율**을 보이고 있다. 대법원이 올해 1~5월에 처리된 민사 본안사건 가운데 72.3%를 심리불속행으로 기각한 것으로 나타났다. 10명 중 7.2명의 사건 당사자가 이유도 모른 채 상고를 기각 당했다는 것이다("민사본안 사건 10건당 7건 …대법원에서 심리불속행 기각", 법률신문, 2024.9.10.).

대법원의 심판권 행사

구 분	내 용	법적근거
대법관수	■ 14명 (대법원장 포함)	법원조직법 §4
심판권 행사	■ <u>원칙 : 전원합의체에서 재판</u> • 전원합의체 구성 : 대법관 전원의 2/3이상 • 재판장 : **대법원장** * **현재 전원합의체 운영 : 13명** (대법관인 법원행정처장은 법원 행정업무 수행관계로 재판에 참여하지 않음) ■ <u>소부(小部)</u>에서 먼저 재판하여 <u>전원일치로 심리</u> • <u>구성</u> : 대법관 3명 이상 • <u>의결</u> : <u>전원일치한 경우 한정</u> *현재 소부는 <u>4명씩 1,2,3부의 3개 소부로 구성운영</u> *소부에서 <u>전원일치로 의결된 사건은 전원합의체로 가지 않고 확정됨</u> → <u>4명 중 1명만 반대해도 당해 사건은 전원합의체로 넘어감</u> *현재 <u>조세전담 소부(특별재판부)는 없어 1,2,3부에서 관장</u> • <u>소부(小部)에서 재판할 수 없는 사건</u> 1. 명령 또는 규칙이 헌법에 위반된다고 인정하는 경우 2. 명령 또는 규칙이 법률에 위반된다고 인정하는 경우 3. 종전에 대법원에서 판시(判示)한 헌법·법률·명령 또는 규칙의 해석 적용에 관한 의견을 변경할 필요가 있다고 인정하는 경우 4. 부에서 재판하는 것이 적당하지 아니하다고 인정하는 경우 *<u>지방법원 합의부</u> 및 <u>고등법원의 항소심</u>에서는 <u>판사3명의 재판부</u>로 구성하고 <u>다수결에 의해 판결</u> (법§7③)	법 원 조직법 §7
심판권	■ <u>대법원은</u> 다음 사건을 **종심(終審)**으로 심판 1. 고등법원 또는 항소법원·특허법원의 판결에 대한 <u>상고사 건</u> 2. 항고법원·고등법원 또는 항소법원·특허법원의 결정·명령에 대한 <u>재항고사건</u> 3. 다른 법률에 따라 <u>대법원의 권한에 속하는 사건</u>	법 원 조직법 §14
대법관의 의사표시	■ 대법원 재판서(裁判書)에 합의에 관여한 모든 대법관의 의견을 표시	법 원 조직법 §15

2. 우선처리 (Fast-Track) 신청

우선처리제도(Fast-Track) 신청

◇ 청구인은 과세처분 등으로 직접적이고 급박한 어려움이 예상되어 신속한 결정을 받고자 하는 때에는 우선처리를 신청할 수 있음
◇ 법적근거 : 조세심판원운영규정(국무조정실 훈령 제190호)

■ **적용 대상**
  〔적용대상〕다음 각호 요건을 모두 갖춘 청구인이
  · 과세처분에 따른 압류, 출국금지, 관허사업의 제한, 징수유예에 따른 납부기한 도래 등으로 인하여 직접적이고 급박한 어려움이 예상되는 경우로서
  · 신속한 결정을 받고자 하는 경우
  〔청구금액〕5억원 미만
  〔청구인〕
  · 사업자가 아닌 개인 또는 비영리법인
  · 사업자인 개인 또는 영리법인인 경우에는 조세특례제한법 시행령 제2조의 규정에 의한 중소기업

■ **승인여부 결과통지**
  · 10일 이내 심사 후 승인여부 서면 결과통지

■ **우선처리(심리·결정) 기한**
  · 주심심판관 지정 전 신청시 : 청구일부터 80일 이내
  · 주심심판관 지정 후 신청시 : 주심심판관이 심사결과통지를 한 날부터 45일 이내 신속하게 심리·결정

■ **신청서식** : 조세심판원 운영규정〔별지 14호 서식〕
  · 증명서류 첨부 : 납기한 연장통지서 등

■ **신청방법**
  · 신청서를 조세심판원 행정실에 우편, 팩스(044-200-1706)
  · 사간담당 사무관에게 전자우편 등의 방법으로 제출

■ **신청실적** (2023년 조세심판통계연보 : 건수/평균처리일수)
  · 2023년(23건/71일), 2022년(29건/91일), 2021년(8건/84일), 2020년 (8건/111일
  · 전체 사건의 평균처리일수 : 2023년(172일), 2022년(234일), 2021년(196일)

제9편 불복실무 절차별 착안사항

■ 조세심판원운영규정 [별지 14호 서식]

심판청구사건 우선처리 신청서

청구번호		
청구인	성명	생년월일 (사업자등록번호)
	상호	전화번호 (휴대전화번호)
	주소 또는 사업장 소재지	
처분청		
우선처리 신청이유		

※ 별첨 : 심판청구사건 우선처리의 신청인 적격(중소기업 여부) 및 신청이유를 증명할 수 있는 서류

위와 같이 심판청구사건의 우선처리를 신청합니다.

년   월   일

신청인   (서명 또는 인)

조세심판원장 귀중

(조세심판원 운영규정 §4-2)

10㎜×297㎜[일반용지 60g/㎡]

279

3. 사건배정 및 심리개시 통지

■ **국세기본법**
제69조(청구절차) ⑥제4항의 답변서가 제출되면 조세심판원장은 지체없이 그 부본을 심판청구인에게 송부하여야 한다.

■ **국세기본법 시행규칙**
제28조(사건배정 및 심리개시 통지서) 법 제69조 제6항에 따른 답변서의 부본송부, 영 제56조에 따른 항변자료의 제출요구와 영 제57조 본문에 따른 <u>담당조세심판관의 지정 또는 변경</u> 통지는 <u>별지 제37호서식</u>의 <u>사건배정 및 심리개시 통지서</u>에 따른다.

심판부 사건배정 및 심리개시 통지

◆ 처분청으로부터 답변서가 회신되면 원장은 사건을 담당조세심판관에게 배정하고 청구인에게 사건배정 및 심리개시통지서를 송부하여 담당조세심판관 및 담당사무관 등을 안내함
◆ 법적근거 : 국세기본법 §69 ⑥, 국기칙 §28, 운영규정 §7

■ 조세심판원장은 청구인이 제출한 조세심판청구서 부본을 처분청에 송부하고 이에 대해 처분청은 처분의 근거 및 이유 등을 기재한 답변서를 제출
■ 답변서가 제출되면 원장(행정실)은 사건을 심판부에 배정하고 청구서와 답변서를 심판부에 인계
■ 사건이 배정되면 항변서 등 추가서면 접수, 사건조사 및 사건심리와 관련된 모든 업무를 심판부에서 처리
■ 원장은 사건 배정 후 처분청의 답변서 부본을 첨부한 사건배정 및 심리개시 통지서를 청구인에게 송부
  · 사건배정 및 심리개시 통지서에는 담당 조세심판관(주심, 배석)과 사건조사 실무를 담당하는 사건담당자(서기관·사무관)의 성명, 전화번호 등이 기재되어 있으므로
  · 사건진행 등과 관련하여 궁금한 사항이 있는 경우에는 사건담당에게 문의
■ 청구인은 처분청의 답변서 내용을 확인한 후, 반박할 주장이 있는 때에는 항변서를 작성하여 심판부에 제출

■ 국세기본법 시행규칙 [별지 제37호서식] <개정 2019. 3. 20.>

조세심판원

수신자
제 목 **사건배정 및 심리개시 통지서**

「국세기본법 시행규칙」 제28조에 따라 아래와 같이 통지합니다.

청구인	성명		대리인	
	상호			
	주소 또는 사업장 소재지			

통지내용	담당 조세심판관(주심)		담당 조세심판관(배석)		
	상임		상임		비상임
	청구번호				
	담당(연락처)				
	항변자료	첨부된 **처분청의 답변서**에 대하여 **항변자료**가 있을 때에는 까지 증거서류 또는 증거물을 제출할 수 있습니다.			
	그 밖의 사항	가. 심판청구인은 담당 조세심판관 또는 심판조사관에게 공정한 심판을 기대하기 어려운 사정이 있다고 인정될 때에는 그 조세심판관 또는 심판조사관의 기피를 신청할 수 있습니다(근거: 「국세기본법」 제74조, 제74조의2 등). 나. 투명하고 공정한 심판결정을 위하여 심판청구인이 원하는 경우, 의견진술이나 심판자료(사건조사서) 사전열람을 신청할 수 있으며, 출석 의견진술이 어려운 경우에는 전화를 이용한 의견진술(컨퍼런스콜)을 할 수 있습니다.(근거: 「국세기본법」 제58조 등) 다. 의견진술 신청, 심판자료(사건조사서) 사전열람 신청 및 증빙자료 제출 등은 우편, 전송(FAX) 또는 조세심판원 홈페이지(www.tt.go.kr)를 통하여 가능합니다. 라. 소액인 심판청구사건은 주심조세심판관이 단독으로 심리하여 결정할 수도 있습니다.(「국세기본법」 제78조제1항 단서 등)			

붙임 : **처분청의 답변서 (부본)**. 끝.

※ 첨부된 답변서는 처분청의 의견이며, 조세심판원의 결정 내용이 아닙니다. 다만, 처분청의 답변서가 첨부되지 않은 경우에는 처분청이 답변서를 제출하는 즉시 청구인(또는 대리인)에게 답변서를 송부할 예정이며, 이 경우 답변서에 대한 항변자료는 추후 제출할 수 있습니다.

조 세 심 판 원 장   [직인]

기안자 직위(직급) 서명		검토자 직위(직급)서명		결재권자 직위 (직급)서명	
협조자					
시행	처리과-일련번호(시행일)		접수	처리과명-일련번호(접수일)	
우	주소			/ 홈페이지 주소	
전화( )		전송( )	/ 기안자의 공식전자우편주소	/ 공개구분	

210mm×297mm(백상지 80g/㎡(재활용품))

4. 항변서 작성 (예시)

(1) 법적근거 및 제출서식

국세기본법 §71①, 국세기본법시행령 §56,

국기법시행규칙〔별지 제37-2호 서식〕, 지방세기본법〔별지 제39호 서식〕

▪ **국세기본법**
제71조(증거서류 또는 증거물) ① 심판청구인은 제69조 제6항에 따라 송부받은 답변서에 대하여 항변하기 위하여 조세심판원장에게 증거서류나 증거물을 제출할 수 있다.
② 조세심판원장이 심판청구인에게 제1항의 증거서류나 증거물을 기한을 정하여 제출할 것을 요구하면 심판청구인은 그 기한까지 제출하여야 한다.
③ 제1항에 따라 증거서류가 제출되면 조세심판원장은 증거서류의 부본을 지체 없이 피청구인에게 송부하여야 한다.

▪ **국세기본법 시행령**
제56조(항변자료의 제출 요구) 법 제71조 제2항에 따른 증거서류 또는 증거물의 제출 요구는 문서로 하여야 한다.

▪ **국세기본법 시행규칙**
제28조의2(항변 및 추가답변) ① 법 제71조 제1항에 따른 항변은 별지 제37호의2서식의 항변서에 따른다.
② 법 제71조 제3항에 따라 증거서류의 부본을 받은 피청구인은 별지 제37호의3서식의 청구인 항변에 대한 추가답변서를 조세심판원장에게 제출할 수 있다.

■ 국세기본법 시행규칙 [별지 제37호의2서식] <신설 2019. 3. 20.>

항 변 서

청구번호 : 조심 2024서2579,

청구인	성 명	이순신	생년월일 (사업자등록번호)	
	상 호		전화번호 (휴대전화번호)	
	주소 또는 사업장 소재지	(우 -)		
		전자우편(e-mail) :	전송(Fax) :	

처분청의 (추가)답변서를 받은 날 :   년   월   일
항변내용
(내용이 많은 경우에는 별지에 적어 주십시오)

「국세기본법」 제71조제1항에 따라 위와 같이 **항변서를 제출**합니다.

년   월   일

청구인(또는 대리인)   (서명 또는 인)

조세심판원장 귀하

| 첨부서류 | 1. 항변서 2부(항변내용을 별지에 적은 경우에 한정하여 첨부합니다)
2. 항변내용에 대한 증거자료 2부
3. 2번 자료에 대한 증거목록(「국세기본법 시행규칙」 별지 제36호의2서식) 2부 | 수수료
없음 |

210㎜×297㎜(백상지 80g/㎡(재활용품))

(2) 착안 사항

■ **항변 내용도 심리자료인「사건조사서」에 반영되므로 효율적으로 작성 필요**
  • 당초 주장하지 못했거나 강조(Close-Up)하고자 하는 사항을 증거자료와 함께 대응 할 필요

■ **처분청 답변서에 대해 항목별로 요약 또는 축약해서 항변**
  1) 거래법인이 paper company라는 주장에 대하여 (축약해서 기재)
      → 동법인은 2017년 설립 이래 현재까지 부가가치세, 법인세 납부, 임직원 지급조서 제출, 원천징수 이행, 건강보험료 납입 등....
      〈표1〉 사업연도별 부가가치세, 법인세 신고납부 현황
  2) 거래증빙이 없다는 주장에 대하여
      → 용역계약서, 금융거래자료 일자별 입출입 내역 : 〈표1〉 등
      → 단순히 〈별첨〉으로 첨부하기 보다는 항변서에 〈표1〉 축약해서 기재하고 상세내역은 〈별첨1〉로 첨부
          * 처분청의 주장을 그대로 싣기 보다는 축약해서 간명하게 기재후 이에 대한 논리적 · 사실적으로 대응 필요

■ **처분청 답변이 불분명하거나 사리에 맞지 아니한 경우**
  • 궤변 또는 모순이라는 취지로 완곡한 표현이나 반문형식으로 대응

[예시1]

항 변 서
[강감찬]

1. 처분청

○ 1차 세무조사때 거래명세표와 거래처(한국함석)의 매출세금계산서발급내역을 비교하여 무자료매출액을 적출한 것이고,
○ 국세청에 등록된 계좌라 하여 모두 조사할 수는 없으며,
○ 차명계좌에 입금된 사실은 조세탈루혐의를 인정할만한 명백한 자료라고 할 수 있음

2. 항 변

○ 조사청의 <u>1차 세무조사는 부분조사가 아니라 법인통합조사이자 범칙조사를 한 것임</u>
○ 1차조사때 예치되어 과세근거가 된 청구법인의 <u>거래처원장(한국함석)</u>에 대표이사 강감찬 개인의 농협계좌에 <u>입금내역이 기재</u>되어 있는데도 거래처 대표의 <u>개인계좌와 무관하다는 주장은 납득할 수 없음</u>

〈표1〉 거래처원장 기재 및 송금자료(발췌)

(거래처 : 한국함석)

날 짜	품 목	수금액
2017.2.6.	입금, 농협 강감찬	20,000,000원
2017.5.11.	입금, 농협 강감찬	10,000,000원
2017.5.15	입금, 농협 강감찬	40,000,000원
⋮	⋮	⋮
2017.8.26.	입금, 농협 감감찬	30,000,000원
2017.9.10.	입금, 농협 강감찬	50,000,000원
2017.11.1	입금, 농협 강감찬	30,000,000원

| 2017.11.14. | 입금, 농협 강감찬 | 30,000,000원 |
| 2017.11.19. | 입금, 농협 강감찬 | 10,000,000원 |

☞ 거래처원장에도 법인대표 강감찬 개인계좌에 입금된 사실이 나타나는데도 그 금융계좌를 조사하지 않았다는 처분청의 주장은 납득할 수 없음

* 전체 해당자료 : 별첨

〈표2〉 거래명세표 (발췌)

일 자	거래처	품 목	수 량	단 가	공급가액
2017.2.14	한국특강	꽃용마루특대	500	5,300	2,650,000
		전통대본특소	30	12,000	360,000
		⋮	⋮	⋮	⋮
2017.7.12	세계칼라	꽃용마루특소	2,500	8,500	1,700,000
		동파이프	400	1,500	600,000
		⋮	⋮	⋮	⋮
2018.3.27	아주지붕공사	꽃용마루특대	100	8,500	850,000
		⋮	⋮	⋮	⋮

주) 조사청은 거래명세표(2박스분량의 173개업체, 2575매, 237억원 상당)를 예치해가서 세금계산서 등과 대조하여 매출누락을 확인하여 과세함.

3. 결 론

(1) 세무공무원은 세무조사를 개시한 이상 조사대상인 특정세목 및 특정과세기간의 세액확정에 중요한 모든 사실관계를 포괄적으로 조사하여야 할 권한 및 의무가 있는데도 이 사건과 같이 동일과세기간 및 동일세목에 대해 거듭조사하여 과세한 것은 1회조사원칙(국기법 81조의11) 및 조사권남용금지원칙(국기법 81조의4)에 위배됨.

(2) 조사청은 1차조사 및 2차조사 모두 법인통합조사이자 범칙조사를 실시하여 거래처원장 등 법인장부와 업무노트(祕帳) 및 거래처 관련 장부까지 예치해간 바
그 예치해 간 청구법인의 금융계좌는 법인계좌와 청구법인 대표가 법인전환전 개인사업자용으로 국세청에 신고된 계좌2개 뿐이고, 거래처 거래처원장 및 업무수첩에 대표 개

> 인계좌로 입금되었다는 기록이 나타나는 데도
> 1차조사때 조사한 매출누락액 모두를 과세하지 않고 2차조사때 동일과세기간이자 동일세목에 대해 거듭조사한 2017년~2018년분은 중복과세원칙에 위배됨.
> (3) 쟁점금액은 2차조사와 상관관계가 전혀 없으므로, 2차세무조사로 과세한 2015~2018년분 중에서 위법한 세무조사로 수집한 과세자료에 터잡아 과세한 2017년~2018년 귀속분은 취소함이 타당함.

[예시2]

항 변 서

1. [처분청]

> ○ 1차 세무조사때 거래명세표와 거래처(한국함석)의 매출세금계산서발급내역을 비교하여 무자료매출액을 적출한 것이고,
> ○ 국세청에 등록된 계좌라 하여 모두 조사할 수는 없으며,
> ○ 차명계좌에 입금된 사실은 조세탈루혐의를 인정할만한 명백한 자료라고 할 수 있음.

2. [항변]

> ○ 조사청의 1차 세무조사는 부분조사가 아니라 법인통합조사이자 범칙조사를 한 것임
> ○ 1차조사때 예치되어 과세근거가 된 청구법인의 거래처원장(한국함석)에 대표이사 강감찬 개인의 농협계좌에 입금내역이 기재되어 있는데도 거래처 대표의 개인계좌와 무관하다는 주장은 납득할 수 없음.

〈표1〉 거래처원장 기재 및 송금자료(발췌)

(거래처 : 한국함석)

날 짜	품 목	수금액
2017.2.6.	입금, 농협 강감찬	20,000,000원
2017.5.11.	입금, 농협 강감찬	10,000,000원
2017.5.15	입금, 농협 강감찬	40,000,000원
⋮	⋮	⋮
2017.8.26.	입금, 농협 감감찬	30,000,000원
2017.9.10.	입금, 농협 강감찬	50,000,000원
2017.11.1	입금, 농협 강감찬	30,000,000원
2017.11.14.	입금, 농협 강감찬	30,000,000원
2017.11.19.	입금, 농협 강감찬	10,000,000원

☞ 거래처원장에도 법인대표 강감찬 개인계좌에 입금된 사실이 나타나는데도 그 금융계좌를 조사하지 않았다는 처분청의 주장은 납득할 수 없음.

* 전체 해당자료 : 별첨

[예시3]

항 변 서

1. 종로구 '서울사무소'가 본점이 아닌 이유
  (1) 수원시 소재 본점
    ○ 대표이사 및 임원이 상주하며 회사의 경영을 총괄 지휘하는 장소
      • 회사의 중추적인 의사결정 장소
      • 주주총회 개최 : 총 10회 모두 본점
      • 이사회 개최 : 총 17회 중 본점 13(76%)
    ○ 조직·인사관리
    ○ 자금관리
    ○ 매출발생 (100%)
    ○ 인원 : 297명 중 195명
      · 나머지 102명은 서울사무소 직원으로 대부분 연구소 직원과 영업사원임
  (2) 종로구 서울사무소
    ○ 기업부설연구 및 연구원 근무
    ○ 영업사원(외근사원)이 대부분

2. 결 론
  ○ 대표이사가 상주하며 회사의 경영을 총괄 지휘하는 장소는 본점이며 서울사무소는 기업부설연구소와 영업사원이 대부분이므로
  ○ 청구법인의 본점은 서울사무소가 아니므로 이사건 부과처분은 위법·부당하므로 취소결정 요망

5. 현장확인조사 신청

「현장확인조사[5]」 신청

◆ 청구인은 주장내용을 효과적으로 설명하고 증명하기 위하여 필요시 현장확인조사를 신청할 수 있음
◆ 법적근거 : 조세심판원 운영규정 §17

- **현장조사**는 심판조사관(과장), 사무관이 청구인의 신청 또는 직권으로 과세처분과 관련된 현장을 직접 방문하여 실제 현황이 청구인의 주장 또는 과세처분에 부합하는지 여부를 확인하는 절차임
  · 사건유형에 따라 서면이나 사진보다 실제 현장 확인을 통해 쉽게 주장내용을 증명할 수 있는 경우가 있으므로 청구인은 사건 특성을 감안하여 현장확인조사제도를 적극적으로 활용 할 수 있음
- 현장확인조사가 적합한 사건유형 예시

내국세	• 토지가 사업용인지 비사업용인지 • 토지가 농지여부, 자경여부 • 건물이 주택으로 사용되었는지 여부 • 청구인이 직계존속과 별도세대에 해당하는지 여부
관 세	• 수입물품을 실제로 확인할 필요가 있는 경우 • 산업공정에 대한 이해가 필요한 사건
지방세	• 고급주택에 해당여부 • 유흥주점에 해당여부 • 골프장의 조경지에 해당여부

- **신청서식** : 조세심판원운영규정 [**별지 제7호서식**]
- **사전통지** : 사전통지 후 현장조사, 조사사항은 사건조사서에 반영
- **현장조사 실시**(2023년 조세심판통계연보)
  - 2023년(20건), 2022년(18건), 2021년(5건), 2020년(30건)

---

[5] 현재 조세심판원의 현장확인조사반은 사건담당 과장 1명과 담당사무관(또는 서기관)의 2명으로 운영하고

■ 조세심판운영규정 [별지 제7호서식]

현장확인조사 신청서

청구번호		
청구인	성명	주민등록번호 000000-0****** (사업자등록번호)(주민번호 앞 7자리만 기입)
	상호	전화번호
	주소 또는 소재지	
처분청		
현장확인조사 신청이유		
확인조사할 현장의 위치		

「조세심판원운영규정」 제17조에 따라 위와 같이 현장확인조사를 신청합니다.

년 월 일

청구인 　　　　　　　　 (서명 또는 인)

조세심판원장 귀중

210mm×297mm[일반용지 60g/㎡]

있다고 한다.

6. 조세심판관회의 개최통지

(1) 법적근거

국세기본법시행령 §58①

조세심판운영규정(국무조정실 훈령) §20-2①〔별지 19호서식〕

> ▪ **국세기본법 시행령**
> **제58조(조세심판관회의의 운영)** ① 주심조세심판관은 <u>조세심판관회의 개최일 14일 전까지</u> 조세심판관회의의 <u>일시 및 장소</u>를 <u>심판청구인과 처분청</u>에 각각 통지해야 한다.
> ⑤ <u>제1항의 통지</u>는 <u>서면</u>으로 하거나 심판청구서에 적힌 <u>전화</u>, 휴대전화를 이용한 <u>문자전송, 팩시밀리</u> 또는 <u>전자우편</u> 등 <u>간편한 통지 방법</u>으로 할 수 있다.
>
> ▪ **조세심판운영규정 : 조세심판관회의개최통지서〔별지 제19호서식〕**
> **제20조의2(조세심판관회의 개최통지)** ① 주심조세심판관은 법 제72조에 따른 조세심판관회의를 개최하는 경우 <u>조세심판관회의 개최일 14일 전까지 조세심판관회의 일시 및 장소 등</u>을 청구인과 처분청에게 각각 통지하여야 한다.
> ② 제1항의 통지는 <u>서면</u>으로 하거나 심판청구서에 기재된 <u>전화</u>, 휴대전화를 이용한 <u>문자전송, 팩시밀리</u> 또는 <u>전자우편</u> 등 간편한 통지 방법으로 할 수 있다.

■ 조세심판운영규정 [별지 제19호서식]

조세심판관회의 개최 통지서

수신자	
청구번호	
청구인	성명(법인명)
	대표자
	주소 또는 소재지
처분청	
대리인	대리인 성명
	구분　　　　　　　　　　세무사·공인회계사·변호사·관세사
	사업장 소재지

조세심판관회의 일시 및 장소

일시	회의일자　　년　월　일	요일	개최시간
장소	[ ] 세종특별자치시　　로　정부세종청사 동 층 호 조세심판원 심판정		
	[ ] 서울특별시 종로구 종로1길 42, 301호(수송동, 이마빌딩) 조세심판원 서울별관		

「국세기본법」 제72조 제5항 및 같은 법 시행령 제58조 제1항에 따라 위와 같이 조세심판관회의 개최를 통지합니다.

※ 담당자 : ○○○ (연락처 : 044-200-　　)

년　월　일

주심조세심판관 ○ ○ ○　[관인생략]

210㎜×297㎜ [일반용지 60g/㎡]

7. 사건조사서[심리자료]사전열람 신청 및 보충 · 추가의견 제출

(1) 법적근거 및 신청서식

국세기본법 §58, 국세기본법시행령 §58 ②

국세기본법시행규칙 [별지 37호의2 서식]

사건조사서(심리자료) 사전열람 신청

◆ <u>청구인</u>은 조세심판관회의의 주요 <u>심리자료</u>인 <u>사건조사서</u>를 <u>조세심판관회의</u> 가 개최되기 전에 열람할 수 있음 (<u>신청주의</u>)
◆ 법적근거 : 국세기본법 §58, 국기령 §58②, 조세심판원운영규정 §16

- 사건담당자가 당사자의 주장, 사실관계 등을 조사하여 작성한 '사건조사서'는 조세심판관회의의 가장 중요한 심리자료임
- 청구인(처분청)은 사건조사서 열람을 통하여 주장내용이 명확히 반영되었는지를 확인할 수 있으며, 그에 따라 누락부분, 보충할 부분, 추가 의견 및 관련 증빙을 제시할 수 있음
- 열람범위 : 처분개요, 청구인 주장, 처분청 의견 및 사실관계를 정리한 심리자료(조사관 검토의견을 제외한 사건조사서를 의미함)
- 사건조사서 열람신청을 하면 사선조사서를 완성한 후 조세심판관회의가 개최되기 전에 전자우편, 팩스 등의 방법으로 사전열람자료를 송부받을 수 있음

사건조사서 사전열람

사전열람 신청	[누가] 청구인 또는 처분청 [언제] 최초 심판관회의 개최되기 전까지 열람신청 　　　* 심판청구서 접수 또는 사건배정통지시 미리 신청하는 것이 추가의견 제출 등에 편리 [방법] 전자 · 우편 · FAX로 신청서 제출 [서식] 국세기본법 시행규칙 [별지 제37호의2 서식]

⇩	
사건조사서 열람	■ 사건담당자는 사건조사서 작성이 완료되면 신청인에게 전자·우편·FAX 등으로 열람자료 송부(검토의견은 제외)
⇩	
보충의견 등 제출	■ 조사관은 사전열람을 한 신청인이 사전열람 개시일부터 5일 이내에 ■ 추가증빙 또는 보충의견 등을 제시한 경우 이를 반영하여 사건조사서를 작성하여야 함 (운영규정 §16③)

■ **국세기본법**

제58조(관계 서류의 열람 및 의견진술권) 이의신청인, 심사청구인, 심판청구인 또는 처분청(처분청의 경우 심판청구에 한정한다)은 그 <u>신청 또는 청구에 관계되는 서류를 열람</u>할 수 있으며 대통령령으로 정하는 바에 따라 해당 재결청에 의견을 진술할 수 있다

■ **국세기본법 시행령**

제58조(조세심판관회의 운영) ① 주심조세심판관은 <u>조세심판관회의 개최일 14일 전까지</u> 조세심판관회의 <u>일시 및 장소를 심판청구인과 처분청에 각각 통지</u>해야 한다.

② 주심조세심판관은 <u>조세심판관회의</u>(동일한 심판청구사건에 대해 조세심판관회의가 1회 이상 개최되는 경우에는 첫 번째 개최되는 조세심판관회의를 말한다)<u>가 개최되기 전에 심판청구인 또는 처분청의 요청이 있는 경우</u> 심판청구인 또는 처분청에 해당 심판청구와 관련된 <u>처분개요, 심판청구인의 주장, 처분청의 의견 및 사실관계를 정리한 심리자료를 열람</u>하게 해야 한다

■ **조세심판원운영규정**(국무조정실 훈령) : **사건조사서 사전열람**

제16조(사건조사서 사전열람) ① 담당조사관은 청구사건에 대한 최초의 <u>조세심판관회의가 개최되기 전</u>에 영 제58조 제2항에 따른 <u>청구인 또는 처분청의 신청이 있는 경우</u>에는 제15조에 따라 작성된 사건조사서의 처분개요, 청구인 주장 및 처분청 의견과 사실관계 조사내용을 사전열람하게 하여야 한다. ② 담당조사관은 제1항의 <u>사전열람자료를 신청인에게</u> 전자우편 또는 모사전송 등의 방법으로 <u>송부</u>하여야 한다.

③ 담당조사관은 사전열람을 한 <u>신청인이 사전열람 개시일부터 5일 이내에 추가증빙 또는 보충의견 등을 제시한 경우</u> 이를 반영하여 사건조사서를 작성하여야 한다.

〔신청방법〕
- 서면신청 : <u>사건조사서 사전열람신청서</u>(조세심판운영규정 별지 제6호서식)
- 전자신청 : <u>조세심판원 홈페이지(www.tt.go.kr)</u> : <u>사건조사서 사전열람 신청</u>
 (청구인 명 , 청구사건번호 입력)

■ 조세심판 운영규정 [별지 제6호 서식]<개정 2014.10.2.>

사건조사서 사전열람신청서

청구번호			
청구인	성명	주민등록번호 (사업자등록번호)	000000-0****** (주민번호 앞 7자리만 기입)
	상호	전화번호	
	주소 또는 소재지		
처분청			
사전열람 방법	[ ] 전자메일 (전송받을 전자메일주소 :　　　　　@　　　　) [ ] 모사전송 (전송받을 FAX 번호 :　　　-　　　-　　　) [ ] 직접열람 (열람신청일시 :　　．．．　　　:　　　)		
사전열람 신청이유			

「국세기본법 시행령」 제58조 제2항 및 「조세심판원 운영규정」 제16조에 따라 위와 같이 심판청구사건의 **사건조사서 사전열람을 신청**합니다.

년　　　월　　　일

청구인　　　　　　　　　　(서명 또는 인)

조세심판원장 귀하

210㎜×297㎜[일반용지 60g/㎡]

(2) 착안 사항

> **사건조사서 사전열람 신청 및 보충·추가의견 제출**
>
> (1) 제도의 특성
> - 재결청 내부자료로서 일반행정심판에서는 시행되지 않는 제도이며 조세심판의 공정과 투명성을 위해 2009년 4월부터 자체시행 해 오다가
> - 「국세기본법」제58조에 근거하여 2020.2.11. 「국세기본법 시행령」제58조 제2항에 법제화함
> (2) 신청권한 : 청구인 및 처분청[6]
> (3) 열람범위 : 해당 심판청구와 관련된 처분개요, 청구인 주장, 처분청 의견 및 사실관계를 정리한 심리자료(국기령 §58②)
> (4) 착안사항
> - 사건조사서 사전열람신청으로 재결청으로부터 받은 **열람자료**는 조세심판관회의에 상정할 심리자료로서 사실상 조사·작성이 완료된 '사건조사서' 임을 의미함
>   - 즉, 조세심판관들에게 배부되는 심리자료 중 끝부분의 조사관실의 「검토의견」만을 제외하고 청구인과 처분청에 심리전 미리 열람(공개)시키는 심리자료
>   - 청구인의 주장이 명확히 반영 여부, 사실관계 누락 또는 오류여부, 제출한 현황 도면, 현장사진, 위성사진 등이 적정크기로 실렸는지
>   · '쟁점'란의 쟁점이 정확하고 축약 기재 여부
>   · 핵심내용이나 자료가 빠짐없이 적정하게 실렸는지
>   · 재강조 할 부분을 Close-Up 요청 할 것인지
>   · 이 사건과 사안이 다른 불리한 판례, 결정례가 실렸는지
>   - 곁가지 주장을 많이 실어 핵심사항이 묻히지는 않았는지, 기타 보충할 내용이나 추가 제출할 증거자료가 있는지를 면밀히 검토 후
> - 항목별로 정리한 "사전열람결과 누락사항·보충의견·추가의견"을 서면으로 **제출**

---

[6] 쟁송당사자 쌍방에게 공격·방어방법을 제출할 수 있는 대등한 기회를 보장하기 위하여 국세기본법은 처분청에도 사전열람제를 허용하고 있으며, 이는 이른바 武器平等의 原則(Grundsatz der Waffengleichheit)에 입각한 것으로 보아야 한다.

[예시1]

사건조사서 사전열람 결과 보충의견 제출

1. 2020년 귀속 법인지방소득세신고를 쟁점소재지로 기재하고 매출발생신고를 하였다는 처분청의 주장에 대하여

[항변] 청구법인은 쟁점소재지에 본점등기가 된 사실을 부정한 사실이 없고, 법인지방소득세는 세법이 정한 **본점등기 소재지**에 적법하게 신고납부한 것임
- 지방세기본법 제89조는, 법인지방소득세의 납세지는 사업연도 종료일 현재 법인세법 제9조에 따른 납세지로 규정하고 있고, 법인세법 제9조는 내국법인의 납세지는 등기부상 본점 소재지로 규정되어 있음
- 그렇다면, 청구법인의 납세지는 등기상 본점소재지인 쟁점소재지가 되는 것은 세법상 지극히 당연함

2. 쟁점소재지가 본점이 아니라면 2년 1개월 동안 사업장이 사실상 존재하지 않게 된다는 주장에 대하여

[항변] 이 사건은 본점이 어디냐가 쟁점이 아니며 쟁점소재지에서 2023.2.3. 서울특별시로 이전등기한 때를 대도시 본점으로 중과세 했기 때문에 이 때 전입했느냐가 쟁점임

3. 쟁점기간(산업단지 등기기간) 중 청구법인의 대표가 근로소득과 개인사업소득이 발생한 것은 쟁점기간 중에 발생되지 않았다는 사실은 부가가치세신고서에도 확인되므로 처분청도 인정하고 있어 다툼이 없음을 강조함

4. <u>결론적으로</u>, 청구법인은 쟁점소재지에 **본점등기만 일시적으로 갖다 놓았지 인적·물적 설비 자체가 들고 날지 않았기에 2023.2.3.**이 대도시 전입일이 성립 될 수 없으므로 이 부과처분은 실질과세원칙에 따라 **취소결정**을 하여야 함

[예시2]

사건조사서 사전열람 결과 누락사항 기재 요청

○ 심리자료 사전열람 결과, 청구인의 의견과 제출 자료가 누락된 사실이 확인되는 바,
○ 다음 누락된 자료를 심리자료에 반드시 반영하여 주시기를 바람.

1. **처분청이 제시한 조심〔20118지000, 2019.6.25.〕에 대한 반박**
   ○ 위 결정사례는 "주식발행법인은 청구법인의 주식 35%만을 보유하고 있어 특수관계인에 해당되지 아니하고, 주주 전원이 참석하여 의결권을 행사할 경우 나머지 주주 모두가 반대한다면 주식발행법인이 청구법인에 대해 영향력을 행사한다고 볼 수도 없다"는 요지의 사례이다.
   ○ 그러나 청구인의 이 사건은 100% 완전모자회사와 그 100% 완전 자회사의 대표이사와의 관계이므로 본 청구인의 사건에 적용할 수 없는 사례이다.

2. **2023.3.14. 개정된 지방세기본법 시행령 제2조 제3항은 창설적 규정이 아니라 확인적 규정이므로 이 사건 부과처분에도 적용되어야 한다.**
   ○ 개정 지방세법 시행령 제2조 제3항의「독점규제 및 공정거래에 관한 법률」에 따른 기업집단에 속하는 경우 그 계열회사 및 그 임원"을 특수관계인에 해당한다는 규정은
   위 규정은 창설적 규정이 아니라 확인적 규정이다. 즉, 국세기본법 시행령에서도 이 조항이 이미 2012.2.2. 신설되어 특수관계자로 적용해 온 것을 명확히 규정한 것에 불과한 것이다.

3. **모법인이 이 건 법인의 경영에 지배적인 영향력을 행사하였다는 사실이 확인되지 않는다는 처분청의 주장에 대한 반박**
   ○ 모법인은 이 건 법인의 발행주식의 지분 100%를 소유하여 이 건 법인의 대표이사 및 임원 등을 임명하여 경영에 직접 관여한 사실이 기 제출한 자료에 의해 명백히 확인된다.

[예시3]

사전열람 결과 청구주장·항변사항 누락분 기재 요청

(1) 청구법인의 대표이사가 2024.9.5.부터 쟁점부동산에 상근하는 것으로 보는 것이 타당하다는 처분청의 주장에 대하여

[**항변**] 쟁점부동산에 간이 대표이사실과 간이 임원실이 있긴 하나, 그 규모가 불과2평 남짓한 공간에 불과하여 대표이사나 임원들이 상근할 수 없는 공간이고, 서울 인근의 가까운 넓은 본점을 두고 지점에서 상근할 이유도 없다.

(2) **본점의 관리비 증가요인이 사무소 운영요인이라기 보다는 생산시설 요인에 기인한다는 처분청의 주장에 대하여**

[**항변**] 본점의 핵심업무는 조직도에서도 나타나듯이 대표이사실, 임원실, 전략기획본부, 혁신품질본부 등 중추적인 조직이 전진 배치되어 경영을 총괄하는 곳이고 생산시설은 충주공장에서 도맡아 하는 것인데도 아무런 근거도 없이 납득할 수 없는 주장을 하고 있다.

(3) **백보 양보하여,**

[**항변**] 처분청 주장대로 협소한 간이대표이사실이 있는 등의 사실을 따져서 서울사무소인 쟁점부동산을 본점으로 본다면, 처분청이 본점으로 본 서울사무소는 이미 10년전에 설치하였고(증빙 기제출) 그로부터 5년 경과한 이 건 부동산을 취득한 것이므로 중과대상에서 제외되어야 마땅하다. 따라서 처분청의 이 주장들은 근거도 없는 억지주장에 불과하다.

(4) [**항변**] 법인의 본점은 국내외를 통틀어 오직 한 곳(서울고법 2014누73120, 2015.10.14.)만이 존재하는 것인데 쟁점부동산이 본점이라면 00시 본점은 지점이 되는 것인지 처분청에 반문하지 아니할 수 없다.

(5) [**결론적으로**] 넓은 대표이사실과 임원실과 및 각 본부 등 중추적인 조직이 배치되어 대표이사와 임원들이 상근하여 <u>회사의 경영을 총괄지휘하는 장소는 00시 본점</u>인데도 <u>서울지점을 본점으로 보아</u> 청구법인에게 한 이 사건 부과처분은 국세기본법상의 이념인 <u>근거과세원칙에도 실질과세원칙에도 반하므로 취소</u>되어야 한다.

[예시4]

사전열람 결과 보충의견 및 추가증빙 제출

■ 사건조사서 사전열람 결과 보충의견 및 추가증빙자료를 다음과 같이 제출하오니
■ 조세심판운영규정(국무조정실 훈령) 제16조 제3항에 따라 사건 조사서에 모두 반영하여 주시기 바랍니다.

1. 보충의견
① 처분청이 처분근거도 불분명하게 막연히 청구인의 거래사실을 부인하고 있으나, 처분청은 청구인의 거래사실에 대하여 전수조사는 하지 못하더라도 적어도 몇몇 거래처에 대해 표본조사라도 한 이후에 가공거래라고 하여야 국세기본법 제16조의 근거과세원칙에 부합한다.
② 또한, 처분청은 청구인이 제출한 거래 관련자료에 대해 어떠한 사유로 신뢰할 수 없다는 것인지 납득이 되지 않아 다음과 같이 객관적이고 구체적인 자료와 그 분석표를 제출한다.

2. 추가증명자료 제출
① 계량표 상세내역 정리표 : 거래기간별, 거래처별 거래내역과 관련 자료 비교 분석 정리
② 금융거래자료

송금기간	2021.1.1. ~ 2024.6.30. (3.5년)	청구인 명의계좌→㈜명쾌의 하나은행 123-45-67890 계좌로 이체
송금액	589,356,330원	
송금처	매입처 ㈜명쾌	
금융계좌	우리은행 (123-345-01-54321)	

☞ 처분청이 가공거래라는 주장에 대한 객관적인 금융거래자료로서 이 사건 거래기간의 3년 동안 589,356천원이 매입처 계좌로 송금한 금융자료임

③ 거래명세표 · 거래처별원장 · 금융자료의 상호 일치내역 정리표
④ 매입처 대표 및 직원의 사실확인서 3매
  • 청구인에게 쟁점물건을 이 사건 거래기간에 실제 매출하였다는 요지

[조세심판원운영규정]
제16조(사건조사서 사전열람) ③ **담당조사관**은 사전열람을 한 신청인이 **사전열람 개시일부터 5일 이내에 추가증빙 또는 보충의견 등을 제시한** 경우 **이를 반영하여 사건조사서를 작성**하여야 한다.

8. 담당 사무관에게 직접 설명

사건담당 사무관(서기관)에게 직접 설명

◆ 청구인은 조세심판청구서, 항변서 등의 서면 제출과 별도로 사건담당자에게 청구주장을 명확히 전달하기 위하여
◆ 유선 또는 직접 조세심판원에 방문하여 설명할 수 있음

- 심판청구의 당사자가 조세심판청구서, 항변서, 증거서류 등 서면을 제출하면 사건담당자는 이를 토대로 조사하여 심리자료인 사건조사서를 작성
- 심판청구 당사자는 사건조사서가 작성되는 과정에서 사건담당자에게 사건의 경위, 정황, 사실관계 등을 직접 설명하여 본인의 주장을 보다 정확하고 쉽게 전달 할 수 있음
- 이를 희망하는 청구인은 유선으로 설명하거나 사전에 사건담당자와 일정을 상의 후 조세심판원 민원실을 방문하여 설명할 수 있음
  * 사건담당자의 성명 및 연락처는 「사건배정 및 심리개시 통지서」에 기재되어 있음
  ◆ 처분청도 같은 방법으로 설명할 수 있음

9. 「요약서면 자료」 제출

(1) 법적 근거

국세기본법시행령 §58③

(2) 착안 사항

> ### 「요약서면 자료」 제출
>
> **(1) 자료성격**
>
> > ◆ 조세심판관은 조사관이 작성한 사건조사서와 당사자가 제출한 요약서면을 토대로 사건을 파악하므로
> > ◆ 당사자는 자신의 주장을 명확히 설명하고 조세심판관들의 이해를 신속히 돋구기 위하여 「요약서면자료」제도를 적극 활용할 필요
>
> ■ 「요약서면자료」는
> - 「국세기본법 시행령」제58조 제3항에서 정한 <u>청구인 및 처분청의 법적권리로서「심리자료의 일부」</u>로 포함됨
> - 청구인 또는 처분청이 직접 작성한 자료이지만 <u>사건조사서에 첨부되어 원문 그대로 조세심판관들에게 직접 제공되는 자료</u>인 점에서 그 의미가 크다고 할 수 있음(<u>조사관이 임의로 편집할 수 없음</u>)
>   - 청구주장, 이유 등을 요약정리
>   - 주심심판관은 <u>원문그대로 심리자료의 일부로 포함</u>하여야 함
>   → <u>조사관이 당해 사건에 대해 기각으로 예단하고 임의로 편집해서 몰고 가지 못하도록 예방</u>하는 <u>효과</u>도 있음. 반면에 처분청도 재결청에 처분의 근거와 이유를 명확히 밝히는 효과도 있음
>
> **(2) 제출권한자 : 청구인 및 처분청**
>
> **(3) 작성순서(예시)**
> 쟁점, 부과처분의 위법성, 해석사례, 결론 (가급적 <u>개조식</u>으로 <u>심판관들이 한눈에 볼 수 있도록 요약</u> 기재)
>
> **(4) 작성요령**
> - 조세심판관은 조세심판관회의에서 <u>많은 사건을 심리해야 하기 때문에</u> 요약서면을 작성할 때에는 본인의 입장에서 <u>간단·명료하고 논리적이고 체계적으로 전개함</u>으로써 <u>조세심판관들이 빠른 시간에 이해하기 쉽게 작성</u>하여야 하고

- 청구주장을 뒷받침하는 객관적인 증거 및 상대방 주장에 대한 반박을 함께 제시하는 것이 효과적임

(5) 제출서식 : **별도서식 없음, 자유롭게 작성**

(6) 제출기한 : 조세심판관회의개최 **7일전까지** 제출
  - 사전에 <u>조세심판관들에게</u> 심리자료(사건조사서)와 함께
  - 원문 그대로 제공되므로 당사자는 <u>제출기한을 준수할 필요</u>가 있음

(7) 분량
  - 분량은 제한이 없으나 가급적 <u>핵심위주로 축약</u>하여 <u>개조식, 도해식, 도표식으로 작성하는 것이 효과적</u>이며,
  - <u>장문으로 기술</u> 할 경우 정작 <u>전하고 싶은 초점이 흐려지게 됨</u>

(8) 유의사항
  - 조세심판관회의 기일은 개최 2주전에 당사자에게 통지되기 때문에 기한내 요약서면을 작성·제출하기 어려울 수 있으므로
  - <u>미리 요약서면자료를</u> 작성하여 항변서 제출시 조세심판원에 <u>제출</u>하는 것이 유리함 (조사관도 사건의 핵심요지를 미리 숙지하고 사건조사서를 작성하므로 <u>상당한 효과</u>가 있음)

(9) 제출방법 : **전자우편, 우편으로 사건담당자에게 제출**

(10) 요약서면과 의견진술
  - <u>요약서면자료를 제출하여도 의견진술은 할 수는 있으며,</u>
  - 기 제출된 요약서면자료를 중심으로 의견진술을 하는 것도 좋은 방법임. <u>조세심판관들이 사전에 사건조사서와 함께 study한 요약서면 내용을 다시 한번 강조(review)하고 설명함으로써</u> <u>아주 효과적</u>인 방법임
  - 의견진술서를 조세심판관회의시 현장에서 배포하는 것 보다 훨씬 이해력 전달이 신속하고 <u>효과적</u>이라는 의미임

[예시1]

요약서면 자료

[2024서3232, ㈜한국]

1. 쟁점 : 현물출자에 따라 취득한 고정자산에 해당 여부

2. 사실관계

2011.1.1.	2020.1.1.	2020.5.1.	2020.6.1.
개인 000 (개인사업)축산업 개업	○ 축산업 허가 ○ 농업경영체등록	(현물출자에 의한) 청구법인 설립	축산업허가 승계 (개인 →법인)

2020.7.1.	2020.7.10.	2020.7.14.	2020.7.23
<u>농업경영체신청서 접수</u> <u>(법인설립일부터 71일)</u>	신청서보완요청	보완자료 제출	<u>농업경영체 등록</u> <u>법인설립일부터</u> <u>94일)</u>

3. 부과처분의 위법 · 부당성

(1) **청구법인이 현물출자로 취득한 농지**이므로 이 사건 **부과처분은 취소**되어야 함

　○ <u>조세특례제한법 제32조①</u> 거주자가 사업용고정자산을 **현물출자**하거나 대통령령으로 정하는 사업양도 · 양수의 방법에 따라 **법인으로 전환하는 경우** 그 고정자산에 대해서는 이월과세

(2) **농업경영체등록신청서**를 법인설립일부터 **90일이내(71일째날)** 등록관청에 접수하였는데도 <u>등록수리일로 보아</u> **90일 경과**하였다는 **처분청의 의견은 부당함**

　- 담당공무원의 처리속도에 따라 90일 경과여부를 판단하는 것은 자의적 해석임

　　*접수일로 판단한 사례 : 사업자등록, 주택임대사업자등록, 부동산등기 등 다수

4. 결 론

　○ 이 건 **부과처분 (경정청구 거부처분)은 위법 · 부당**하므로 **취소**요청

[예시2]

요약서면자료
[2024구2125 성실한]

쟁점	이 사건 부동산의 취득가액이 20억원인지 여부

1. 사실 관계

2023.2.3.	2023.7.5..	2024.3.3.
●——————●——————●		
대법원 판결	재취득 협의	토지 양도
소유권을 이전하라	채권자 → 감갑수	

주) 부동산등기법 제23조(등기신청인) ④ 판결에 의한 등기는 승소한 등기권리자 또는 등기의무자가 단독으로 신청한다.

2. 당사자 주장

청 구 인	처 분 청
2023.2.3. 판결로 인해 재취득가액	채무변제가액이므로 취득가액으로 볼 수 없음

3. 부과처분의 위법·부당성

(1) **이사건 토지는** 2023.2.3. 대법원 판결로 청구인의 소유권 → 채권자에게로 이전된 것임
  - 채권자는 부동산등기법 23조 4항에 따라 판결문을 첨부하여 언제든지 토지소유자 (청구인) 동의없이(매매계약서, 인감증명 등) 등기신청하여 이전등기 할 수 있음
  - 이는 이미 청구인의 소유가 아닌 승소한 채권자 소유임을 의미함
  - 따라서, 청구인은 다른 공유자 2명을 배려하여 채권자로부터 20억원을 주고 재취득한 것임

(2) **처분청이 20억원은 채무변제라는 주장에 대하여**
  - 이 사건 토지와 관련 없는 사항이며, 청구인이 토지소유자공유자 2명으로부터 20억원을 빌려서 채권자들에게 지급한 것임

4. 결론 : 이 사건 부과처분은 위법·부당하여 취소결정함이 타당함

[예시3]

요약서면자료
[2024구1234 ㈜명쾌]

쟁점	[법리문제] 특수관계인 소유의 부동산 임차료를 시가보다 과다지급하였는지 여부

1. 당사자 주장

청구법인	처 분 청
3자간의 거래된 시가가 많이 존재함에도 추계결정은 부당함… (임대사례 다수제시)	조사과정에서 유사임대사례를 찾기 어려워 추계결정한 것임

2. 법인세법 시행령

제89조(시가의 범위 등) ① 법 제52조 제2항을 적용할 때 해당 거래와 유사한 상황에서 해당 법인이 특수관계인 외의 불특정다수인과 계속적으로 거래한 가격 또는 <u>특수관계인이 아닌 제3자간에 일반적으로 거래된 가격이 있는 경우에는 그 가격</u>에 따른다.

② 법 제52조 제2항을 적용할 때 <u>시가가 불분명한 경우에는 다음 각 호를 차례로 적용하여 계산한 금액</u>에 따른다.
  1. 「감정평가 및 감정평가사에 관한 법률」에 따른 감정평가업자가 감정한 가액이 있는 경우 그 가액
  2. 「상속세 및 증여세법」 제38조… 제61조부터 제66조까지의 규정을 준용하여 평가한 가액

③ <u>금전의 대여 또는 차용</u>의 경우 제1항, 제2항에도 불구하고 **"가중평균차입이자율"을 시가로 한다.**

④ 제88조 제1항 제6호 및 제7호의 규정에 의한 자산(금전을 제외한다) 또는 용역의 제공에 있어서 <u>제1항 및 제2항의 규정을 적용할 수 없는 경우에는 다음 각호의 규정에 의하여 계산한 금액</u>을 시가로 한다.
  1. <u>유형</u> 또는 무형의 <u>자산</u>을 제공하거나 <u>제공받는 경우</u>에는 <u>당해 자산시가의 100분의 50</u>에 상당하는 금액에서 그 자산의 제공과 관련하여 받은 전세금 또는 <u>보증금을 차감한 금액에 정기예금이자율을 곱하여 산출한 금액</u>

⇩

⟨令 89조의 시가 적용 순서⟩
①항 : 1항의 <u>시가(제3자간의 거래된 가격)</u>가 <u>존재하면</u> <u>그 가격</u>을 적용 →청구법인 주장
②항 : 1항의 <u>시가가 불분명할 때</u>에는 감정가액, 상증법상 보충적가액을 차례로 적용
④항 : <u>1항, 2항을 적용할 수 없을 때</u>에는 (자산시가×50%-보증금)×이자율
   → 처분청 적용

3. 평당 월임차료 비교

청구법인 지급 (법인세신고)	임대사례가격 (인근지역)	인터넷 게시가격 (중개업소)	처분청 (추계결정)
20,000원	22,000	18,000	7,000 (임대사례가격의 35%)

4. 부가처분의 위법·부당성

(1) **청구법인** : 89조 1항의 3자간의 거래가격이 무수히 존재 → 이 가격이 '시가'
  ◇ 평당 임차료는
  • 청구법인 : 20,000원
  • 임대사례가격 : 23,932원
  • 중개업소의 인터넷 임대매물게시가액 : 18,000원
  ◇ 처분청이 추계결정한 임대료 : 7,000원

  ⟨결론⟩ ☞ 임대사례가격은 <u>1항의 '객관적인 적정시가'</u>로서 청구법인은 <u>비정상적인 시가</u>
        <u>의 범위를 초과하여 과다지급한 사실이 없음</u>

(2) 처분청은 1항을 건너뛰고 곧바로 4항을 적용(추계결정)하여 위법한 부과처분을 함

5. 결론

이 사건 부과처분은 **법령적용을 잘못한** 위법한 것이므로 **취소함**이 타당
(평당시가는 22,000원인데, 7,000원으로 결정한 이 사건은 설득력이 없음)

[예시4]

요약서면 자료

1. 서울시 강동구 명일동 '서울지점'이 본점이 아닌 이유
   (1) 청구법인의 진정한 본점은 등기상 소재지인 평택시 본점임
      ○ 대표이사 및 임원이 상주하며 회사의 경영을 총괄 지휘하는 장소
         · 회사의 중추적인 의사결정 장소
         · 주주총회 개최 : 총 10회 모두 본점
         · 이사회 개최 : 총 39회 중 본점 29회 (75%)
      ○ 조직·인사관리
      ○ 자금관리
      ○ 매출발생 (100%)
      ○ 인원 : 75명 중 52명
   (2) 명일동 지점
      ○ 영업사원이 대부분
      ○ 서울소재 주요 고객과의 간헐적인 미팅장소
      ○ 마케팅 업무와 대표이사의 지휘에 따른 현장업무를 겸한 업무 수행

2. 결 론
   ○ 대표이사가 상주하며 회사의 경영을 총괄 지휘하는 장소는 본점이며
   ○ 서울지점이 형식적으로 보나 실질적으로 보나 본점이 될 수는 없음

10. 의견 진술

(1) 법적 근거

국기법 §58, 국기령 §47, 지기법 §92, 지기령 §62①

(2) 착안 사항

(1) 의견진술권[7] : 청구인의 <u>절차상 권리</u>이자 국가에 대한 <u>개인적 공권</u>

(2) 진술순서

> **심판정 입정 → (주심심판관의 안내에 따라) 자기소개 → 청구인 진술 → 처분청 진술 → 심판관들과 질의응답 → 마무리 진술 → 퇴정**

(3) 착안사항

- 제출부수 : <u>8부 제출</u>
- 진술요령 : <u>간단·명료</u>하게 하고 (국기령 § 47④, 지기령 § 62) 질의응답시간에 충분히 진술하지 못한 내용은 마무리 진술시간에 추가적으로 진술
- 구두로 진술하는 것 보다 <u>의견진술서를 미리 제출 필요</u>
  → <u>심리자료인 사건조사서에 첨부된 상태로, 심판관들에게 송부</u>되어 **심판관들이 회의 참석전에 미리 숙지**하도록 하는 것이 가장 효과적임
  (심판관회의 당일에 심판관들에게 배포하여 읽는 것 보다 더 효과적임)
- 가급적 큰 줄기만 <u>1~3분내</u> 진술 (짧게 할수록 좋음)
  · 서술식·미괄식 보다 <u>개조식·두괄식</u>으로 항목별로 작성, 진술
  · 가급적 <u>쟁점 관련 위주</u>로 진지하고 차분히 그리고 천천히 진술함으로써 <u>심판관들이 진술취지를 이해하고 분석할 여유를 가지도록 함</u>
  · 세부적인 사항은 조세심판관들의 질의·응답시간에 명확히 가름마를 타도록 개진
  · <u>처음부터 너무 상세히 진술</u>할 경우 자칫 본질이 아닌 곁가지로 빠질 수도 있음
  · 너무 길고 오래 진술하게 되면 정작 전달하고자 하는 핵심사항의 초점이 흐려짐
- <u>심판관들의 질문에도 가급적 단문형식으로 답변</u>
  (결론부터 먼저얘기하고 그 이유 설명)

- 너무 길게 진술하면 심판관들은 지루하고 집중이 되지 않아 자칫 다른 생각을 할 수도 있음.
- 복장도 단정하면 좋음(반바지, 슬러퍼 등은 지양)
- <u>의견진술</u>은 심판관들 면전에서 직접 마주앉은 자세이므로 진술태도·억양·표정 등을 관리하고, <u>교양적이면서도 임팩트한 언어구사도 심리에 영향을</u> 미칠 수 있음
- 사실관계 또는 논거의 <u>일관성 유지</u>가 중요함
- 쟁점이 많을 경우에는, 쟁점별로 각 1장씩 또는 반장씩 정리하여 진술할 필요 검토
- 좀 길 때에는 <u>시간관계상 Under Line 부분만 읽겠다</u>고 하는 것도 한 방법임. 그래도 심판관들은 눈으로 다 보고 지나감
- 쌍방진술에 있어서는 <u>처분청 직원의 진술에 대해 즉각적으로 대응하지 말고</u> 메모해 두었다가 처분청의견진술이 끝난뒤 <u>전면의 심판관들을 향해 반박내용을 차분하고 설득력 있게 간결히 설명</u> 필요
- 처분청의 억지에 화가 나더라도 <u>언쟁을 지양</u>하고 오직 <u>심판관들에게 납득이 가도록 반박</u>하면 됨. 언성을 높이게 되면 심판관들은 모욕을 느낀다고 생각할 수도 있으므로

(4) 의견진술 방법

① 출석진술	조세심판관회의에 직접 출석하야 진술
② 전화진술	시간·교통 등의 제약이 있는 경우 전화로 진술
③ 서면진술	「서면의견진술서」제출로 의견진술을 갈름
④ 영상진술	조세심판원 서울별관(수송동)에서 영상회의시스템 활용

(5) 의견진술 비율 : 2023년 40.6%, (4,958건/12,217건) 조세심판원 통계연보

---

7) "의견진술권"은 관계서류의 열람청구권 및 구술심리신청권과 더불어 사법적 절차를 가미한 것으로 볼 수 있으며, 협의의 청문권으로 볼 수 있다. 청문은 행정절차의 참가자가 자기 자신을 표현할 수 있는 기회로 정의되기도 하고(협의의 청문개념), 무릇 국가기관의 행위에 영향을 받거나 불이익을 받게 될 자가 자신의 의견을 밝히거나 자신을 방어할 수 있는 기회로 정의되기도 한다(광의의 청문개념).청문권의 법적성질은 개인적 공권이며 그러나 그것이 특정한 행위를 요구할 수 있는 권리는 아니다. 즉 청문권은 자신의 권리의 방어에 봉사하는 참가자가 갖는 이익이다.

제9편 불복실무 절차별 착안사항

■ 국세기본법 시행규칙 [별지 제26호서식] <개정 2015.3.6.>

의견진술 신청서(앞쪽)

접수번호	접수일	처리기간
성 명 (의견진술 신청인이 처분청인 경우 명칭)		주민등록번호 (사업자등록번호)	000000-0****** (주민번호 앞 7자리만 기입)
주소 또는 영업소 (의견진술 신청인이 처분청인 경우 소재지)		전화번호	
상 호			
신청 또는 청구일자	년 월 일 시		

진술하고자 하는 요지

「국세기본법」 제58조 및 같은 법 시행령 제47조제1항에 따라 위와 같이 신청합니다.

년   월   일

신청인   (서명 또는 인)

귀하

210mm×297mm(백상지 80g/㎡(재활용품))

313

■ 조세심판운영규정 [별지 제 호서식]

「전화진술1)」 신청서」 || 처리기간
|| 3 일

① 심판청구번호			
② 성 명		③ 주민등록번호	000000-0****** (주민번호 앞 7자리만 기입)
④ 주소 또는 영업소		⑤ 전화번호	
⑥ 상 호			
⑦진술하고자 하는 요지			

위와 같이 전화진술을 신청합니다.

　　　　　　　　　　년　　　　월　　　　일

　　　　　　　　　　　　　　　　신청인　　　　　　　(인)

조세심판원장 귀하

※ 이 용지는 무료로 배부합니다.	수수료
	없 음

---

1)「전화진술(Conference Call System)」은 '전화를 이용한 진술청취제'로서 심판청구인이 조세심판원 조세심판관회의 심리과정에 직접 방문하여 의견진술을 하기 어려운 경우(시간제약, 원거리 거주, 해외체류, 장기출장, 장기입원 등) 이를 이용하면 편리하다.

[예시1]

의견진술서

1. 쟁점 : 농업경영체등록일(현물출자에 따라 취득한 고정자산에 해당 여부)

2. 사실관계

2011.1.1.	2020.1.1.	2020.5.1.	2020.6.1.
△	△	△	△
개인 OOO (개인사업)축산업 개업	축산업 허가 농업경영체등록	(현물출자에 의한) 청구법인 설립	축산업허가 승계 (개인 →법인)

2020.7.1.	2020.7.10.	2020.7.14.	2020.7.23
△	△	△	△
농업경영체신청서 접수 (법인설립일부터 71일)	신청서보완요청	보완자료 제출	농업경영체 등록 법인설립일부터 94일)

3. 부과처분의 위법 · 부당성

  청구법인은 다음 두가지 모두 적합하는데 둘 중 하나만 부합하면 부과**취소**하여야 함(병렬적 청구)

(1) **청구법인이 현물출자로 취득한 농지**이므로 이 사건 **부과처분은 취소되어야 함**
  ○ **지방세특례제한법 제57조의 2 ④** : 조세특례제한법 제32조에 따른 현물출자 또는 사업양도 · 양수에 따라 취득하는 사업용 고정자산 : 75% 경감 다만, 취득일부터 정당한 사유없이 5년이내 폐업, 처분시 추징
  ○ **조세특례제한법 제32조①** 거주자가 사업용고정자산을 **현물출자**하거나 대통령령으로 정하는 사업양도 · 양수의 방법에 따라 **법인으로 전환하는 경우** 그 고정자산에 대해서는 **이월과세**

(2) **농업경영체등록신청서를 법인설립일부터 90일이내(71일째날) 등록관청에 접수**하였는데도 **등록수리일로 보아 90일 경과**하였다는 **처분청의 의견은 부당함**
  - 담당공무원의 처리속도에 따라 90일 경과여부를 판단하는 것은 자의적 해석임
    * 접수일로 판단한 사례 : 사업자등록, 주택임대사업자등록, 부동산등기 등 다수

4. 결 론
  ○ 이 건 부과처분 (경정청구 거부처분)은 위법 · 부당하므로 취소요청

〔예시2〕

의견진술서

1. **쟁점** : 쟁점토지의 양도당시 '**건설에 착공**' 여부(비사업용토지 여부)
   (청구인) 건설공사 완료 및 건축공사착공한 후 양도   vs   (처분청) 건축공사 미착공상태에서 양도

2. **쟁점토지에 토지개발공사를 착공한 자료**
   (1) <u>개발공사 내용</u> : <u>토지형질변경, 토석채취, 공작물설치 등</u>
     ο 목적 : <u>창고 및 제2종근린생활시설(사무소) 부지조성</u>
     ο <u>사업기간 : 2022.11 ~ 2023.12.1.</u>
   (2) 개발공사 허가 조건 (2022.7.9.)

   [개발공사 허가조건]
   10. 산지의 형질변경전 <u>토사유출 등 산사태 사전예방시설 설치</u> 등
   11. <u>절개면의 수직높이는 15M 이하</u>
   13. <u>비탈면의 수직높이가 5m이상인 경우에는 5m이하의 간격(옹벽포함)</u>으로 너비 1m 이상의 <u>소단설치</u>
   16. <u>토사유출방지시설, 낙석방지시설, 옹벽, 침사지 및 배수시설</u> 등 <u>재해방지시설의 설치</u>

   (3) 허가관청의 2022.7.9. 건축허가서의 조건 및 이행사항

   [건축허가조건 및 행정이행사항]
   【행정이행사항】 3. <u>자연재해의 능동적대책수립(배수시설확충, 사면보호 등)</u>
   【사용승인신청시 이행되어야 할 사항】
      8. <u>개발행위허가준공필증 제출</u> → <u>개발행위는 건축공사의 필수적 전제 공사</u>
      9. <u>지하수필증 또는 상수도급수공사 관련 서류제출</u>
      11. <u>배수설비준공필증 또는 개인하수처리시설준공필증 제출</u>
   【기타사항】 2. <u>개발행위허가조건준수하여 공사진행할 것</u>

(4) 공작물 설치내역

품 명	규 격	수 량	단 위
흄관	D=1000m/m	45	M
흄관	D=300m/m	35	M
집수맨홀	0.5×0.6	1	EA

(5) 개발공사 착공 관련 증빙자료
  ① 공사도급계약서 ② 공사비 지출증빙 …

[예시3]

의견진술서

[㈜소백산]

1. **쟁점** : 「별도의 춤을 출 수 있는 장소」(무도장)설치 유무
   △ 청구인 : 일반음식점(기타주점, 호프집)
   △ 처분청 : 사실상 유흥주점
   (이 사건의 경우 유흥종사자는 없고, 무도장 유무만 쟁점)

2. **유흥무도장의 법적요건** : 주류판매 + 무도장

3. **관련 행정청 모두 무도장이 없고 대형 호프집으로 인정**
   - '무도장이 없다'는 사실은 처분청과 영업허가관청 모두 현지조사 후 공식확인 후 공문으로 통보했음
     ① 00세무서장 세무조사결과통지(2017.5.5.) : 무혐의(무도장 없음)
     ② (영업허가관청)00구청장 (2016.7.7.) : 무도장 업음 (재산세 중과 4% ×)

4. **관련 조항의 확인적 규정으로 명확히 개정**
   ○ 2019.2.12. 개별소비세법 시행령 개정(과세요건 명확화 : 접대부 + 무도장) 이후에는
     * 개별소비세법 시행령 제2조 ③ : 유흥주점과 사실상 유사한 영업을 하는 장소(유흥종사자를 두지 않고, 별도의 춤추는 공간이 없는 장소는 제외)
   ○ 과세당국은 유흥종사자가 없다면 과세하지 않고 있음

5. **결론적으로**
   ○ 이 사건은 개별소비세법시행령 2조 3항 및 식품위생법시행령 21조 8호 라목의 '유흥주점'의 구성요건에 맞지 않아
   ○ 위법·부당한 처분이므로 취소결정 요청

[예시4]

의견진술서

쟁 점	이 사건 부동산의 취득가액이 20억원인지 여부 [청구인 : 재취득가액, vs 처분청 : 채무변제]

1. 사실 관계

2023.2.3.	2023.7.5..	2024.3.3.
대법원 판결 소유권을 이전하라 [소유권 : 채권자]	재취득 협의 (채권자 → 청구인)	토지 양도

주) 부동산등기법 제23조(등기신청인) ④ 판결에 의한 등기는 승소한 등기권리자 또는 등기의무자가 단독으로 신청한다.

2. 부과처분의 위법·부당성

(1) 이사건 토지는 2023.2.3. 대법원 판결로 청구인의 소유권이
  → 채권자에게로 이전된 것임
- 채권자는 부동산등기법 23조 4항에 따라 판결문을 첨부하여 언제든지 토지소유자(청구인) 동의없이(매매계약서, 인감증명 등) 등기신청하여 이전등기 할 수 있음
- 이는 이미 청구인의 소유가 아닌 승소한 채권자 소유임을 의미함
- 따라서, 청구인은 다른 공유자 2명을 배려하여 채권자로부터 20억원을 주고 재취득한 것임

(2) 처분청이 20억원은 채무변제라는 주장에 대하여
- 이 사건 토지와 관련 없는 사항이며, 청구인이 토지소유공유자 2명으로부터 20억원을 빌려서 채권자들에게 지급한 것임

3. 결 론

청구인은 채권자로부터 35억원을 지급하고 재취득 하였기에 35억은 취득가액에 포함되어야 함

[예시5]

의견진술서

(1) **대한전자 주식 양도와 소한 주식 증여행위는 각 별개의 거래로서 교환거래가 아님.**
합의서는 2개법인의 "경영권 및 주식정리 방법을 약정"한 것이지 증여의미의 약정이 아닙니다. 합의서와 달리 김선달은 대한전자 주식 취득대금으로 박착한에게 퇴직금 10억원보다 많은 13억원을 지급하였고(보충적 가액인 7,500원보다 높은 7,990원), 교환대가라면 그 대금을 지급하지 않거나 박착한은 대한전자을 제3자에게 매각하는 것에 동의하지 않았을 것임

(2) 김선달은 남편을 돕고자 그의 뜻에 따라 박착한의 친족에게 증여한 것이지 박착한에게 증여할 하등의 이유가 없음.

(3) [결론적으로]
① 합의서 4항을 근거로 '제3자를 위한 계약'으로 보아 박착한이 취득 또는 증여받아 그의 친족에게 재차증여로 보는 것은 그 법리를 오해한 것이고 합의서대로 일부 이행되었다고 하더라도 이는 〈제3자가 직접 권리를 취득하지 않고 제3자에게 급부를 할 것을 일방 당사자가 다른 일방에게 청구하는 권리를 발생시키는데 그치는 계약(예 : 이행의 인수)〉으로서 '조건부 계약'으로 보는 것이 타당함.

> 대법원 202018.7.12. 선고, 2018다204992 판결
> 시행사와 신탁사간의 약정으로 제3자인 수분양자에게 직접 권리취득 없음.
> 아파트분양시행사(아천세양건설)와 하나자산신탁사(분양대금수령)간의 약정이 아파트분양사와 수분양자간의 분양계약이 파산으로 해제되었다하여 곧바로 시행사와 하나신탁간에 맺은 약정에 영향이 없으므로(제3자인 수분양자로 하여금 하나신탁에 대한 권리를 직접 취득할 목적의 약정이 아님) 하나신탁은 수분양자에게 중도금대출을 한 국민은행에게 중도금대출반환의무없음.

② 또한 국세기본법 제14조 제3항의 우회거래는
〈내가 제3자를 통해 특수관계자에게 가는 것〉인데 이 사건이
〈제3자가 그의 주식을 나를 통해 특수관계자로 갔다는 것은 납득되지 않음〉
조사청이 제시한 해석사례들은 이 사건과 사실관계와 법리적용 대상이 달라 비교대상으로 보기 어렵고, 청구인이 제시한 사례가 적합함.
③ 이 사건 증여세 부과처분은 위법·부당하므로 취소결정하여야 함.

> ■ 직무상 과실로 인해 의견진술 기회를 주지 아니한 것은 경미한 하자로서 부과취소사유가 아님.
> 재결청이 직무상의 과실로 인해 의견진술기회를 부여하지 아니하고 기각결정을 내린 경우 절차상 하자로 인해 취소사유가 되는지 여부에 대해 대법원은 법령상 요구되는 절차가 아니므로 부정적 입장
> 즉 경미한 하자이므로 취소사유 아님.
> (대법원 1993.9.28. 선고 92누10180 판결)

11. 조세심판 사건조사서 [심리자료]

(1) 법적 근거

조세심판원운영규정 (국무조정실 훈령) §15

> (1) 근 거 … 조세심판원운영규정(국무조정실 훈령) 제15조
> ■ 조세심판관회의에 상정되는 조세심판원 내부심리자료로서 심판사건의 판단에 가장 중요한 심리자료
> (2) 작성자 및 주요 기재사항
> • 주심조세심판관은 담당조사관에게 처분개요, 청구인 주장 및 처분청 의견, 사실관계 조사내용 등을 포함하여 사건조사서를 작성하게 하고
> • 항변서 등 증거서류나 증거물을 반영하여 작성함.
> • 담당조사관은 사건조사서를 작성한 때에는 지체없이 주심조세심판관에게 보고하여야 함.
> (3) 청구인은 사건조사서에 잘 반영되도록 서류작성, 증거물 제출이 중요

사 건 조 사 서

(의견진술, 또는 쌍방진술)

○ 청구번호 : 조심 2023서9203
○ 청 구 인 : 이 순 신
　　　　　　 서울특별시 강남구 비봉길 15
○ 처 분 청 : 강남세무서장
○ 대 리 인 : 세무사 (변호사, 공인회계사) (또는 '없음')
○ 세목 및 청구세액 : 2023년 제2기 부가가치세 250,000,000원

쟁 점	(1) 쟁점매입세금계산서의 공급시기 　　 〔청구인 : 2023년 1기 vs 　처분청 : 2023년 제2기 〕 (2) 선의의 거래 당사자 여부

1. 처분 개요

2. 청구주장 및 처분청 의견
　가. **청구인 주장**　　　　☆★☆★
　　 (나) **사전열람 결과 추가(보충) 주장(증거자료)**
　나. 처분청 의견

3. 조사 내용
　가. 관련 법령
　　(1) 부가가치세법
　　(2) 국세기본법
　나. 사실관계
　　(1) 처분청이 제출한 자료
　　　 (가)
　　　 (나)
　　(2) 청구인이 제출한 자료

        (가)
        (나)
    (3) 당사자간 이견사항에 대한 사실조사
  다. 선결정례 등 … 많이 찾아서 제출 ☆★☆★
    (1) 청구인이 제출한 인용사례
    (2) 처분청이 제시한 기각사례
    (3) 조사관이 확인한 사례(인용 · 기각사례)
    (5) 처분청의 제시사례에 대한 비교분석표 …청구인이 작성

4. 현장확인조사 내용
  · 일시, 장소, 확인자, 확인사항, 현장사진, 탐문조사내용(관계자 진술 등), 검토의견
  · 관계기관 조회 결과

5. 검토 내용
    (부정적인 면/ 기각 측면/각하측면)
    ○
    ○
    ○

    (긍정적인 면/ 인용 측면/ 재조사 측면)
    ○
    ○
    ○

가장 중요한 「사건조사서」 [심리자료]

(심판청구 · 이의신청 · 심사청구 · 과세전적부심사)

(1) 사건조사서
- 조세심판관들은 사건조사서를 토대로 조세처분의 위법·부당여부를 심판하므로 불복사안에 있어서 가장 중요한 핵심심리자료임

(2) 착안사항
- 청구인(대리인)은 사건조사서에 쟁점과 관련된 핵심사항이 모두 실리도록 각별히 유념하여야 함 즉, 심판청구 이유서를 한정된 지면의 사건조사서에 모두 반영되도록 간결하면서도 축약하여 작성하여야 함
- 사건조사서의 구성은,
  〈쟁점〉, 〈처분개요〉, 〈청구인 주장〉, 〈처분청 의견〉, 〈조사내용〉, 〈검토내용〉으로 구성되므로
  - 쟁점은 가지치기를 한 후 핵심쟁점만 기재(ex : 가공거래 여부, 양도시기)
  - 청구인 주장은, 소제목을 붙여 간단·명료하게 줄기만 작성 …너무 길게 쓰면 조사관이 축약하는 과정에서 중요사항이 누락될 우려가 있음
  - 조사내용 중 사실관계는 조사관이 검토 후 그대로 사건조사서에 싣도록 하고 가급적 〈표〉나 〈도표〉로 작성하여 심판이유서를 작성
  - 해석사례를 많이 찾아서 제시하면 유리
    - 처분청이 제시한 해석사례는 청구사건에 적용하기 적합한지를 분석 후 적절하지 않은 사례는 비교분석표를 작성 반박

12. 조세심판관 회의 [의결기관]

(1) 법적 근거

국세기본법 §72, 국세기본법 시행령 §58

조세심판원운영규정(국무조정실 훈령) §22

(1) 조세심판관회의 법적성격 … 조세심판사건 심리·<u>의결기관</u>

(2) 조세심판관회의 구성
- 4명의 조세심판관으로 구성
  - 상임심판관(고위직 국가공무원) 2명 + 비상임심판관(민간심판관) 2명
- 주심조세심판관(의장) : 상임조세심판관 중 1명
- 비상임조세심판관은 매 회의마다 원장이 지정

(3) 소요 심리시간
- 통상 의견진술이 있는 경우 건당 약 30분 소요
- 심리과정에서 사실관계가 복잡하거나 쟁점이 많은 사건의 경우는 더 소요되는 경우가 있음
  - 심판회의는 양 당사자에게 모두진술의 기회가 동등하게 주어지며 심판관들의 질문·검사권 권한에 따라 질의응답이 진행되므로 사전에 질의사항을 예측하여 이에 대한 철저한 준비 필요

(4) 정족수 … (국기법 §72③)
- 의사정족수 : 2/3이상 참석(4명 중 3명이상 참석, 또는 3명 중 2명이상)
- 의결정족수 : 과반수이상 찬성(4명 중 3명이상 찬성, 3명 중 2명이상 찬성)
- 사실판단 : <u>자유심증</u>으로 사실판단함(<u>自由心證主義</u>) … (국기법 §77)

(5) 주심조세심판관 단독 소액심판 … 국기법 §78①단서, 국기령 §62
- 청구금액이 5천만원(지방세 2천만원) 미만사건으로서
  - 법령해석사건이 아닌 것,
  - 법령해석사건으로서 이미 사례에 관한 것으로서 조심심판관회의 의결에 따라 결정된 사례가 있는 것
  - 청구기간(90일) 도과 사건(각하) 등

(6) 조세심판관의 질문·검사권 … (국기법 §76, 영 §61)
- 조세심판관(소속공무원 포함)은 사건의 조사·심리와 관련하여 직권 또는 심판청구인의 신청에 의하여 청구인, 처분청(관련 세무서장, 지방국세청장 포함), 관계인, 참고인에 대한 질문·장부·서류, 그밖의 물건의 검사 또는 감정기관에 감정의뢰 등의 행위를 할 수 있음
- 심판청구인 조세심판관의 자료제출의 요구를 정당한 사유없이 따르지 아니하여 해당 사

건의 전부 또는 일부에 대하여 심판하는 것이 현저히 곤란하다고 인정할 때에는 그 부분에 관한 청구주장을 인용하지 아니할 수 있음

제2절 조세결정 후 후속절차

13. 조세심판 결정의 구분과 유형별 조치할 사항

결정유형	조세심판청구 결정의 유형과 조치할 사항
각 하	본안심리에 앞서 청구가 적법한 요건을 갖추지 아니하였을 경우에 내리는 결정 ☞ 심판결정서 수령일부터 90일 이내에 행정소송 제기여부를 결정해야 함
기 각	본안심리 결과 청구가 이유 없다고 인정되는 경우에 내리는 결정 ☞ 심판결정서 수령일부터 90일이내에 행정소송 제기여부를 결정해야 함
인 용	본안심리 결과 청구가 이유 있다고 인정되는 경우에 내리는 결정으로, 취소결정, 경정결정, 필요한 처분의 결정(이행결정) 등으로 구분됨 ☞ 처분청의 경정처분을 기다리면 되나, 일부인용의 경우 기각부분에 대해 행정소송제기여부를 결정해야 함
재조사	취소·경정 또는 필요한 처분을 하기 위해 과세관청의 추가조사를 통한 사실관계 확인 등이 필요한 경우에 내리는 결정. (국기법 §65, 3호 단서) • 처분청은 60일 이내 결정서 주문에 기재된 범위에 한정하여 조사 후 청구인에게 재조사 결과통보 의무 (국기법 §65⑤, §80-2) • 청구인은 심판결정서에 명시된 조사의 대상, 범위 등을 확인하여 처분청의 재조사에 대한 준비 필요 • 처분청의 재조사 결과 원처분유지 또는 일부경정처분에 대한 불복은 그 재조사 결과통지를 받은 날부터 90일이내에 「재조사결정을 내린 재결청」에 불복(국기

법§55⑤ 단서, ⑤,⑥)을 제기하거나 (피고의 소재지 관할법원에) 행정소송을 제기할 수 있음(국기법 §56④)
【유의사항】 조세심판원의 재조사결정에 따라 처분청이 원처분유지나 일부인용을 한 경우, 이에 대한 재불복청구시 조세심판원에 심판청구를 제기해야함(국세청심사청구나 감사원 심사청구를 제기하면 아니됨)

14. 조세심판관회의 심리의결 이후의 후속 절차

조세심판관회의 의결 후 후속절차	
의결서 통보	■ 조세심판관회의 의결서(결정서 첨부) → 원장(행정실)에 통보 (국기령 §62-2 ③)
의결내용 검토	■ 원장(행정실)은 의결서 수보일 부터 30일이내 조세심판관합동회의 상정여부, 심리재개(재심의) 사건인지 여부를 결정(국기령 §62-2 ④,⑤)
조세심판관 합동회의	■ 조세심판관합동회의에 상정대상 사건 (국기법 §78②, 영§62-2 ②) • 세법해석사항으로서 선결정례가 없는 경우 • 선결정례를 변경하는 경우 • 심판부 간에 결정의 일관성을 유지하기 위한 경우 • 그밖에 국세행정이나 납세자의 권리·의무에 중대한 영향을 미칠 것으로 예상되는 경우 • 다수의 납세자에게 동일하게 적용되는 등 국세행정에 중대한 영향을 미칠 것으로 예상되어 국세청장의 요청이 있는 경우 ■ **조세심판관합동회의** … (국기법 § 78②, 국기령 § 62-2) • 구성 : 조세심판관 12명~20명(상임심판관과 같은 수 이상의 비상임심판관이 포함) • 정족수 : 2/3 출석, 출석심판관 과반수 이상으로 의결 • 합동회의에 상정할 경우, 합동회의상정심의위원회의(원장 + 상임심판관 모두)의 과반수 의결이 필요 (국기령 § 62-2 ①)
심리재개	■ **심리재개(재심의) 사건** : 원장이 주심심판관에게 다시 심리할 것을 요청 (국

조세심판관회의 의결 후 후속절차	
사건	기령 §62-2 ⑤) • 중요한 사실관계의 누락, 사실관계의 판단이나 법령해석에 명백한 오류가 있는 경우 • 헌법재판소결정·대법원판결·국세예규심사위원회의 심의를 거친 기획재정부장관의 질의회신, • 조세심판관합동회의결정과 다른 경우 • 선결정례와 다른 해석을 하거나 사실관계를 달리 판단한 경우
심판결정 통지	▪ 결정서 정본 송달 : 특별송달 (국기령 §63, 국기칙 §31 ③ 우편법 시행규칙 §25①6호) ▪ 송달처 : 청구인(대리인이 선임된 경우 대리인) 및 처분청 ▪ 심판결정의 효력발생: 재결서가 청구인에게 도달시 효력발생 (행심법 §38 ② 도달주의),
결정사례의 공개	▪ 투명성 제고, 당사자들의 참고활용 익명화하여 조세심판원 홈페이지에 공개
결정사례의 비공개 요청	▪ 소액사건이나 청구인이 비공개를 요청하는 경우 등은 비공개 * 심판결정서 비공개 요청서식 : 조세심판원운영규정 〔별지 제13호 서식〕

결정서
전자열람신청
	▪「결정서 전자열람」신청 … (조세심판원운영규정 §28-2)
	• 신청시기: 결정서를 우편 또는 방문 수령일 전에 전자열람
	   - 결정서 정본 발송 이전에 열람신청
	• 신청방법
	   조세심판원 홈페이지 → 결정서 전자열람신청 → 신청인 구분(대리인, 청구인) → 본인인증 → 사건번호 입력

제3절 조세심판결정의 효력

조세심판 결정의 효력	
기속력 (羈束力)	■ 심판결정은 당초 처분청을 비롯한 관계 행정청을 기속(羈束)하므로 처분청은 결정의 내용대로 이행하여야 할 의무(취소 또는 경정결정의 경우 세금 환급)가 있음 (국기법 §80 ①,②) - 심판청구에 대한 결정이 있으면 해당 행정청은 결정의 취지에 따라 즉시 필요한 처분을 하여야 함(국기법 §80 ②). ■ 다만, 과세의 절차나 형식의 위법을 이유로 취소되는 경우에는 처분청이 그 사유를 보완하여 다시 처분할 수 있음 ■ 재결의 기속력은 인용재결의 경우에만 인정되고 각하재결이나 기각재결에는 인정되지 아니함. 따라서 그에 따라 처분청은 각하재결이나 기각재결이 있은 뒤에도 '정당한 사유'가 있으면 직권으로 원처분을 취소하거나 변경할 있다고 사료됨
공정력 (公正力)	■ 재결도 행정처분의 일종이므로 일반행정처분과 마찬가지로 행정처분인 결정이 내려지면 그 행정처분이 중대하고 명백하여 당연무효가 아닌 한 적법한 것으로 추정되어 유효하게 통용되는 효력을 가짐

불가쟁력
(형식적
확정력)
	■ 심판결정이나 행정처분은 불복기간을 경과하면 더 이상 다툴 수 없음.
	  - 심판결정에 대하여 다음 심급인 행정소송에의 불복을 기간 내 제기하지 아니하면 그 결정은 형식적으로 확정되고 그 결정이 당연무효가 아닌 한 그 효력을 다툴 수 없게 되는 효력을 가짐
	  (→심판결정에 불복하는 청구인은 결정서 받은 날부터 90일 이내 행정소송을 제기해야 함)

불가변력8) (확정력)	■ 결정을 내린 조세심판원 스스로도 이를 취소·변경 할 수 없음 - 심판결정은 쟁송절차에 따라 분쟁을 해결하기 위한 판단행위로서 준사법적 행위이므로 일단 결정된 이상 설령 그 재결에 어떤 하자가 있다고 하여도 그 성질상 일반처분과 달라서 재결청 자신도 이를 취소하거나 변경할 수 없는 효력을 가짐. 이유는 법적안정성과 분쟁의 재연화 예방 ■ 다만 재결에 불가변력이 있다고 하더라도 재결의 동일성을 해치지 않는 범위내에서 오기, 계산착오 기타 이와 비슷한 잘못이 명백한 때에는 직권 또는 신청에 의해 바로 잡을 수 있음 (국기법 §65-2).

조세심판 결정의 효력	
형성력 (形成力)	■ 원처분을 취소 또는 변경하는 심판결정이 있으면 특단의 사정이 없는 한 그 결정의 효력에 의하여 원처분은 당연히 취소 또는 변경됨(대법원 1982.7.27. 선고 82누91 판결). 즉 처분청이 심판결정에 따른 처분을 함으로써 비로소 원처분이 취소 또는 변경되는 것이 아님. 즉, 형성재결의 확정에 의하여 기존의 법률관계에 변동을 가져오는 효력 ■ 재결의 형성력((Gestaltungswirkung) : 형성재결의 확정에 의하여 기존의 법률관계의 形成(발생 · 변경 · 소멸)의 효과 즉 기존의 법률관계에 변동을 가져오는 효력

「불가쟁력」과 「불가변력」의 차이	
불가쟁력 (Unanfechtbarkeit)	불가변력 (Unabänderlichkeit) ·
■ 불복하는 자가 하자있는 행정처분에 대하여 소송상 그 하자를 주장할 수 없는 효력	■ 행정청이 내린 행정행위에 대해 스스로 취소·변경할 수 없는 효력

8) 심판결정은 쟁송절차에 따라 분쟁을 해결하기 위한 판단행위로서 준사법적 행위이므로 일단 결정된 이상 설령 그 재결에 어떤 하자가 있다고 하여도 그 성질상 일반처분과 달라서 재결청 자신도 이를 취소하거나 변경할 수 없는 효력 즉, 불가변력(Unabänderlichkeit)· 확정력(Feststellungskraft, Rechtekraft) ·자박력이 발생한다. 불가변력을 인정하는 이유는 재결청이 재결을 한 후 스스로 그것을 취소 또는 변경하는 일이 있게 되면 법적안정성을 해치며 공연히 분쟁을 재연시키는 결과를 가져오게 되기 때문이다. 다만, 재결에 불가변력이 있다고 하더라도 재결의 동일성을 해하지 않는 범위내에서 계산의 착오·오기·기타 이와 비슷한 잘못 등 명백한 형식상 오류를 정정하는 것은 허용된다고 할 것이다(국기법 65의2, 제81조 결정의 경정).

제4절　사례연구 (Case Study)

■ **재결의 기속력(羈束力)의 의미**
　인용결정의 기속력은 인용결정의 취지에 따라 과세관청에 각종의무를 부과하는 것인데, 이러한 각종 의무에 과세관청의 제소를 금지하는 의무도 포함된다는 것이 대법원의 입장임
　국가가 행정감독의 수단으로 통일적이고 능률적인 행정을 위하여 중앙 및 지방행정기관 내부의 의사를 자율적으로 통제하고 국민의 권리구제를 신속하게 할 목적의 일환으로 **행정심판제도를 도입**하였는데, 심판청구의 대상이 된 행정청에 대하여 재결에 관한 항쟁수단을 별도로 인정하는 것은 행정상의 통제를 스스로 파괴하고 국민의 신속한 권리구제를 지연시키는 작용을 하게 될 것임

(대법원 1998.5.8. 선고 97누15432 판결)

■ **조세심판 재결의 효력인 기속력이 미치는 범위 【중요한 인용판결】**
【판결요지】 조세심판원의 취소결정에 따라 처분청이 취소결정 하였다가 동일사항에 대하여 특별한 사유없이 이를 번복하고 **다시 종전의 처분을 되풀이 한 과세처분은 재결의 기속력을 오해한 위법한 처분**임

【쟁 점】
1. 원고가 '창업벤처중소기업'에 해당여부
2. 조세심판결정의 기속력에 반하지는 여부

【사안의 개요】

2009.10.19.	2014.3.31.	2014.7.15.	2015.2.25.
(원고)창업중소벤처기업으로 최초 확인받음 (벤처기업육성특별조치법 25조에 따라 기술신용보증기금이 확인)	2013년 법인세신고 (창업벤처중소기업 세액감면 적용) (조특법 §6②)	피고(강남세무서장)가 창업벤처중소기업 아님 2013년 법인세 경정 (1처분)	조세심판결정 인용결정 (1재결) (창업중소벤처기업에 해당)

2016.5.4.	2016.12.28.	2016.12.28.	2019.1.31.
피고가 취소한 법인세 추징 (2처분) 창업벤처중소기업아님 (종속회사가 2개있어 관계사, 서울청 감사지적)	조세심판결정 기각 (2재결) 창업중소벤처기업아님 납부불성실과세세는 감액	행정소송 2처분은 기속력에 위배 원고는 창업벤처중소기업	대법원 판결 인용 2처분은 심판결정의 효력에 관한 법리 등을 오해하여 위법함

【대법원의 인용판결 이유】

① 원고는 이 사건 조항에 따라 세액감면 대상에 해당함을 이유로 세액감면을 신청하였으나 이 사건 1처분이 이루어짐에 따라 조세심판원에 동일한 사유를 들어 심판청구를 제기하였다.

② 조세심판원은 1처분에 대한 원고의 심판청구 사유가 이유있어 원고가 창업벤처중소기업에 해당하므로, 이 사건 조항(조특법 6조2항)에 따른 세액감면이 적용되어야 한다는 이유로 1처분을 취소하였다. ③ 그런데도 피고는 세액감면의 원인이 되는 이 사건 조항의 적용 여부에 관하여 기초가 되는 사정에 아무런 변경이 없음에도, **서울지방국세청의 감사지적만을 내세워** 원고에게 이 사건 조항을 적용하여 세액감면을 할 수 없다는 이유를 들어 **2처분**을 하였다. 위와 같은 사정을 앞서 본 법리에 비추어 살펴보면, 이 **2처분은** 1처분에 대한 **조세심판절차에서 원고의 심판청구 사유가 옳다고 인정하여 이 사건 1처분을 취소하였음에도, 동일 사항에 관하여 특별한 사유 없이 이를 번복하고 종전의 처분을 되풀이 한 것에 불과하므로 위법**하다.

따라서 원심이 그 판시와 같은 이유만으로, 2처분이 1처분에 관한 **재결의 기속력에 반하지 않는다는 등의 잘못된 전제 아래 2처분이 적법하다고 판단하고 말았으니, 이러한 원심의 판단에는 심판청구에 대한 결정의 효력에 관한 법리 등을 오해하여 판결에 영향을 미친 잘못**이 있다. 이를 지적하는 **상고이유 주장은 이유** 있다.

(대법원 2019.1.31. 선고 2017두75873 판결)

참조판례 : 대법원 2010. 6. 24. 선고 2007두18161 판결(공2010하, 1488), 대법원 2010. 9. 30. 선고 2009두1020 판결(공2010하, 2018), 대법원 2014. 7. 24. 선고 2011두14227 판결(공2014하, 1685), 대법원 2016. 10. 27. 선고 2016두42999 판결(공2016하, 1844), 대법원 2017. 3. 9. 선고 2016두56790 판결